LA UNICIDAD DE DIOS

Apoc. 15:8 nombre
3|4:1 nombres
5
y 22:4 nombre

LA UNICIDAD DE DIOS

Traducción por:
Robert L. Nix, Keith Nix, Kelly Nix

DAVID K. BERNARD

La Unicidad de Dios

por David K. Bernard

©Copyright 1996, David K. Bernard

Printing History: 2000, 2001

ISBN 1-56722-186-6

Diseño Gráfico por Paul Povolni

Todas las Escrituras citadas en este libro son de la versión Reina-Valera de la Biblia, si no se indica de otra manera.

Impreso en los Estados Unidos de América

Impreso por

WORD AFLAME®PRESS
8855 DUNN ROAD
HAZELWOOD, MO 63042-2299

*Para
Connie*

TABLA DE CONTENIDO

La sabiduría de Dios. Santo, santo, santo. Repeticiones de Dios o Jehová. El Espíritu de Jehová. Jehová el Señor y Su Espíritu. El Anciano de Días y el Hijo del hombre. Compañero de Jehová. Conclusión.

y tres. El Monarquianismo Modalista. Los creyentes de la Unicidad del cuarto siglo hasta el presente. "El Monarquianismo Modalista: La Unicidad en la Historia de la Iglesia Primitiva."

TABLAS

PROLOGO

Se busca la comprensión en estas páginas. Jesús sabía el arameo, el idioma común. A veces hablaba el hebreo, un idioma que solamente fue usado por los eruditos en aquel tiempo. Jesús podía conversar en el griego, la lengua del hombre educado. Con cualquiera que hablaba Jesús, Su meta era el ser comprendido. El más grande maestro de todas las edades hablaba en términos que todos podían entender.

¡Profundidad y sencillez a la vez! El autor de este libro ha logrado lo que parecía ser imposible. Ha transmitido profundidad intelectual, manteniendo a la vez la simplicidad. Es un milagro teológico. Frecuentemente, lo realmente profundo es lo más sencillo, y lo sencillo lo más verdaderamente profundo. Fue intencionado que el trato de la unicidad de Dios en este libro fuera sencillo; pero las verdades son profundas, eruditas, sin precio, y esenciales para el pueblo de Dios y un mundo perdido.

Un libro debe cumplir con por lo menos dos criterios para ser un éxito. Debe haberse escrito en una manera interesante, y debe satisfacer una necesidad. El autor ha logrado ambas cosas.

Conocer al autor y su carga es entender más del libro. Espero que Ud. le pueda conocer tal como yo le conozco. David Bernard es un ejemplo humano de los principios cristianos. Que estas páginas lleguen a ser un clásico entre nosotros y una guía para el mundo que desea conocer al único Dios vivo y verdadero. Ahora le encomiendo el autor y el libro a Ud. y a toda la posteridad.

T. L. Craft
Jackson, Mississippi

PREFACIO DEL AUTOR

Este libro es el Tomo Uno de una serie sobre la teología pentecostal. Hay una necesidad genuina del estudio completo y comprensivo de las verdades bíblicas fundamentales que tenemos como preciosas, y esta serie es diseñada para ayudar a satisfacer esa necesidad. El presente tomo busca reunir en un libro una discusión completa de la Deidad. Afirma la unicidad de Dios y la absoluta deidad de Jesucristo. Hasta la fecha, el Tomo Dos, que se titula *El Nuevo Nacimiento*, aún se está planificando. El Tomo Tres se titula *En Busca de la Santidad*. Fue escrito en conjunto con mi madre, Loretta A. Bernard, y fue publicado en 1981.

La meta de este libro no es meramente enseñar el dogma de una denominación, sino enseñar la Palabra de Dios. Es la esperanza del autor que cada persona estudiará el contenido con oración, comparando los puntos de vista expresados con la Biblia. Se dan muchas referencias a las Escrituras en el libro para ayudarle al lector en su búsqueda de verdad bíblica. Al mismo tiempo, el autor reconoce que todos debemos pedir que Dios unja nuestras mentes e ilumine Su Palabra, si hemos de entender correctamente Su revelación a nosotros. La letra sola matará, pero el Espíritu da vida (II Corintios 3:6). El Espiritu de Dios nos enseñará y nos guiará a toda verdad (Juan 14:26; 16:13). Ultimamente, Dios tiene que dar la revelación de la verdadera identidad de Jesucristo (Mateo 16:15-17).

La Unicidad de Dios se basa sobre varios años de estudio además de experiencia en enseñar la teología sistemática y la historia de la iglesia en el Colegio de Ministerios de Jackson en Jackson, Mississippi. Estoy especialmente agradecido con mi madre por leer el manuscrito y proveer numerosas sugerencias para su mejoramiento, muchas de las cuales fueron adoptadas. También estoy agradecido con mi esposa, Connie, por ayudar con la mecanografía, y a mi padre, el Reverendo Elton D. Bernard, por ayudar a inspirar, publicar, y promover esta serie.

Los Capítulos I-VI presentan la doctrina positiva del monoteísmo como la Biblia la enseña, la doctrina conocida comunmente hoy como la Unicidad. Los Capítulos VII-IX consideran numerosos versículos específicos de las Escrituras con una mira hacia contestar objeciones y contraprobar interpretaciones contrarias. El Capítulo X registra el resultado de mucho estudio sobre la historia de la Unicidad desde los tiempos post-apostólicos hasta el presente. Los Capítulos XI-XII explican la doctrina del trinitarismo, su origen y desarrollo histórico, y las maneras en que difiere de la creencia de la Unicidad. Finalmente, el Capítulo XIII ofrece un resumen y conclusión breve.

Para poder documentar fuentes de información aparte de la Biblia y preservar a la vez facilidad de lectura, hemos colocado notas al pie de cada capítulo. La bibliografía enumera todas las fuentes utilizadas además de varios otros libros relacionados a la Unicidad. Además, el glosario contiene definiciones de términos teológicos de importancia utilizados en el libro.

Si no se indica lo contrario, las definiciones de palabras Griegas y Hebreas son de la *Concordancia Exhaustiva Strong's de la Biblia* (*Strong's Exhaustive Concordance of the Bible*). A no indicarse de otra manera, todas las citas bíblicas son de la versión Reina-Valera.

El propósito de este libro es de tener alguna parte en establecer las verdades de la Palabra de Dios en esta generación. Su meta es afirmar el monoteísmo Cristiano—la enseñanza bíblica de un solo Dios. Al hacer esto me propongo a magnificar a Jesucristo sobre todo. Creo que Jesús es Dios manifestado en carne, que toda la plenitud de la Deidad habita en El, y que somos completos en El (Colosenses 2:9-10).

David Bernard

1

EL MONOTEISMO CRISTIANO

"Oye, Israel: Jehová nuestro Dios, Jehová uno es" (Deuteronomio 6:4).
"Pero Dios es uno" (Gálatas 3:20).

Hay un solo Dios. Solamente hay un Dios. Esta doctrina es central al mensaje bíblico, pues ambos el Antiguo y el Nuevo Testamento la enseñan clara y enfáticamente. A pesar de la sencillez de este mensaje y la claridad con la cual la Biblia la presenta, muchos que creen en la existencia de Dios no lo han comprendido. Aún dentro de la cristiandad mucha gente, incluso teólogos, no han comprendido este mensaje hermoso y esencial. Nuestro propósito es dirigirnos a este problema, y afirmar y explicar la doctrina bíblica de la unicidad de Dios.

Monoteísmo Definido

La creencia en un solo Dios se llama monoteísmo, que

proviene de dos palabras griegas: *monos*, significando solo, solitario, uno; y *teos*, significando Dios. Cualquier persona que no acepta el monoteísmo puede ser clasificado como uno de los siguientes: un *ateo*—uno que niega la existencia de Dios; un *agnóstico*—uno que asevera que la existencia de Dios es desconocida y probablemente inconocible; un *panteísta*—uno que equivale a Dios a la naturaleza o las fuerzas del universo; o un *politeísta*— uno que cree en más de un Dios. El *diteísmo*, la creencia en dos dioses, es una forma de politeísmo, y también lo es el *triteísmo*, la creencia en tres dioses. Entre las religiones del mundo, tres son monoteístas: el judaísmo, el mahometismo, y el cristianismo.

Sin embargo, dentro de las denominaciones de los que se nombran Cristianos, existen varios puntos de vista divergentes en cuanto a la naturaleza de la Deidad. Un punto de vista, llamado el trinitarismo, asevera que existen tres personas distintas en la Deidad—Dios Padre, Dios Hijo, y Dios Espíritu Santo—mas un solo Dios. (Véase el Capítulo XI).

Dentro de las variaciones del trinitarismo, se pueden distinguir dos tendencias extremas. De un lado, algunos trinitarios enfatizan la unicidad de Dios sin tener un entendimiento cuidadosamente desarrollado de lo que significarían tres personas distintas en la Deidad. De otro lado, otros trinitarios enfatizan la división en tres de la trinidad hasta el punto de creer en tres seres autoconcientes, y su punto de vista es esencialmente triteísta.

Además del trinitarismo, existe la doctrina del binitarismo, la cual no clasifica al Espíritu Santo como una persona aparte, sino que asevera creencia en dos personas en la Deidad.

Muchos monoteístas han indicado que ambos el trinitarismo y el binitarismo debilitan el monoteísmo estricto enseñado por la Biblia. Ellos insisten que la Deidad no puede dividirse en personas y que Dios es absolutamente uno.

Estos creyentes en el monoteísmo estricto caen en dos categorías. Una categoría asevera que hay solamente un Dios, pero lo hace por negar, de una manera u otra, la plena deidad de Jesucristo. Este punto de vista fue representado en la historia primitiva de la iglesia por los monarquianistas dinámicos, tal como Pablo de Samosata, y por los arianos, guiados por Ario. Estos grupos relegaban a Jesús a la posición de un dios creado, un dios subordinado, o un dios menor.

La segunda categoría de verdaderos monoteístas cree en un solo Dios, pero cree además que la plenitud de la Deidad se encuentra manifestado en Jesucristo. Ellos creen que Padre, Hijo, y Espíritu Santo son manifestaciones, modos, oficios, o relaciones que el único Dios ha demostrado al hombre. Historiadores de la iglesia han utilizado los términos modalismo y monarquianismo modalistico para describir este punto de vista como mantenido por tales líderes de la iglesia primitiva como Noeto, Práxeas, y Sabelio. (Véase el Capítulo X.) En el siglo veinte, los que creen en ambos la unicidad indivisible de Dios y la plena deidad de Jesucristo usan frequentemente el término Unicidad para describir su creencia. También usan los términos "Un Solo Dios" y "del Nombre de Jesús" para apodarse, mientras que los que resisten este punto de vista a veces usan las designaciones engañosas y despreciativas "Sólo Jesús" y "Nueva Cuestión." (El apodo "Sólo Jesús" es engañoso porque a los trinitarios les implica negación del Padre y del Espíritu Santo. Sin embargo, creyentes en la Unicidad no niegan al Padre y al Espíritu, sino que perciben al Padre y al Espíritu como diferentes manifestaciones del Unico Dios quien es el Espíritu de Jesús.)

En resumen, la cristiandad ha producido cuatro puntos

de vista básicos acerca de la Deidad: (1) trinitarismo, (2) binitarismo, (3) monoteísmo estricto con una negación de la plena deidad de Jesucristo, y (4) monoteísmo estricto con una afirmación de la plena deidad de Jesucristo, o Unicidad.

Habiendo examinado la variedad de creencias humanas acerca de la deidad, miremos lo que la Palabra de Dios—la Biblia—tiene que decir acerca de este tema.

El Antiguo Testamento Enseña Que Hay Un Sólo Dios

La expresión clásica de la doctrina de un solo Dios se halla en Deuteronomio 6:4. "Oye, Israel: Jehová nuestro Dios, Jehová uno es." Este versículo de las Escrituras ha venido a ser la declaración de fe más distintiva e importante para los judíos. Ellos lo nombran el Shema, tras la primera palabra de la frase en el hebreo, y lo citan con frecuencia en el español como "Oye, Israel: el Señor nuestro Dios es el único Señor." Tradicionalmente, un judío devoto siempre intentaba hacer esta confesión de fe justo antes de morir.

En Deuteronomio 6:5, Dios siguió el anuncio del versículo anterior con un mandamiento que requiere una completa creencia en amor hacia El como el único y sólo Dios: "Y amarás a Jehová tu Dios de todo tu corazón, y de toda tu alma, y con todas tus fuerzas." Debemos notar la importancia que Dios pone en Deuteronomio 6:4-5. El manda que estos versículos sean colocados dentro del corazón (versículo 6), enseñados a los niños todos los dias (versículo 7), atados en la mano y en la frente (versículo 8), y escritos en los postes y las puertas de las casas (versículo 9).

Los judíos ortodoxos obedecen estos mandamientos hoy literalmente por atar *tefillin* (filacterias) en sus antebrazos izquierdos y en sus frentes cuando oran, y por colocar *mezuzzah* en sus puertas y portones. (*Tefillin* son pequeñas cajitas amarradas al cuerpo con ataduras de cuero, y *mezuzzah* son contenedores en forma de rollo de pergamino). Dentro de ambas clases de contenedor hay versículos de la Escritura escritos a mano por un hombre piadoso quien ha observado ciertos ritos de purificación. Los versículos de Escritura generalmente son Deuteronomio 6:4-9, 11:18-21, Exodo 13:8-10, y 13:14-16.

En un viaje a Jerusalén, donde juntamos la información mencionada arriba,[1] intentamos comprar tefillin. El mercante judío ortodoxo dijo que él no vendía tefillin a cristianos porque ellos no creen en ni tienen la reverencia apropiada hacia estos versículos de la Escritura. Cuando citamos Deuteronomio 6:4 y explicamos nuestra completa adherencia a él, sus ojos brillaron de alegría y nos prometió venderlo sobre la condición de que trataríamos el tefillin con cuidado y respeto. Su cuidado demuestra la gran reverencia y profundidad de creencia que tienen los judíos para el concepto de un solo Dios. También revela que una razón mayor por el rechazo por los judíos del cristianismo a través de la historia es la percibida distorción del mensaje monoteístico.

Muchos otros versículos de la Escritura en el Antiguo Testamento afirman enfáticamente el monoteísmo estricto. Los Diez Mandamientos empiezan con "No tendrás dioses ajenos delante de mí" (Exodo 20:3; Deuteronomio 5:7). Dios enfatizó este mandamiento por declarar que El es un Dios celoso (Exodo 20:5). En Deuteronomio 32:39, Dios dijo que no hay ningún otro dios con El. No hay otro como el Señor y no hay Dios fuera de El (II Samuel 7:22; I Crónicas 17:20). Solamente El es Dios (Salmo 86:10). Hay las declaraciones enfáticas de Dios en Isaías.

"Antes de mí no fue formado dios, ni lo será después de mí. Yo, yo Jehová, y fuera de mí no hay quien salve" (Isaías 43:10-11).

"Yo soy el primero, y yo soy el postrero, y fuera de mí no hay Dios" (Isaías 44:6).

"No hay Dios sino yo. No hay Fuerte; no conozco ninguno" (Isaías 44:8).

"Yo Jehová, que lo hago todo, que extiendo solo los cielos, que extiendo la tierra por mí mismo" (Isaías 44:24).

"No hay más que yo; yo Jehová, y ninguno más que yo" (Isaías 45:6).

"No hay más Dios que yo; Dios justo y Salvador; ningún otro fuera de mí. Mirad a mí, y sed salvos, todos los términos de la tierra, porque yo soy Dios, y no hay más" (Isaías 45:21-22).

"Acordaos de las cosas pasadas desde los tiempos antiguos; porque yo soy Dios, y no hay otro Dios, y nada hay semejante a mí" (Isaías 46:9).

"Mi honra no la daré a otro" (Isaías 48:11; Véase también Isaías 42:8).

"Jehová de los ejércitos, Dios de Israel, que moras entre los querubines, sólo tú eres Dios de todos los reinos de la tierra; tú hiciste los cielos y la tierra" (Isaías 37:16).

Hay solamente un Dios, quien es el Creador y Padre de toda la humanidad (Malaquías 2:10). En el tiempo del Reino Milenial, habrá solamente un Señor con un nombre (Zacarías 14:9).

En breve, el Antiguo Testamento habla de Dios en términos de ser uno. Muchas veces la Biblia llama a Dios el Santo (Salmo 71:22; 78:41; Isaías 1:4; 5:19; 5:24), pero nunca los "dos santos," los "tres santos," o los "muchos santos."

Una observación común de algunos trinitarios acerca de la doctrina antiguotestamentaria de la unicidad de Dios es que solamente tenía la intención de enfatizar Su unicidad en contraste a las deidades paganas, pero que El todavía existía como una pluralidad. Sin embargo, si este razonamiento fuera cierto, ¿por qué no lo hizo claro Dios? ¿Por qué no han entendido los judíos una teología de "personas," sino que han insistido en un monoteísmo absoluto? Mirémoslo del punto de vista de Dios. Supongamos que El sí quiso excluir cualquier creencia en una pluralidad en la Deidad. ¿Cómo podría hacerlo utilizando terminología ya existente? ¿Qué palabras fuertes podría usar para comunicar Su mensaje a Su pueblo? Al pensarlo, nos daremos cuenta de que El usó el lenguaje más fuerte que se hallaba disponible para describir unicidad absoluta. En los precedentes versículos de las Escrituras en Isaías, notamos el uso de palabras y frases como "ninguno, ninguno más, nada hay semejante a mí, no hay más que yo, solo, por mí mismo," y "uno." Ciertamente, Dios no podría clarificar más que no existe absolutamente ninguna pluralidad en la Deidad. En breve, el Antiguo Testamento afirma que Dios es absolutamente uno en número.

El Nuevo Testamento Afirma Que Hay Un Solo Dios

Jesús enseñó Deuteronomio 6:4 enfáticamente, llamándolo el primero de todos los mandamientos (Marcos 12:29-30). El Nuevo Testamento presupone la enseñanza del Antiguo Testamento de un solo Dios y repite explícitamente este mensaje varias veces.

"Porque Dios es uno, y él justificará" (Romanos 3:30).

"No hay más que un Dios" (I Corintios 8:4).

"Para nosotros, sin embargo, sólo hay un Dios, el Padre" (I Corintios 8:6).

"Pero Dios es uno" (Gálatas 3:20).

"Un Dios y Padre de todos" (Efesios 4:6).

"Porque hay un solo Dios" (I Timoteo 2:5).

"Tú crees que Dios es uno; bien haces. También los demonios creen, y tiemblan" (Santiago 2:19).

Nuevamente, la Biblia le llama a Dios el Santo (I Juan 2:20). Hay un trono en el cielo y Uno está sentado en él (Apocalipsis 4:2).

En capítulos subsiguientes exploraremos el monoteísmo del Nuevo Testamento a más profundidad, pero los ántes mencionados versículos de las Escrituras son suficientes para establecer que el Nuevo Testamento enseña que hay un solo Dios.

Conclusión

Como hemos visto, ls Biblia enseña un monoteísmo estricto. El pueblo de Dios siempre se ha identificado con el mensaje de un solo Dios. Dios escogió a Abraham porque él estaba dispuesto a abandonar los dioses de su nación y de su padre y adorar al único Dios verdadero (Génesis 12:1-8). Dios castigaba a Israel cada vez que ella empezaba a adorar a otros dioses, y la adoración politeística fue una de las razones mayores por las cuales Dios finalmente la envió al cautiverio (Hechos 7:43). El Salvador vino al mundo mediante una nación (Israel) y mediante una religión (el judaísmo) en la cual la gente se había purgado finalmente del politeísmo. Eran monoteístas del todo.

Hoy en día, Dios todavía demanda una adoración monoteística a El. Los que estamos en la iglesia somos herederos de Abraham por la fe, y esta posición exaltada demanda que tengamos la misma fe monoteística en el Dios de Abraham (Romanos 4:13-17). Como cristianos en el mundo nunca debemos cesar de exaltar y declarar el mensaje de que hay solamente un Dios verdadero y viviente.

NOTAS

CAPITULO I

[1]Noviembre, 1980, Jerusalén, Israel. *Véase también,* Sir Norman Anderson, ed., *The World's Religions,* 4ta ed. (Grand Rapids: Eerdmans, 1975), páginas 73, 77.

2

LA NATURALEZA
DE DIOS

"Dios es Espíritu; y los que le adoran, en espíritu y en verdad es necesario que adoren" (Juan 4:24).

Para poder continuar con nuestro estudio de la unicidad de Dios, es esencial que aprendamos más acerca de la naturaleza de Dios. Por supuesto, nuestras pequeñas mentes humanas no pueden descubrir o comprender todo lo que hay de conocer acerca de Dios, pero la Biblia sí describe muchas características y atributos importantes que Dios posee. En este capítulo trataremos con algunos de los atributos de Dios que le hacen a El ser Dios—aquellos que forman una parte esencial de Su naturaleza. Estudiaremos también algunas de las maneras en las cuales Dios ha revelado a la humanidad Su naturaleza, en particular mediante manifestaciones visibles.

Dios Es Espíritu

Jesús proclamó esta verdad en Juan 4:24. La Biblia la revela consistentemente, desde Génesis 1:2 ("y el Espíritu de Dios se movía sobre la faz de las aguas") hasta Apocalipsis 22:17 ("Y el Espíritu y la Esposa dicen: Ven."). Hebreos 12:9 le llama a Dios el Padre de los espíritus.

¿Qué es un espíritu? El *Diccionario Webster* (inglés) incluye en su definición de la palabra lo siguiente: "Un ser sobrenatural, incorpóreo, y racional siendo usualmente invisible a los seres humanos pero poseyendo el poder de hacerse visible a su voluntad . . . un ser que posee una naturaleza incorpórea o inmaterial."[1] La palabra hebrea que se traduce espíritu es *ruwach*, y puede significar viento, aliento, vida, ira, insustancialidad, región del cielo, o el espíritu de un ser racional. La palabra griega traducida como espíritu, *pneuma*, puede significar una corriente de aire, aliento, un soplo repentino, brisa, espíritu, alma, principio vital, disposición, ángel, demonio, o Dios.[2] Las tres definiciones enfatizan que un espíritu no tiene carne y huesos (Lucas 24:39). Del mismo modo, Jesús indicó que el Espíritu de Dios no tiene carne y sangre (Mateo 16:17). Entonces, cuando la Biblia dice que Dios es Espíritu, quiere decir que El no puede ser visto ni tocado físicamente por los seres humanos. Como un Espíritu, El es un Ser inteligente y sobrenatural que no tiene un cuerpo físico.

Dios Es Invisible

Ya que Dios es un Espíritu, El is invisible, a menos que El escoga manifestarse al hombre en alguna forma visible. Dios le dijo a Moisés, "No podrás ver mi rostro; porque no me verá hombre, y vivirá" (Exodo 33:20). "A

Dios nadie le vio jamás" (Juan 1:18; I Juan 4:12). No tan solo ningún hombre ha visto a Dios jamás, sino que ningún hombre puede ver a Dios (I Timoteo 6:16). Varias veces la Biblia le describe a Dios como siendo invisible (Colosenses 1:15; I Timoteo 1:17; Hebreos 11:27). Aunque el hombre puede ver a Dios cuando El aparece en varias formas, ningún hombre puede ver directamente el Espíritu invisible de Dios.

Dios Es Omnipresente
(Presente En Todo Lugar)

Porque Dios es un Espíritu, El puede estar en todo lugar al mismo tiempo. El es el único Espíritu que es verdaderamente omnipresente; pues todos los otros seres espirituales como los demonios, los ángeles, y Satanás mismo pueden ser confinados a ciertas localidades (Marcos 5:10; Judas 6; Apocalipsis 20:1-3).

Aunque Dios es omnipresente, no podemos igualarle a la naturaleza, sustancia, o las fuerzas del mundo (que sería panteísmo), porque El tiene individualidad, personalidad, e inteligencia.

Salomón reconoció la omnipresencia de Dios cuando oró en la dedicación del Templo, diciendo, "He aquí que los cielos, los cielos de los cielos, no te pueden contener" (I Reyes 8:27; véase II Crónicas 2:6; 6:18). Dios declaró Su omnipresencia diciendo, "El cielo es mi trono, y la tierra estrado de mis pies" (Isaías 66:1; véase también Hechos 7:49). Pablo predicó que el Señor "no está lejos de cada uno de nosotros. Porque en él vivimos, y nos movemos, y somos" (Hechos 17:27-28). Tal vez la más hermosa descripción de la omnipresencia de Dios se halla en Salmo 139:7-13: "¿A dónde me iré de tu Espíritu? ¿Y a dónde huiré de tu presencia? Si subiere a los cielos, allí estás tú; Y si en el Seol hiciere mi estrado, he aquí, allí tú

31

estás. Si tomare las alas del alba Y habitare en el extremo del mar, Aun allí me guiará tu mano, Y me asirá tu diestra. Si dijere: Ciertamente las tinieblas me encubrirán; Aun la noche resplandecerá alrededor de mí. Aun las tinieblas no encubren de ti, Y la noche resplandece como el día; Lo mismo te son las tinieblas que la luz. Porque tú formaste mis entrañas; Tú me hiciste en el vientre de mi madre."

Si Dios es omnipresente, ¿por qué le describe la Biblia como estando en el cielo? He aquí varias razones. (1) Esto enseña que Dios es trascendente. En otras palabras, El sobrepasa el entendimiento humano y no se halla limitado a esta tierra. (2) Se refiere al centro del razonamiento y la actividad de Dios, Su cuartel general—por decirlo así. (3) Se refiere a la presencia inmediata de Dios; eso es, la plenitud de la gloria y el poder de Dios, a la cual ningún hombre mortal puede mirar y vivir (Exodo 33:20). (4) Puede referirse también a la manifestación visible de Dios a los ángeles en el cielo. No puede significar que Dios es falto de omnipresencia, ni es limitado a un sólo lugar, ni limitado a un cuerpo.

De igual modo, cuando la Biblia dice que Dios vino a la tierra o se apareció a un hombre, no niega Su omnipresencia. Meramente significa que el enfoque de Su actividad se ha mudado a la tierra, por lo menos en cuanto a un cierto individuo o una cierta situación. Cuando Dios viene a la tierra, el cielo no está vacío. El puede actuar simultáneamente en el cielo y en la tierra, o en varias localidades en la tierra. Es muy importante que reconozcamos la magnitud de la omnipresencia de Dios y que no la limitemos por nuestra experiencia humana.

¿Tiene Dios Un Cuerpo?

Ya que Dios es un Espíritu invisible y es omnipresente, El ciertamente no tiene un cuerpo como nosotros lo conocemos. El sí tomó varias formas y manifestaciones temporales a través del Antiguo Testamento para que el hombre le pudiera ver. (Véase la sección sobre teofanías más allá en este capítulo.) Sin embargo, la Biblia no registra ninguna manifestación corporal permanente de Dios hasta que nació Jesucristo. Por supuesto Dios, en Cristo, tuvo un cuerpo humano y ahora tiene un cuerpo humano glorificado e inmortal.

Fuera de las manifestaciones temporales de Dios y fuera de la revelación neotestamentaria de Dios en Cristo, creemos que las referencias escriturales a los ojos, las manos, los brazos, los pies, el corazón, y otras partes del cuerpo de Dios son ejemplos de lenguaje figurativo o antropomorfismos (interpretaciones de lo no-humano en términos de lo humano para que el hombre pueda comprender).

En otras palabras, la Biblia le describe al Dios infinito en términos humanos y finitos para que podamos comprenderle mejor. Por ejemplo, el corazón de Dios denota Su intelecto y Sus emociones, no un órgano que bombéa sangre (Génesis 6:6; 8:21). Cuando Dios dijo que el cielo era Su trono y la tierra estrado de Sus pies, El describía Su omnipresencia, no unos pies literales recostados en la esfera (Isaías 66:1). Cuando Dios dijo que Su mano derecha midió los cielos con la palma, El describía Su gran poder y no una mano grande extendiéndose por la atmósfera (Isaías 48:13). "Los ojos de Jehová están en todo lugar" no significa que Dios tiene ojos físicos en toda localidad, sino que indica Su omnipresencia y omnisciencia (Proverbios 15:3). Cuando Jesús echó fuera demonios por el dedo de Dios, El no arrastró del cielo un dedo gigantezco, sino que ejercitó el poder de Dios (Lucas 11:20). El soplo del aliento de Dios no consistía en partículos literales emitidos por gigantezcas narices celestiales, sino el fuerte viento oriental enviado de Dios para abrir el Mar Rojo (Exodo 15:8; 14:21). El hecho es que interpretacion literal de todas las visiones y descripciones físicas de Dios nos conduciría a la creencia que Dios tiene alas (Salmos 91:4). En breve, creemos que Dios como Espíritu no tiene un cuerpo a menos que El escoja manifestarse en forma corporal, como lo hizo en la persona de Jesucristo. (Véase el Capítulo IV.)

Algunos dicen que en el Antiguo Testamento Dios tenía un cuerpo espiritual que era visible a otros seres espirituales como los ángeles. Ellos proponen esta hipótesis porque los espíritus humanos parecen tener una forma reconocible que es visible a otros espíritus (Lucas 16:22-31) y porque algunos pasajes indican que los ángeles y Satanás podían ver una manifestación visible de Dios en el Antiguo Testamento (I Reyes 22:19-22; Job 1:6). Sin embargo, Dios no necesitaba un cuerpo espiritual para hacer esto porque El podría haberse manifestado en varios tiempos a otros espíritus tal como lo hizo al hombre. Un versículo clave de la Escritura implica que, por lo ordinario, Dios *no* es visible aun a seres espirituales si El no escoge manifestarse en alguna manera: "Dios fue manifestado en carne . . . visto de los ángeles" (I Timoteo 3:16). Por lo mínimo, si Dios tenía algún tipo de cuerpo espiritual El ciertamente no se hallaba confinado a él como otros seres espirituales son confinados a sus cuerpos; pues entonces El no sería verdaderamente omnipresente. Por ejemplo, la omnipresencia de Dios significa que El podría haberse aparecido a los hombres en la tierra y a los ángeles en el cielo simultáneamente. También, tenemos que darnos cuenta de que en los tiempos neotestamentarios Dios ha escogido revelarse plenamente mediante Jesucristo (Colosenses 2:9). No hay posibilidad de separar a Dios y a Jesús, y no hay un Dios visible fuera de Jesús.

Dios es Omnisciente (Todo Lo Sabe)

El Salmo 139:1-6 nos enseña que Dios conoce todo, incluso nuestros movimientos, pensamientos, caminos, maneras, y palabras. Job confesó, "Yo conozco que todo lo puedes, Y que no hay pensamiento que se esconda de ti" (Job 42:2). Dios tiene conocimiento completo de todo, incluyendo el conocimiento del futuro (Hechos 2:23). Así como la omnipresencia, la omnisciencia es un atributo que pertenece solamente a Dios. El es el "único y sabio Dios" (I Timoteo 1:17). La Biblia no identifica a ningún otro ser quien es capaz de leer todos los pensamientos del hombre, predecir el futuro con certeza, o conocer todo lo que hay de conocer.

Dios es Omnipotente (Todopoderoso)

Dios se identifica como el Todopoderoso muchas veces a traves de la Biblia (Génesis 17:1; 35:11, etc.). El tiene todo el poder que existe, y ningún ser puede ejercer cualquier poder a menos que Dios lo permita (Romanos 13:1). Nuevamento, solo Dios es omnipotente, pues solamente ún ser puede tener todo poder. Primera de Timoteo 6:15 le describe a Dios como "el bienaventurado y solo Soberano, Rey de reyes, y Señor de señores," Los santos de Dios en el cielo proclamarán: "¡Aleluya, porque el Señor nuestro Dios Todopoderoso reina!" (Apocalipsis 19:6). Dios describe hermosamente Su gran omnipotencia en Job, capítulos 38 al 41.

Dios es Eterno

Dios es eterno, inmortal, y perdura para siempre (Deuteronomio 33:27; Isaías 9:6; I Timoteo 1:17). El es el primero y el último (Isaías 44:6). El no tuvo principio ni tendrá fin; otros seres espirituales, incluso el hombre, son inmortales en cuanto al futuro, pero sólo Dios es eterno en el pasado y el futuro.

Dios es Inmutable (No Cambia)

El carácter y los atributos de Dios nunca cambian: "Porque yo Jehová no cambio" (Malaquías 3:6). Es cierto que Dios a veces se arrepiente (cambia Su curso de acción en relación al hombre), pero esto es solamente porque el hombre cambia sus acciones. La naturaleza de Dios permanece igual; solamente Su futuro curso de acción cambia para responder a los cambios del hombre. Por ejemplo, el arrepentimiento de Nínive causó que Dios cambiara Sus planes para destruir aquella ciudad (Jonás 3:10). Además, a veces la Biblia dice que Dios se arrepiente en un sentido de entristecerse o de sentir pena en vez de el sentido de cambiarse de decisión (Génesis 6:6).

Dios Posee Individualidad, Personalidad, y Racionalidad

Dios es un ser inteligente con una voluntad (Romanos 9:19) y habilidad de razonar (Isaías 1:18). El posee una mente inteligente (Romanos 11:33-34). El hecho de que el hombre es un ser emocional indica que Dios tiene emociones, pues Dios creó al hombre a Su imágen (Génesis 1:27). La naturaleza emocional esencial de Dios es amor, pero El posee muchas emociones como el deleite, piedad o compasión, odio al pecado y celo por la justicia (Salmo 18:19; Salmo 103:13; Proverbios 6:16; Exodo 20:5). El es tardo en airarse, pero sí puede ser provocado a la ira (Salmo 103:8; Deuteronomio 4:25). Dios puede ser contristado (Génesis 6:6) y bendecido (Salmo 103:1). Por supuesto, Sus emociones trascienden nuestras emociones, pero solamente podemos describirle a El usando términos que describen emociones humanas. (Para comprobación adicional de que Dios es un ser individual con personalidad y racionalidad, véanse las discusiones en este capítulo acerca de la omnisciencia de Dios y Sus atributos morales.)

Los Atributos Morales de Dios

"Dios es amor" (I Juan 4:8, 16). El amor es la esencia de Dios; es Su misma naturaleza. Dios tiene muchas otras cualidades y atributos, muchos de los cuales provienen de Su amor.

La Naturaleza Moral de Dios

1.	amor	(I Juan 4:8)
2.	luz	(I Juan 1:5)
3.	santidad	(I Pedro 1:16)
4.	misericordia	(Salmo 103:8)
5.	benignidad	(Salmo 18:35)
6.	rectitud	(Salmo 129:4)
7.	bondad	(Romanos 2:4)
8.	perfección	(Mateo 5:48)
9.	justicia	(Isaías 45:21)
10.	fidelidad	(I Corintios 10:13)
11.	verdad	(Juan 17:17)
12.	gracia	(Salmo 103:8)

Estos atributos morales de Dios no son contradictorios, sino que obran en armonía. Por ejemplo, la santidad de Dios obligó una separación inmediata entre Dios y el hombre cuando el hombre pecó. Después, la rectitud y la justicia de Dios demandaban la muerte como la pena del pecado, pero el amor y la misericordia de Dios buscaban el perdón. Dios pudo satisfacer a la justicia y a la misericordia mediante la muerte de Cristo en el Calvario y el plan de salvación que resultó de ella.

Nos gozamos de los beneficios de la misericordia de Dios cuando aceptamos la obra propiciatoria de Cristo y la aplicamos a nuestras vidas mediante la fe. Cuando aceptamos y obedecemos por la fe el plan de salvación de Dios, Dios nos atribuye la justicia de Cristo (Romanos 3:21-5:21). Entonces, Dios puede perdonarnos justamente (I Juan 1:9) y nos puede restaurar a la comunión con El sin violar Su santidad.

La muerte del Cristo inocente y sin pecado y la imputación a nosotros de la justicia de Cristo satisfacen la justicia y la santidad de Dios. Sin embargo, si rechazamos la propiciación de Cristo, solamente nos queda el enfrentarnos sólos al juicio de Dios. En este caso Su santidad demanda separación del hombre pecaminoso y su justicia demanda la muerte para el hombre pecaminoso. Entonces la justicia y la misericordia son aspectos complementarios y no contradictorios de la naturaleza de Dios, como lo son la santidad y el amor. Si aceptamos el amor y la misericordia de Dios El nos ayudará a satisfacer Su justicia y santidad. Si rechazamos el amor y la misericordia de Dios tendremos que enfrentarnos sólos a Su justicia y santidad (Romanos 11:22).

Por supuesto, la lista mencionada arriba no agota las cualidades de Dios. Dios es trascendente y ningún humano le puede comprender plenamente. "Porque mis pensamientos no son vuestros pensamientos, ni vuestros caminos mis caminos, dijo Jehová. Como son más altos los cielos que la tierra, así son mis caminos más altos que vuestros caminos, y mis pensamientos más que vuestros pensamientos." (Isaías 55:8-9). "¡Oh profundidad de las riquezas de la sabiduría y de la ciencia de Dios! ¡Cuán insondables son sus juicios, e inescrutables sus caminos!

Porque ¿quién entendió la mente del Señor? ¿O quién fue su consejero?" (Romanos 11:33-34).

Las Teofanías

Una de las maneras en las cuales Dios se reveló en el Antiguo Testamento y trató con el hombre al nivel de un hombre era por medio del uso de teofanías. Una teofanía es una manifestación visible de Dios, y normalmente la consideramos como siendo temporal en su naturaleza. Como hemos visto, Dios le es invisible al hombre. Para hacerse visible, El se manifestaba en una forma física. Aunque nadie puede ver el Espíritu de Dios, se puede ver una representación de Dios. Enumeradas abajo se hallan algunas de las maneras en las cuales Dios escogió manifestarse en el Antiguo Testamento.

Dios apareció a Abraham en una visión, como un horno humeando y una antorcha de fuego, y como un hombre (Génesis 15:1; 15:17; 18:1-33). En esta última instancia, Dios y dos ángeles aparecieron en la forma de tres hombres (18:2) y comieron comida provista por Abraham. Los dos ángeles partieron hacia Sodoma mientras que Dios se quedó para hablar con Abraham (Génesis 18:22; 19:1).

Dios apareció a Jacob en un sueño y como un hombre (Génesis 28:12-16; 32:24-32). En esta última ocasión, Jacob luchó con el hombre y proclamó, "Vi a Dios cara a cara." La Biblia también describe a esta apariencia como "el ángel" (Oseas 12:4).

Dios apareció a Moisés en una nube de gloria y en fuego en el Monte Sinaí, habló con él cara a cara en el Tabernáculo, y le reveló Sus espaldas (gloria parcial), pero no Su rostro (toda Su gloria) (Exodo 24:12-18; 33:9-11; 33:18-23). Estas referencias al rostro de Dios y a la gloria de Dios probablemente son metafóricas de la presencia de Dios y podrían aplicarse a muchos diferentes tipos de manifestaciones.

Dios se manifestó en la vista de todo Israel mediante truenos, relámpagos, una nube, una voz de trompeta, humo, fuego, y terremotos (Exodo 19:11-19; Deuteronomio 5:4-5, 22-27). También demostró Su gloria y envió fuego de Su presencia en la vista de todo Israel (Levítico 9:23,24; 10:1-2).

Job vío a Dios en un torbellino (Job 38:1; 42:5).

Varios de los profetas vieron visiones de Dios (Isaías 6; Ezequiel 1:26-28; 8:1-4; Daniel 7:2,9; Amós 9:1). A Ezequiel se le apareció en la forma de un hombre, envuelto en fuego. A Daniel se le apareció en una visión nocturna como el Anciano de Días. Muchos otros versículos de la Escritura nos dicen que Dios apareció a alguien pero no describen la manera en la cual lo hizo. Por ejemplo, Dios apareció a Abraham, Isaac, Jacob, y Samuel (Génesis 12:7; 17:1; 26:2; 24; 35:9-15; I Samuel 3:21). De igual modo, Dios descendió sobre el Monte Sinaí y Se paró junto a Moisés, Se reveló a setenta y cuatro líderes de Israel, descendió en una columna de nube y Se paró frente a Moisés, Aarón, y María, vino de noche a Balaam, y vino al encuentro de Balaam en otras dos ocasiones (Exodo 34:5; 24:9-11; Números 12:4-9; 23:3-10, 16-24).

Además de las apariencias mencionadas arriba, la Biblia registra otras manifestaciones que muchos creen eran Dios mismo. En Josué 5:13-15, un hombre con una espada apareció a Josué y se identificó como el "Príncipe del ejército de Jehová." Este título y el hecho de que no le reprendió a Josué por adorarle (en contraste a Apocalipsis 19:9-10; 22:8-10) nos sugiere que ésta era realmente una manifestación de Dios. Por otra parte, las palabras de este pasaje dejan abierta la posibilidad de que Josué no le adoró al Príncipe, sino que le adoró a Dios por la apariencia del Príncipe.

El Angel de Jehová

Algunas de las numerosas manifestaciones del "ángel de Jehová" parecen ser teofanías. El ángel de Jehová apareció a Agar, habló como si fuera Dios, y ella le llamó Dios (Génesis 16:7-13). La Biblia dice que el ángel de Jehová apareció a Moisés en la zarza ardiente, pero después dice que Dios habló con Moisés en aquella ocasión (Exodo 3; Hechos 7:30-38). Exodo 13:21 dice que Jehová iba delante de Israel en una columna de nube, mientras que Exodo 14:19 dice que el ángel de Dios estaba con la columna de nube. El ángel de Jehová apareció a Israel en Jueces 2:1-5 y habló como Dios. Jueces 6:11-24 describe la apariencia del ángel de Jehová a Gedeón y luego dice que Jehová miró a Gedeón. Nuevamente, el ángel de Jehová apareció a Manoa y a su esposa, y ellos creyeron que habían visto a Dios (Jueces 13:2-23).

Otras visitaciones del ángel de Jehová no indican si eran manifestaciones de Dios mismo o no, aunque la gente presume con frecuencia que lo eran. Algunos ejemplos son las apariencias a Abraham en el Monte Moríah y a Balaam (Génesis 22:11-18; Números 22:22-35). A veces el ángel de Jehová claramente *no* es una manifestación de Dios. Algunos ejemplos son las apariencias a David y a Zacarías (II Samuel 24:16; I Crónicas 21:15-30; Zacarías 1:8-19). (Véase el Capítulo VII para más discusión.) El ángel del Señor en el Nuevo Testamento aparentemente no es más que un ángel, y por cierto no es Jesucristo (Mateo 1:20; 2:13; 28:2; Hechos 8:26).

Al analizar todos estos versículos de las Escrituras, algunos dicen que el ángel de Jehová siempre es una manifestación directa de Dios. Sin embargo, algunas de las arriba mencionadas instancias no apoyan esta idea y dos de ellas actualmente la contradicen. Otros dicen que el ángel de Jehová es en algunas instancias una manifestación de Dios, y en otras no. Esta segunda idea parece ser consistente con las Escrituras.

Una tercera idea, sin embargo, es que el ángel de Jehová nunca es Jehová, sino un ángel literal. Para apoyar esta última idea, uno enfatizaría que los ángeles son voceros, mensajeros, y agentes de Dios. En otras palabras, esta idea contiende que es correcto decir que "el Señor dijo" o "el Señor hizo" aunque El lo dijo o lo hizo mediante la agencia de un ángel. Bajo esta idea, una descripción de un hecho de Dios en el relato de una apariencia angelical es sencillamente una manera de decir en breve que Dios actuó por medio del ángel. Ya que los escritores bíblicos hacen claro al principio de los relatos que un ángel era el agente directo, no tiene que existir ninguna ambigüedad o discrepancia. En esta idea, las personas que reconocieron la visitación de Dios o estaban equivocadas en su creencia que habían visto a Dios mismo, o, más razonablemente, reconocieron que Dios estaba usando un ángel para hablarles y entonces se dirigieron a Dios mediante el ángel. Hay otra manera de reconciliar esta tercera idea con los versículos de la Escritura que identifican al ángel de Jehová con Jehová mismo: a saber, que el ángel apareció visiblemente, pero que el Señor también estaba presente invisiblemente. Entonces, las referencias al Señor como actuando o hablando podrían significar literalmente el Señor y no el ángel.

En resumen, es evidente que el ángel de Jehová en el Antiguo Testamento no era siempre el Señor mismo. Una persona puede sostener plausiblemente que el ángel de Jehová jamás era una teofanía actual, pero no puede contender con seriedad que el ángel de Jehová era siempre una teofanía. La explicación más sencilla es que la frase, "el ángel de Jehová," a veces se refiere a una teofanía de Dios pero en otras ocasiones denota nada más que un ángel ordinario.

Un erudito trinitario resume la idea predominante de la siguiente manera:

"En el Antiguo Testamento el ángel de Jehová podría ser solamente un mensajero de Dios (la misma palabra hebrea significa mensajero), distinto de Dios mismo (2 Samuel 24:16), o podría ser identificado con el Señor mismo hablando de Sí mismo . . . el hecho de que Dios no puede ser ilustrado con claridad es típico de las teofanías del Antiguo Testamento . . '. Dios tiene la libertad de manifestar Su presencia, al mismo tiempo que los humanos tienen que ser protegidos de Su presencia inmediata."[3]

Melquisedec

Muchos le consideran a Melquisedec como una teofanía (Génesis 14:18). Hebreos 7:3 dice que él era sin padre, sin madre, y sin genealogía. Esto podría significar que él era Dios en forma humana, o podría significar sencillamente que su origin genealógico no se hallaba registrado. Hebreos 7:4 (en la traducción King James en el inglés) se refiere a él como un hombre. Aunque uno le considere como siendo un hombre ordinario o una teofanía de Dios en forma de hombre, el era un típo o una sombra de Cristo (Hebreos 7:1-17).

El Cuarto Hombre en el Fuego

Una supuesta teofanía es el cuarto hombre quien apareció en el fuego cuando Sadrac, Mesac, y Abed-nego fueron lanzados al horno (Daniel 3:24-25). El rey pagano Nabucodonosor dijo, "He aquí yo veo cuatro varones sueltos . . . y el aspecto del cuarto es semejante a hijo de los dioses" (Daniel 3:25). En el idioma original (arameo) no hay un artículo determinado que precede a *hijo*; es decir *el* no precede a *hijo* en este pasaje. La versión Reina-Valera traduce esta frase como "hijo de los dioses." El rey estaba usando terminología pagana y no tenía conocimiento alguno de la futura llegada del unigénito Hijo de Dios. Lo más probable es que el rey vió un ángel, pues él describió esta manifestación como un ángel (Daniel 3:28). Parece ser que la frase "hijos de Dios" puede referirse a seres angelicales (Job 38:7). A lo máximo, lo que vió Nabucodonosor podría ser solamente una teofanía temporal de Dios. Es seguro que esta no era una vista del Hijo de Dios descrito en el Nuevo Testamento, pues el Hijo no había nacido y el papel del Hijo no había empezado. (Véase el Capítulo V.)

¿Hay Teofanías en el Nuevo Testamento?

El Nuevo Testamento no registra ninguna teofanía de Dios en forma humana fuera de Jesucristo. Por supuesto, Cristo era más que una teofanía; El no era solamente Dios apareciendo en la forma de un hombre sino que era Dios vestido de un cuerpo y una naturaleza humana verdadera. El ángel del Señor en Mateo 1:20, 2:13, 28:2 y Hechos 8:26 parece ser un ángel y nada más; no hay evidencia al contrario. Es claro en estos pasajes que el ángel no es Jesucristo. Esto concuerda bien con la conclusión que el ángel de Jehová no era siempre Jehová mismo. La única cosa que podría ser una teofanía en el Nuevo Testamento es la paloma en el bautismo de Cristo. (Véase el Capítulo VIII para una discusión completa de la paloma y la razón especial por su apariencia.)

¿Por qué esta falta de teofanías en el Nuevo Testamento? La razón es que no hay necesidad de ellas. Dios se halla plenamente expresado en Jesucristo. Jesús declara y revela completamente al Padre (Juan 1:18). Jesús es la imagen del Dios invisible, el resplandor de Su gloria, y la imagen misma de Su sustancia (Colosenses 1:15, Hebreos 1:3).

Conclusión

En el Antiguo Testamento Dios escogió revelar varios aspectos de Su naturaleza al hombre por medio de varias teofanías. En la era del Nuevo Testamento, la revelación progresiva de Dios mediante las teofanías culminó y hallo perfecto cumplimiento en Jesucristo. Esto nos lleva a los Capítulos III y IV y a la gran verdad que Jesús es el único Dios del Antiguo Testamento.

NOTAS

CAPITULO II

[1]*Webster's Third International Dictionary of the English Language*, unabridged, p. 2198.

[2]James Strong, *Exhaustive Concordance of the Bible* (Nashville: Abingdon, 1890).

[3]William Dyrness, *Themes in Old Testament Theology* (Downers Grove, Ill.: InterVarsity Press, 1979), pp. 41-42.

3

LOS NOMBRES Y TITULOS DE DIOS

"Yen ningún otro hay salvación; porque no hay otro nombre bajo el cielo, dado a los hombres, en que podamos ser salvos" (Hechos 4:12).

Aunque el hombre no puede comprender totalmente a Dios, Dios ha empleado varios métodos para revelarse a la humanidad. Uno de estos métodos es el uso de diferentes títulos o nombres para identificarse a Sí mismo.

El Significado de un Nombre

El uso de nombres en los tiempos de la Biblia, especialmente en los días del Antiguo Testamento, llevaba mucho más importancia que hoy en día. La gente frecuentemente usaba nombres para dar a conocer algo sobre las características, historia o naturaleza de los individuos, y Dios hizo lo mismo. Entonces, Dios cambió el nombre de Abram (padre exaltado) a Abraham (padre de una multitud), y el nombre de Jacob (suplantador, engañoso) a Israel (él reinará como Dios). Aun en el Nuevo Testamento, Jesús cambió el nombre de Simón (oyente) a Pedro (una roca). La *Biblia Amplificada (inglés)* cita en una nota sobre I Reyes 8:43 del *Diccionario Davis de la Biblia,* el *Comentario de Ellicott sobre la Biblia Entera,* y *El Diccionario Nuevo de la Biblia* para indicar la importancia del nombre de Dios. "El saber el *nombre* de Dios es el atestiguar la manifestación de esos atributos y prender aquel carácter que el nombre denota . . . El *nombre* de Dios, es decir, Su revelación personal . . . El nombre significa la presencia activa de la persona en la plenitud del carácter revelado." Los profesores Flanders y Cresson, de la Universidad Baylor, declaran: "Para los antiguos el nombre es una parte de la persona, una extensión de la personalidad del individuo."[1]

Dios usó nombres como un medio de revelación personal progresiva. Por ejemplo, en Exodo 6:3 Dios dijo, "Y aparecí a Abraham, a Isaac y a Jacob como Dios Omnipotente, mas en mi nombre JEHOVA no me di a conocer a ellos". Los versículos 4 al 8 hacen claro que el significado del nombre Jehová a Israel era su asociación con la redención y la salvación. Sabemos que Abraham sí usó el nombre Jehová (Génesis 22:14); sin embargo, Dios no le dio a conocer la importancia plena de este nombre en su aspecto redentivo. Entonces, en Exodo 6:3 Dios prometió revelarse a Su pueblo en una manera nueva. Es decir, El comenzó a asociar Su nombre con una comprensión nueva de Su carácter y presencia.

Además de usar nombres para manifestar Su carácter, Dios usó Su nombre para manifestar Su presencia. En la dedicación del Templo, Salomón reconoció que Dios era omnipresente y que ningún templo lo podría contener (I Reyes 8:27). Ya que Dios llena el universo, Salomón preguntó cómo el Templo, una estructura hecha por el hombre, lo podría contener. Entonces él contestó su propia pregunta por recordarle a Dios de Su promesa: "Mi nombre estará allí" (I Reyes 8:29). Aunque la omnipresencia de Dios no podía ser restringido al Templo, sin embargo la plenitud de Su carácter como representado por Su nombre podía morar allí.

Salomón siguió orando "para que todos los pueblos de la tierra conozcan tu nombre" (I Reyes 8:43). Una vez más, esto vincula el nombre de Dios con una revelación de Su carácter. Dios mismo usó el concepto de Su nombre para representar la revelación de Su naturaleza y poder. El le dijo a Faraón, "Y a la verdad yo te he puesto para mostrar en ti mi poder, y para que mi nombre sea anunciado en toda la tierra" (Exodo 9:16).

El nombre de Dios representa Su autoridad al igual que Su poder. Por ejemplo, El invirtió Su nombre en el ángel que condujo a los Israelitas (Exodo 23:21). Esto probablemente era una teofanía de Dios ya que el pasaje expresa la idea que el ángel actuó con toda la autoridad de Dios mismo.

El nombre de Dios representa lo siguiente: 1) la presencia de Dios, 2) la revelación de Su carácter, 3) Su poder y 4) Su autoridad.

En seguida hay algunos otros puntos que demuestran la importancia que Dios pone en Su nombre:

1. Dios demanda temor (reverencia, respeto) a Su nombre (Deuteronomio 28:58-59). El manda al hombre que no tome Su nombre en vano (Exodo 20:7).

2. Dios advierte a Su pueblo que no olviden Su nombre (Salmo 44:20-21; Jeremías 23:25-27).

3. Dios promete una bendición para aquellos que conocen Su nombre (Salmo 91:14-16). Hay una bendición para aquellos que piensan en Su nombre (Malaquías 3:16).

Con la importancia del nombre en mente, examinemos

algunos nombres usados para Dios en el Antiguo Testamento.

Nombres o Títulos de Dios
En el Antiguo Testamento

En seguida hay una lista de las palabras principales usadas para designar a Dios en el Antiguo Testamento.[2]

Nombres Para Dios en el Antiguo Testamento

Español	Hebreo	Ejemplo de las Escrituras
1. Dios	Elohim	Génesis 1:1
2. Dios	El	Génesis 14:18
3. Dios	Eloah	Nehemías 9:17
4. Dios	Elah (forma Aramea)	Daniel 2:18
5. Jehová	YHWH (Yahvé)	Génesis 15:2
6. JAH	YH (Yah)	Salmo 68:4
7. Señor	Adon	Josué 3:11
8. Señor	Adonai	Génesis 15:2
9. YO SOY EL QUE SOY	Eheyeh asher Eheyeh	Exodo 3:14
10. YO SOY	Eheyeh	Exodo 3:14
11. El Dios Altísimo	El-Elyon	Génesis 14:18
12. Dios que ve	El-Roiy	Génesis 16:13
13. Dios Todopoderoso	El-Shaddai	Génesis 17:1
14. Dios Eterno	El-Olam	Génesis 21:33

El significa fuerza, potente, omnipotente, o, por extensión, deidad. Eloah probablemente se deriva de el, y siempre refiere a la deidad. Elah es la forma aramea (caldea) de Eloah. Elohim es la forma plural de Eloah, y el Antiguo Testamento usa esta palabra más de cualquier otra para significar Dios. En este caso, la plural es una forma intensiva que denota la grandeza, majestad, y los atributos múltiples de Dios. (Véase el Capítulo VII.) La Biblia también usa la palabra *elohim* para hacer referencia a dioses falsos (Jueces 8:33), seres espirituales (I Samuel 28:13), y jueces o gobernadores humanos (Salmo 82). En estos casos se traduce *dios* o *dioses*. Adon significa gobernador, maestro, o señor ya sea humano, angélico, o divino. Adonai es la forma enfática de Adon, y específicamente se refiere al Señor (Dios).

Yahvé (Jehová) es el nombre redentivo de Dios en el Antiguo Testamento (Exodo 6:3-8), y el nombre único por el cual el único Dios verdadero se distinguió a Sí mismo en el Antiguo Testamento de todo otro dios (Isaías 42:8). Significa el "Auto-Existente o el Eterno." Este concepto también aparece en las frases "YO SOY EL QUE SOY" y "YO SOY," usadas por Dios acerca de Sí mismo. Flanders y Cresson explican que Yahvé es la forma en la tercera persona del verbo "ser" en el hebreo.[3] Yahvé significa "El es." Cuando es usado por Dios, la forma del verbo está en la primera persona, o "Yo Soy." En otros términos, Yahvé y "Yo Soy" son diferentes formas del mismo verbo. Además, ambos implican una existencia activa (posiblemente causante o creativa) en vez de simplemente una existencia pasiva.

En algunas ocasiones, los traductores de las Escrituras seguían una antigua tradición judía de sustituir Adonai para YHWH cuando copiaban o leían las Escrituras. Esta costumbre desarrolló porque los judíos querían evitar tomar el nombre de Dios en vano, que infringiría el Tercer Mandamiento (Exodo 20:7). Ellos sentían que por constantemente repetir el sagrado nombre de Dios podrían comenzar a tratarlo demasiado informal y ligeramente. El nombre de Dios era tan santo y sagrado que ellos no se sentían dignos de usarlo.

Jesús y los apóstoles también siguieron esta costumbre. El Nuevo Testamento usa la palabra griega *kurios*, significando Señor, al citar escrituras del Antiguo Testamento que contienen YHWH (Mateo 3:3; 4:7, etc.).

Ya que el hebreo antiguo no usaba vocales escritos y ya que los judíos dejaron de hablar el nombre sagrado, nadie sabe cuál era la pronunciación original de YHWH. Todo lo que tenemos son las cuatro letras hebreas (llamados el tetragrámaton) que son comunmente trasliterados como YHWH o JHVH y pronunciados Yahvé (hebreo) o Jehová (español). Nosotros usaremos Jehová en el resto del libro para conformar al español tradicional y al uso de la versión Reina-Valera.

Los Nombres Compuestos de Jehová

Además de las ya mencionadas designaciones para Dios, el Antiguo Testamento usa un número de nombres compuestos de Jehová para describirle a Dios y para revelarlo aun más. Se enumeran en la siguiente tabulación.[4] Los números 1, 3, y 5 aparecen como tal en la mayoría de las versiones en español; los demás aparecen en el hebreo pero se traducen en el español. Además, el Nuevo Testamento usa "el Señor de los ejércitos" dos veces (Romanos 9:29; Santiago 5:4).

Nombres Compuestos de Jehová

Nombre	Escritura	Significado
1. Jehová-jire	Génesis 22:14	Jehová verá (p. ej., proveerá)
2. Jehová-rafa	Exodo 15:26	Jehová que sana
3. Jehová-nisi	Exodo 17:15	Jehová nuestra bandera (p. ej., victoria)
4. Jehová-m'kades	Exodo 31:13	Jehová que santifica
5. Jehová-salom	Jueces 6:24	Jehová nuestra paz
6. Jehová-sabaot	I Samuel 1:3	Jehová de los ejércitos (p. ej., omnipotente)
7. Jehová-elyón	Salmo 7:17	Jehová el altísimo
8. Jehová-rá-a	Salmo 23:1	Jehová mi pastor
9. Jehová-hoseenu	Salmo 95:6	Jehová nuestro hacedor
10. Jehová-sidkenu	Jeremías 23:6	Jehová nuestra justicia
11. Jehová-sama	Ezequiel 48:35	Jehová está presente

La Revelación Progresiva Del Nombre

Hallamos que en el Antiguo Testamento Dios progresivamente dió a conocer más acerca de Sí mismo al surgir necesidades diversas en las vidas de los hombres, y usó nombres para expresar esta revelación personal. Cuando Abraham necesitó un cordero para sacrificar, Dios se reveló como Jehová-jire, Jehová que provee. Cuando Israel necesitaba liberación, Dios reveló que Su nombre Jehová tenía una importancia anteriormente desconocida respecto a liberación y salvación (Exodo 6:3-8). Cuando Israel necesitaba protección de la enfermedad, Dios se reveló como Jehová-rafa, Jehová que sana. Cuando Israel necesitaba victoria sobre los enemigos, Dios se reveló como Jehová-nisi, Jehová nuestra bandera, p. ej. victoria. Así, los nombres y los títulos descritos sobre todo dan a conocer aspectos importantes acerca de la naturaleza de Dios.

Sin embargo, ninguno de ellos es una revelación completa de la naturaleza de Dios. Mucha gente en el Antiguo Testamento se dieron cuenta de esto; ellos desearon saber más de Dios y expresaron su deseo en pedir saber Su nombre. Cuando Jacob luchó con el hombre en Peniel (una manifestación de Dios), él pidió, "Declárame ahora tu nombre." Dios no le dio a conocer Su nombre, pero sí le bendijo (Génesis 32:29). Manoa, el padre de Sansón, le preguntó al ángel de Jehová cuál era su nombre y recibió esta respuesta: "¿Por qué preguntas por mi nombre, que es admirable?" (Jueces 13:18). El profeta Agur preguntó acerca de Dios, "¿Cuál es su nombre, y el nombre de su hijo, si sabes?" (Proverbios 30:4). El miraba al futuro, tratando de ver por qué nombre Dios se daría a conocer cuando El aparecería como el Hijo. Zacarías profetizó que un tiempo vendría cuando Jehová sería el rey sobre toda la tierra, y "En aquel día Jehová será uno, y uno su nombre" (Zacarías 14:9).

El Nombre de Jesús

Cuando llegó el cumplimiento del tiempo, Dios sí sació los anhelos de Su pueblo y se reveló en todo Su poder y gloria mediante el nombre Jesús. Jesús es el equivalente griego del nombre hebreo diversamente traducido como Jesúa (Esdras 2:2), o Josué (Exodo 17:9). Ambos Hechos 7:45 y Hebreos 4:8 demuestran que Jesús es el mismo nombre que Josué.

Jesús significa Jehová-Salvador, Jehová nuestra Salvación, o Jehová es Salvación.[5] Es por eso que el ángel dijo, "Y dará a luz un hijo, y llamarás su nombre JESUS, porque El salvará a su pueblo de sus pecados" (Mateo 1:21). La identificación del nombre de Jesús con la salvación es particularmente evidente porque el hebreo para Jesúa es prácticamente idéntico al hebreo para salvación, especialmente ya que el antiguo hebreo no usaba vocales escritos. De hecho, la *Concordancia Exhaustiva Strong's* (en inglés) traduce literalmente a Jesúa como Yeshuwa y la palabra hebrea para la salvación como Yeshuwah. Aunque otros han llevado el nombre Josué o Jesús, el Señor Jesucristo es el único quien realmente ha alcanzado las implicaciones de aquel nombre. El es el único quien es realmente lo que aquel nombre describe.

Jesús es la culminación de todo los nombres de Dios del Antiguo Testamento. Es el nombre más alto y exaltado que jamás ha sido revelado a la humanidad. (Véase el Capítulo IV para comprobar que Jesús cumple todos los once nombres compuestos de Jehová que hemos enumerado.) El nombre de Jesús es el nombre de Dios que El prometió dar a conocer cuando El dijo, "Por tanto, mi pueblo sabrá mi nombre" (Isaías 52:6). Es el único nombre de Zacarías 14:9 que comprende e incluye todos los otros nombres de Dios dentro de su significado.

La iglesia del Nuevo Testamento es identificada por el

nombre de Jesús. Actualmente Jesús dijo que nosotros seríamos aborrecidos por todos por causa de Su nombre (Mateo 10:22). La Iglesia primitiva fue perseguida por el nombre de Jesús (Hechos 5:28, 9:21, 15:26), y ellos lo consideraban como un privilegio ser tenidos por dignos de sufrir por Su nombre (Hechos 5:41). Pedro declaró que el hombre cojo en la puerta Hermosa fue sanado "por el nombre de Jesucristo de Nazaret" (Hechos 4:10). El entonces explicó la supremacía y la esencialidad de este nombre en cuanto a recibir la salvación: "Y en ningun otro hay salvación; porque no hay otro nombre bajo el cielo, dado a los hombres, en que podamos ser salvos" (Hechos 4:12). El Apóstol Pablo escribió, "Por lo cual Dios también le exaltó hasta lo sumo, y le dió un nombre que es sobre todo nombre, para que en al nombre de Jesús se doble toda rodilla de los que están en los cielos, y en la tierra, y debajo de la tierra" (Filipenses 2:9-10).

A causa de la posición exaltada de este nombre, se nos exhorta a depender del nombre de Jesús en todo lo que hacemos o decimos: "Y todo lo que hacéis, sea de palabra o de hecho, hacedlo todo en el nombre del Señor Jesús" (Colosenses 3:17). Nosotros enseñamos y predicamos en el nombre de Jesús (Hechos 4:17-18; 5:28). Echamos fuera demonios, hablamos en lenguas, recibimos protección y poder sobrenatural, y oramos por los enfermos—todo en el nombre de Jesús (Marco 16:17-18; Santiago 5:14). Señales y maravillas son hechas por el nombre de Jesús (Hechos 4:30). Oramos y hacemos conocer las peticiones a Dios en el nombre de Jesús (Juan 14:13-14; 16:23). Nos reunimos en el nombre de Jesús (Mateo 18:20). Bautizamos en el nombre de Jesús (Hechos 2:38).

¿Significa esto que el nombre de Jesús es algún tipo de fórmula mágica? No. Para que el nombre de Jesús sea eficaz nosotros debemos tener fe en Su nombre (Hechos

3:16). Debemos conocer a y tener fe en Aquel que es representado por ese nombre (Hechos 19:13-17). El nombre de Jesús es único porque, desemejante a cualquier otro nombre, representa la presencia de su propietario. Representa la presencia, el poder, y la obra de Dios. Cuando nosotros hablamos el nombre de Jesús en fe, Jesús mismo actualmente se encuentra presente y comienza a trabajar. El poder no viene del sonido del nombre, sino que viene porque la expresión del nombre en fe demuestra obediencia a la Palabra de Dios y fe en la obra de Jesús. Cuando decimos Su nombre en fe, Jesús manifiesta Su presencia, desempeña la obra, y suple la necesidad.

Por lo tanto, Dios se revela totalmente mediante el nombre de Jesús. Hasta el extento que nosotros le vemos, conocemos, honramos, creemos, y recibimos a Jesús, hasta ese extento nosotros vemos, conocemos, honramos, creemos, y recibimos a Dios Padre (Juan 5:23; 8:19; 12:44-45; 13:20; 14:7-9). Si le negamos a Jesús, negamos al Padre (I Juan 2:23), pero si usamos el nombre de Jesús le glorificamos al Padre (Colosenses 3:17).

La Biblia predijo que el Mesías declararía el nombre de Jehová (Salmo 22:22; véase Hebreos 2:12). Jesús afirmó que El había manifestado y declarado el nombre del Padre (Juan 17:6, 26). Incluso, El heredó Su nombre del Padre (Hebreos 1:4). ¿Como manifestó y declaró Jesús el nombre del Padre? Lo hizo por revelar el significado del nombre mediante las obras que El hizo, que eran las obras de Jehová (Juan 14:10-11). Así como Dios en el Antiguo Testamento progresivamente reveló más sobre Su naturaleza y Su nombre por responder a las necesidades de Su pueblo, así Jesús en el Nuevo Testamento reveló plenamente la naturaleza y el nombre de Dios mediante milagros, sanidades, el echar fuera de demonios, y el perdón de pecados. Jesús declaró el nombre del Padre por Sus obras; porque por ellas El comprobó que

El era desde luego el Padre, el Jehová del Antiguo Testamento. (Véase Isaías 35:4-6 con Lucas 7:19-22.) Por demostrar el poder de Dios según las profecías, El comprobó que Jesús era el nombre del Padre.

¿Por qué es el nombre de Jesús la revelación plena de Dios? Simplemente porque Jesús es Jehová y en Jesús mora toda la plenitud de la Deidad corporalmente, incluso el papel de Padre (Colosenses 2:9). Estudiaremos esta grande verdad en el Capítulo IV.

NOTAS

CAPITULO III

[1]Henry Flanders, Jr. y Bruce Cresson, *Introduction to the Bible* (Nueva York: John Wiley & Hijos, 1973), p. 61.

[2]Las definiciones y los deletreos son de *Strong's Exhaustive Concordance*.

[3]Flanders y Cresson, p. 79.

[4]Véase, Francis Derk, *The Names of Christ*, 2da edición. (Minneapolis: Bethany Fellowship, 1969) pp. 152-153; *Strong's Exhaustive Concordance*.

[5]Marvin Vincent, *Word Studies in the New Testament* (1887; rpt. Grand Rapids: Eerdmans, 1975), I, 16; W. E. Vine, *An Expository Dictionary of New Testament Words* (Old Tappan, N.J.: Fleming H. Revell, 1940), p. 274.

4

JESUS ES DIOS

"Porque en él habita corporalmente toda la plentitud de la Deidad" (Colosenses 2:9).

El hecho que Jesús es Dios se halla tan firmemente establecido en la Escritura como el hecho que Dios es uno. La Biblia enseña que Jesús es totalmente Dios y totalmente hombre. En este capítulo nosotros consideraremos el anterior; en el Capítulo V el posterior.

En las próximas secciones presentaremos y consideraremos pruebas bíblicas de que Jesús es Dios, enumerándolas para la conveniencia del lector.

El Antiguo Testamento
Testifica Que Jesús Es Dios

1. Isaías 9:6 es una de las pruebas más poderosas de que Jesús es Dios: "Porque un niño nos es nacido, hijo nos es dado, y el principado sobre su hombro; y se llamará su

nombre Admirable, Consejero, Dios fuerte, Padre eterno, Principe de paz." Los términos *hijo* y *niño* se refieren a la Encarnación o manifestación del "Dios fuerte" y "Padre eterno."

2. Isaías profetizó que el Mesías se llamaría Emanuel, que es, Dios con nosotros (Isaías 7:14; Mateo 1:22-23).

3. Isaías describió al Mesías como un vástago de Isaí (el padre de David) y también como la raíz de Isaí (Isaías 11:1, 10; véase también Apocalipsis 22:16). Según la carne El era un descendiente (vástago) de Isaí y David, pero según Su Espíritu El era su Creador y fuente de vida (raíz). Jesús usó este concepto para confundir a los Fariseos cuando El citó el Salmo 110:1 y preguntó, en esencia, "¿Cómo podía David llamarle al Mesías Señor cuando el Mesías había de ser el hijo (descendiente) de David?" (Mateo 22:41-46).

4. Isaías 35:4-6 demuestra que Jesús es Dios: "he aquí que vuestro Dios . . . vendrá, y os salvará." Este pasaje sigue a decir que al venir Dios los ojos de los ciegos se abrirían, los oidos de los sordos serían abiertos, el cojo saltaría, y la lengua del mudo hablaría. Jesús aplicó este pasaje de la Escritura a Sí mismo (Lucas 7:22) y, por supuesto, Su ministerio produjo todas estas cosas.

5. Isaías 40:3 declara que uno clamaría en el desierto, "Preparad camino a Jehová; enderezad calzada en la soledad a nuestro Dios." Juan el Bautista cumplió esta profecía cuando él preparó el camino para Jesús (Mateo 3:3); asi que Jesús es Jehová y nuestro Dios.

6. Miqueas 5:2 comprueba que el Mesías es Dios. "Pero tú, Belén Efrata . . . de ti me saldrá el que será Señor en Israel; y sus salidas son desde el principio, desde los días de la eternidad."

Entonces el Antiguo Testamento claramente afirma que el Mesías y el Salvador que había de venir sería Dios mismo.

El Nuevo Testamento Proclama
Que Jesús es Dios

1. Tomás confesó a Jesús como ambos Señor y Dios (Juan 20:28).

2. Según Hechos 20:28, la iglesia fue comprada con la sangre propia de Dios, específicamente la sangre de Jesús.

3. Pablo describió a Jesús como "nuestro gran Dios y Salvador Jesucristo" (Tito 2:13).

4. Pedro lo describió como "nuestro Dios y Salvador Jesucristo" (II Pedro 1:1).

5. Nuestros cuerpos son los templos de Dios (I Corintios 3:16-17), pero sabemos que Cristo mora en nuestros corazones (Efesios 3:17).

6. El Libro de Colosenses enfatiza fuertemente la deidad de Cristo. "Porque en él habita corporalmente toda la plenitud de la Deidad" (Colosenses 2:9; véase también 1:19). Según estos versículos de Escritura, Jesús no es simplemente una parte de Dios, sino que el *total* de Dios es residente en El. Si hubiera varias personas en la Deidad, según Colosenses 2:9 ellos todos serían residentes en la forma corporal de Jesús. Nosotros somos completos en El (Colosenses 2:10). Todo lo que necesitamos de Dios lo podemos hallar en Jesucristo solamente. (Para más discusión sobre Colosenses 2:9 y otras pruebas de la deidad de Cristo en Colosenses, véase el Capítulo IX.)

Concluimos que el Nuevo Testamento atestigua la plena deidad de Jesucristo.

Dios Fue Manifestado en la Carne como Jesús

La declaración que Jesús es Dios necesariamente implica que Dios tomó sobre sí carne humana. Esto es de hecho lo que la Biblia dice.

1. "Dios fue manifestado en carne, justificado en el Espiritu, visto de los ángeles, predicado a los gentiles, créido en el mundo, recibido arriba en gloria" (I Timoteo 3:16; véase el versículo 15 para confirmación adicional de que Dios es el tema del versículo 16). Dios fue manifestado (hecho visible) en carne; Dios fue justificado (demostrado como justo) en el Espíritu; Dios fue visto de ángeles; Dios fue creido en el mundo; y Dios fue recibido arriba en gloria. ¿Cómo y cuándo sucedió todo esto? En Jesucristo.

2. "En el principio era el Verbo, y el Verbo era con Dios, y el Verbo era Dios . . . Y aquel Verbo fue hecho carne . . ." (Juan 1:1, 14). Literalmente, el Verbo (Dios) fue entabernaculizado en carne. ¿Cuándo se entabernaculizó o se vistió Dios en carne? En Jesucristo. Ambos versículos de Escritura prueban que Jesús es Dios—que El es Dios manifestado (revelado, dado a conocer, hecho evidente, desplegado, demostrado) en carne.

Dios es un Espíritu—sin carne y sangre e invisible al hombre. A fin de hacerse visible al hombre y a fin de derramar sangre inocente para nuestros pecados, El tuvo que ponerse carne. (Para más sobre los propósitos del Hijo, véase el Capítulo V.) Jesús no es otro Dios o una parte de Dios, sino que El es el Dios del Antiguo Testamento vestido en carne. El es el Padre; El es Jehová quien vino en carne para unir la brecha entre el hombre y Dios que el pecado del hombre había creado. El se puso carne como un hombre se pone un abrigo.

Muchos versículos de la Escritura declaran que Jesucristo es el Dios del Antiguo Testamento vestido en carne con el propósito de la autorevelación y la reconciliación.

3. "Que Dios estaba en Cristo reconciliando consigo al mundo" (II Corintios 5:19).

4. "A Dios nadie le vio jamás; el unigénito Hijo, que está en el seno del Padre, él le ha dado a conocer [declar-

ado, revelado]" (Juan 1:18).

5. "Dios, habiendo hablado muchas veces y de muchas maneras en otro tiempo a los padres por los profetas, en estos postreros días nos ha hablado por el Hijo . . . siendo el resplandor de su gloria, y la imagen misma de su sustancia . . ." (Hebreos 1:1-3).

6. Jesús es "la imagen del Dios invisible" (Colosenses 1:15; II Corintios 4:4).

7. El es Dios cubierto con un velo de carne (Hebreos 10:20). Como Abraham profetizó, probablemente sin comprender el significado pleno de sus propias palabras, "Dios se proveerá de cordero" (Génesis 22:8). Dios desde luego proveyó un cuerpo para Sí mismo: "Sacrificio y ofrenda no quisiste; Mas me preparaste cuerpo" (Hebreos 10:5).

8. Jesús era el constructor de la casa (Dios Padre y Creador) y también un hijo sobre su propia casa (Hebreos 3:3-6).

9. El vino a Su propia creación y a Su propio pueblo escogido pero ellos no le reconocieron ni lo recibieron (Juan 1:10-11).

El Verbo

Juan 1 enseña de una manera hermosa el concepto de Dios manifestado en la carne. En el principio era el Verbo (griego, *Logos*). El Verbo no era una persona aparte o un dios aparte, tal como la palabra de un hombre no es una persona aparte de él. Más bien el Verbo era el pensamiento, el plan, o la mente de Dios. El Verbo estaba con Dios en el principio y realmente era Dios mismo (Juan 1:1). La Encarnación existía en la mente de Dios antes que el mundo comenzó. Desde luego, en la mente de Dios el Cordero fue inmolado antes de la fundación del mundo (I Pedro 1:19-20; Apocalipsis 13:8).

En el uso griego, *logos* puede significar la expresión o el plan como existe en la mente del pregonero—como un drama en la mente de un dramaturgo—o puede significar el pensamiento como proferido o de otra manera físicamente expresado—como un papel que se juega sobre el escenario. Juan 1 dice que el Logos existía en la mente de Dios desde el principio del tiempo. Cuando llegó el cumplimiento del tiempo, Dios puso aquel plano en acción. El puso carne sobre aquel plan en forma del hombre Jesucristo. El Logos es Dios expresado. Como dice John Miller, el Logos es "Dios expresándose a Sí mismo."[1] Actualmente, *La Biblia Amplificada* (inglés) traduce la última frase de Juan 1:1 así: "El Verbo era Dios mismo." Flanders y Cresson dicen, "El Verbo era el medio de divulgación propia de Dios."[2] Este pensamiento es ilustrado a más profundidad por el versículo 14, que dice que el Verbo encarnado tuvo gloria como del unigénito del Padre, y por el versículo 18, que dice que el Hijo ha dado a conocer al Padre.

En la filosofía griega, el Logos llegó a significar razón o sabiduría como el principio controlador del universo. En el día de Juan, algunos filósofos griegos y teólogos judíos influidos por el pensamiento griego (especialmente el filósofo judío, Filo de Alejandría) le observaban al Logos como una deidad secundaria inferior o como una emanación de Dios en el tiempo.[3] Algunas herejías cristianas, incluyendo una forma emergente del gnosticismo, ya estaban incorporando estas teorías en sus doctrinas, y por lo tanto relegándole a Jesús a un papel inferior. Juan deliberadamente usó su propia terminología para contraprobar estas doctrinas y para declarar la verdad. El Verbo *no era* inferior a Dios; era Dios (Juan 1:1). El Verbo *no* emanó de Dios a través de un periodo de tiempo; estuvo con Dios en el principio (Juan 1:1-2). Jesucristo, el Hijo de Dios, no era otro que el Verbo, o Dios, dado a conocer en la carne. Anote también que la palabra griega *pros*, traducida "con" en el versículo 1, es la misma palabra traducida "en lo que a . . . se refiere" en Hebreos 2:17 y 5:1. Juan 1:1 podría incluir en sus significados, por lo tanto, lo siguiente: "El Verbo se refería a Dios y el Verbo era Dios," o, "El Verbo se refería a Dios y era Dios."

Jesús Era Dios Desde el Principio
De Su Vida Humana

Dios fue manifestado en la carne mediante Jesucristo, pero ¿a qué punto en Su vida vino Dios a habitar en el Hijo? La Biblia declara inequívocamente que la plenitud de Dios estuvo en Jesús desde el momento cuando la vida humana de Jesús comenzó.

1. Mateo 1:23 dice, "He aquí, una virgen concebirá y dará a luz un hijo, Y llamarás su nombre Emanuel, que traducido es: Dios con nosotros." El era "Dios con nosotros" aun en su nacimiento.

2. Los ángeles lo adoraron en Su nacimiento (Hebreos 1:6), Simeón reconoció al infante como el Cristo (Lucas 2:26), Ana le vio al bebé como el redentor de Israel (Lucas 2:38), y los hombres sabios adoraron al niño pequeño (Mateo 2:11).

3. Miqueas 5:2 atribuyó deidad al Mesías en Su nacimiento en Belén, y no simplemente después de Su vida en Nazaret o Su bautismo en el Jordán.

4. Lucas 1:35 explica por qué Jesús era Dios a principios de Su vida humana. El ángel le dijo a María, "El Espíritu Santo vendrá sobre ti, y el poder del Altísimo te cubrirá con su sombra; por lo cual también el Santo Ser que nacerá, será llamado Hijo de Dios." Jesús nació de una virgen, Su concepción siendo efectuada por el Espíritu Santo. Por esa razón ("por lo tanto"), El era el Hijo de Dios. En otras palabras, Jesús es el Hijo de Dios

porque Dios, y no un hombre, ocasionó Su concepción. Dios era literalmente Su Padre. "Porque de tal manera amó Dios al mundo, que ha dado a su Hijo unigénito . . ." (Juan 3:16). Engendrar significa procrear o causar. Jesús fue engendrado por Dios en la matriz de la virgen María.

Isaías 7:14 también vincula la concepción virginal con el reconocimiento que el Hijo así nacido sería Dios. En otras palabras, en el momento de la concepción, Dios puso Su naturaleza divina en la simiente de la mujer. El niño que había de nacer recibió su vida y el lado a paternal de su naturaleza de Dios en aquel momento. Del lado de la madre recibió la naturaleza humana de María; del lado del padre (Dios, no José) recibió la naturaleza de Dios. Jesús obtuvo Su naturaleza divina mediante el proceso de la concepción; El no llegó a ser divino por algún postrer hecho de Dios. El nacimiento virginal de Jesús establece Su deidad.

Algunos creen que Jesús recibió la plenitud de Dios en algún tiempo más tarde en Su vida, como, por ejemplo, en Su bautismo. Sin embargo, en vista del nacimiento virginal y de Lucas 1:35 esto no puede ser así. Jesús recibió Su naturaleza de deidad así como también la naturaleza de humanidad en la concepción. La descendencia del Espíritu Santo como una paloma en el bautismo de Jesús no era un bautismo del Espíritu Santo; Jesús ya tenía toda la plenitud de Dios dentro de Sí (Colosenses 2:9). Más bien, Su bautismo, entre otras cosas, ocurrió como una unción simbólica para el principio de Su ministerio terrenal y como una confirmación a Juan el Bautista de Su deidad (Juan 1:32-34). (Para más sobre el bautismo de Jesús véase el Capítulo VIII.)

El Misterio de la Piedad

El hecho que Dios llegó a ser carne es una de las cosas más maravillosas y, sin embargo, de las más incomprensibles acerca de Dios. "E indiscutiblemente, grande es el misterio de la piedad: Dios fue manifestado en carne . . ." (I Timoteo 3:16). Jesús es como ningún otro hombre que jamás ha sido o será. El tiene dos naturalezas; El es totalmente Dios y totalmente hombre. (Véase el Capítulo V.) La mayoría de los problemas en las mentes de la gente en lo que concierne a la Deidad proviene de este gran misterio. Ellos no pueden comprender la naturaleza dual de Cristo y no pueden separar correctamente sus dos papeles. No pueden comprender cómo Dios podría tomar sobre Sí la forma de un bebé y vivir entre los hombres.

Es cierto que nosotros no podemos comprender totalmente cómo la concepción milagrosa—la unión de Dios y hombre—ocurrió en la matriz de María, pero sí podemos aceptarlo por la fe. De hecho, si nosotros no creemos que Jesús ha venido en carne tenemos un espíritu de anticristo (II Juan 7), pero si aceptamos esta doctrina de Cristo tenemos ambos el Padre y el Hijo (II Juan 9). Ambos el Padre y el Hijo son revelados en Cristo (Juan 10:30; 14:6-11).

El misterio de Dios en la carne era un gran obstáculo para los judíos. Ellos nunca pudieron comprender cómo Jesús, siendo un hombre, podía ser también Dios (Juan 10:33). Porque El afirmó ser Dios, ellos le rechazaron y buscaron matarle (Juan 5:18; 10:33).

Por esta razón, hasta el día de hoy muchos judíos no pueden aceptarle a Jesús. En una conversación, un rabí ortodoxo judío nos declaró que él jamás le podría aceptar a Jesús como Dios.[4] El sentía que ya que Dios es un Espíritu omnipresente e invisible, El nunca puede ser visto por el hombre y no puede ser visible en la carne. Su razonamiento nos hizo recordar a los judíos en el día de Jesús. Tal como este rabí, ellos trataron de limitar a Dios por sus propias ideas preconcebidas de cómo Dios debería de actuar. Además, ellos no tenían un conocimiento completo de las Escrituras del Antiguo Testamento que proclaman la deidad del Mesías.

Aunque es humanamente difícil comprender cómo el infinito Dios podría morar en la carne, las Escrituras, sin embargo, declaran que así fue. Le recordamos al rabí de la manifestación de Dios en forma de un hombre a Abraham en Génesis 18. El admitió que esto era un problema para él, pero trató de explicarlo en términos de un antropomorfismo o lengua figurativa. Entonces hicimos referencia a otros versículos de la Escritura tal como *prójo y* Isaías 7:14, 9:6, Jeremías 23:6, y Miqueas 5:2 para demostrar que el Mesías sería Jehová Dios. El rabí no tuvo más respuesta que decir que nuestras traducciones de estos versículos de Escritura posiblemente eran incorrectas. El prometió estudiarlos a más profundidad.

Nunca ha existido un misterio con respecto a "personas" en la Deidad. La Biblia claramente afirma que hay un solo Dios, y esto es fácil de comprender para todos. El único misterio acerca de la Deidad es cómo Dios podría venir en la carne, cómo Jesús podría ser ambos Dios y hombre. Pero la verdad de este misterio ha sido revelada a aquellos que creyerán. El misterio de Jesucristo ha sido ocultado desde que el mundo comenzó, pero se dio a conocer en la edad del Nuevo Testamento (Romanos 16:25-26; Colosenses 1:25-27). Un misterio en el Nuevo Testamento es simplemente un plan de Dios que no era entendido en el Antiguo Testamento pero que sí se ha revelado a nosotros. Nosotros podemos "entender . . . el misterio de Cristo, misterio que en otras generaciones no se dio a conocer a los hijos de los hombres, como ahora es revelado a sus santos apóstoles y profetas por el Espíritu" (Efesios 3:4-5). *Dct. 29:29 Dn. 2:28; 2:47; pv es:2*

Podemos saber el misterio de Dios y el Padre, que es Cristo (Colosenses 2:2). Actualmente, Pablo explicó este misterio diciendo que en Jesucristo mora toda la sabiduría, el conocimiento, y la plenitud de Dios (Colosenses 2:3, 9). El misterio de Dios ha sido revelado a nosotros por el Espíritu de Dios (I Corintios 2:7-10). Esta revelación nos viene mediante la Palabra de Dios, que es iluminada por el Espíritu Santo (I Corintios 2:7-10). La luz de Cristo, quien es la imagen de Dios, ha brillado en nuestros corazones (II Corintios 4:3-4). No hay por lo tanto ningún misterio bíblico acerca de la Deidad y ciertamente ningún misterio acerca del número de personas en la Deidad. ¡El único misterio es Cristo, y El se ha revelado a nosotros! El misterio de Dios y el misterio de Cristo convergen en la Encarnación. Es simplemente que el único Dios de Israel vino a la tierra en carne. Este misterio se ha revelado y la Palabra de Dios declara que se nos ha hecho conocido hoy.

Jesús es el Padre

Si hay un solo Dios y aquel Dios es el Padre (Malaquías 2:10), y si Jesús es Dios, entonces lógicamente sigue que Jesús es el Padre. Para aquellos que piensan que de algún modo Jesús puede ser Dios y todavía no ser el Padre, ofreceremos comprobación bíblica adicional de que Jesús es el Padre. Esto servirá de más evidencia de que Jesús es Dios. Realmente, dos versículos de Escritura son suficientes para probar este punto.

1. Isaías 9:6, le llama al Hijo el Padre eterno. Jesús es el Hijo del cual se profetizó y hay un solo Padre (Malaquías 2:10; Efesios 4:6), entonces Jesús tiene que ser Dios Padre.

2. Colosenses 2:9 proclama que toda la plenitud de la Deidad mora en Jesús. La Deidad incluye el papel de Padre, entonces el Padre tiene que morar en Jesús.

3. Además de estos dos versículos, Jesús mismo

enseñó que El era el Padre. Una vez, cuando Jesús hablaba del Padre, los Fariseos preguntaron, "¿Dónde está tu Padre? Respondió Jesús: Ni a mí me conocéis, ni a mi Padre; si a mí me conocieseis, también a mi Padre conoceríais" (Juan 8:19). Jesús siguió a decir, "Por eso os dije si no creéis que yo soy, en vuestros pecados moriréis" (Juan 8:24).

Jesús realmente se estaba identificando a Sí mismo con el "YO SOY" de Exodo 3:14. Los judíos, quienes no comprendían lo que El quería decir, preguntaron, "¿Tú quién eres?" Jesús contestó, "Lo que desde el principio os he dicho." (Juan 8:25). Sin embargo, "pero no entendieron que les hablaba del Padre" (Juan 8:27). En otras palabras, Jesús trató de decirles que El era el Padre y el YO SOY, y que si ellos no le aceptaban como Dios ellos morirían en sus pecados.

4. En otro lugar Jesús dijo, "Yo y el Padre uno somos" (Juan 10:30). Algunos tratan de decir que El era uno con el Padre mucho como un esposo y su esposa son uno o como dos hombres pueden ser uno en el acuerdo. Esta interpretación intenta debilitar la fuerza de la afirmación que hizo Jesús. Sin embargo, otros versículos apoyan completamente que Jesús era no solamente el Hijo en Su humanidad sino también el Padre en Su deidad.

5. Por ejemplo, Jesús declaró en Juan 12:45, "Y el que me ve, ve al que me envío." En otras palabras, si una persona le ve a Jesús con respecto a Su deidad, le ve al Padre.

6. En Juan 14:7 Jesús dijo a Sus discípulos, "Si me conocieseis, también a mi Padre conoceríais; y desde ahora le conocéis, y le habéis visto." Al oír esta declaración, Felipe pidió, "Señor, muéstranos el Padre, y nos basta" (Juan 14:8). En otras palabras, él pidió que Jesús les mostrara el Padre y entonces ellos se satisfacerían. La respuesta de Jesús fue, "¿Tanto tiempo hace que

estoy con vosotros, y no me has conocido, Felipe? El que me ha visto a mí, ha visto al Padre; ¿cómo, pues, dices tú: Muéstranos el Padre? ¿No crees que yo soy en el Padre, y el Padre en mí? Las palabras que yo os hablo, no las hablo por mi propia cuenta, sino que el Padre que mora en mí, él hace las obras. Creedme que yo soy en el Padre, y el Padre en mí; de otra manera, creedme por las mismas obras" (Juan 14:9-11). Esta declaración sobrepasa por mucho una relación de acuerdo; no puede ser considerado como nada menos que la pretensión de Cristo de ser el Padre manifestado en carne. Así como mucha gente hoy, Felipe no había comprendido que el Padre es un Espíritu invisible y que la única manera que una persona jamás podría verlo sería mediante la persona de Jesucristo.

7. Jesús dijo, "El Padre está en mí, y yo en el Padre" (Juan 10:38).

8. Jesús prometió ser el Padre de todos los vencedores (Apocalipsis 21:6-7).

9. En Juan 14:18 Jesús dijo, "No os dejaré huérfanos; vendré a vosotros." Jesús, hablando como el Padre, prometió que El no dejaría huérfanos a Sus discípulos.

A seguir hay algunas comparaciones que proveen comprobración adicional de que Jesús es el Padre.

10. Jesús profetizó que El resucitaría Su propio cuerpo de los muertos en tres días (Juan 2:19-21), pero Pedro predicó que Dios levantó a Jesús de los muertos (Hechos 2:24).

11. Jesús dijo que El nos enviaría el Consolador (Juan 16:7), pero también dijo que el Padre enviaría el Consolador (Juan 14:26).

12. Solo el Padre puede traer a los hombres a Dios (Juan 6:44), pero Jesús dijo que El atraería a todos los hombres (Juan 12:32).

13. Jesús resucitará a todos los creyentes en el día postrero (Juan 6:40), pero Dios Padre da vida a los muer-

tos y nos levantará (Romanos 4:17; I Corintios 6:14).

14. Jesús prometió contestar la oración del creyente (Juan 14:14), pero El dijo que el Padre contestaría la oración (Juan 16:23).

15. Cristo es nuestro santificador (Efesios 5:26), pero el Padre nos santifica (Judas 1).

16. Primera Juan 3:1, 5 afirma que el Padre nos amó y fue manifestado para quitar nuestros pecados, pero sabemos que era Cristo quien fue manifestado en el mundo para quitar el pecado (Juan 1:29-31).

Nosotros podemos comprender fácilmente todo esto si nos damos cuenta que Jesús tiene una naturaleza dual. El es ambos Espíritu y carne, Dios y hombre, Padre e Hijo. Por Su lado humano El es el Hijo del hombre; por Su lado divino El es el Hijo de Dios y es el Padre morando en carne. (Véase el Capítulo V para más sobre el Hijo y Capítulo VI para más sobre el Padre, Hijo, y Espíritu.)

Jesús es Jehová

Los versículos de Escritura que demuestran que Jesús es el Padre no agotan nuestras pruebas de que Jesús es el único Dios. A seguir hay doce versículos de la Escritura que comprueban específicamente que Jesús es Jehová— el único Dios del Antiguo Testamento.

1. Isaías 40:3 profetizó que una voz en el desierto clamaría, "Preparad camino a Jehová"; Mateo 3:3 dice que Juan el Bautista es el cumplimiento de esta profecía. Por supuesto, nosotros sabemos que Juan preparó el camino del Señor Jesucristo. Ya que el nombre Jehová era el nombre sagrado del único Dios, la Biblia no lo aplicaría a nadie a excepción del único Santo de Israel; aquí se aplica a Jesús.

2. Malaquías 3:1 dice, "Vendrá súbitamente a su temp-

lo el Señor a quien vosotros buscáis, y el ángel del pacto."
Esto fue cumplido por Jesús, ya sea que se signifique el
Templo literal o el templo del cuerpo de Jesús (Juan
2:21).

3. Jeremías 23:5-6 habla de un Renuevo justo de
David—una referencia clara al Mesías—y lo llama
"Jehová, justicia nuestra." (Véase también Jeremías
33:15-16.) En otras palabras, Jesús es "Jehová, justicia
nuestra."

4. Isaías dice, hablando de Jehová, "Lo salvó su
brazo" (Isaías 59:16), y "su brazo señoreará" (Isaías
40:10). Isaías 53:1-2 describe al Mesías como la revelación del brazo de Jehová. Por lo tanto, Jesús el Salvador no es otro Dios, sino una extensión de Jehová en
carne humana para traer salvación al mundo.

5. Isaías profetizó que la gloria de Jehová se manifestaría a toda carne (Isaías 40:5). Ya que Jehová dijo que El
no daría Su gloria a otro (Isaías 42:8; 48:11), sabemos
que El solamente podría cumplir esta profecía por revelarse a Sí mismo. Desde luego, encontramos en el Nuevo
Testamento que Jesús tenía la gloria del Padre (Juan 1:14;
17:5). El es el Señor de gloria (I Corintios 2:8). Cuando
Jesús venga, El vendrá en la gloria del Padre (Mateo
16:27; Marcos 8:38). Ya que Jesús tiene la gloria de
Jehová, El tiene que ser Jehová.

6. Jehová dijo, "Por tanto, mi pueblo sabrá mi nombre
por esta causa en aquel día; porque yo mismo que hablo,
he aquí estaré presente" (Isaías 52:6). Pero sabemos que
Jesús es el que declaró al Padre, manifestó el nombre del
Padre, y declaró el nombre del Padre (Juan 1:18; 17:6;
17:26). Jesús declaró el nombre de Jehová (Salmo 22:22;
Hebreos 2:12). Entonces, El tiene que ser Jehová.

7. Jehová dijo, "Que a mí se doblará toda rodilla, y
jurará toda lengua" (Isaías 45:23). Pablo citó este versículo de la Escritura para probar que todos comparecerán

ante el tribunal de Cristo (Romanos 14:10-11). Pablo también escribió, "para que en el nombre de Jesús se doble toda rodilla" (Filipenses 2:10).

8. Zacarías ofrece evidencia convencedora de que Jesús es Jehová. En el pasaje que empieza con Zacarías 11:4, "Jehová mi Dios" dijo, "Y pesaron por mi salario treinta piezas de plata." En Zacarías 12:10 Jehová declaró, "Y mirarán a mí a quien traspasaron." Por supuesto, era Jesús quien fue vendido por treinta piezas de plata y quien fue traspasado (Mateo 26:14-16; Juan 19:34). Zacarías 12:8 referente al Mesías, "y la casa de David como Dios." Zacarías también escribió, "vendrá Jehová mi Dios, y con él todos los santos" y Lo describe batallando contra muchas naciones y poniendo Su pie sobre el monte de los Olivos (Zacarías 14:3-5). Por supuesto, sabemos que Jesús es Aquel que volverá al monte de los Olivos como el Rey de reyes y Señor de señores para hacer guerra contra las naciones (Hechos 1:9-12; I Timoteo 6:14-16; Apocalipsis 19:11-16).

9. Cuando Pablo, el judío educado, el fariseo de fariseos, el perseguidor fanático de la Cristiandad, fue cegado sobre el camino a Damasco por una luz resplandeciente de Dios, él preguntó, "¿Quién eres, Señor?" Como un judío, él sabía que había un solo Dios y Señor, y estaba preguntando, "¿Quien eres, Jehová?" El Señor contestó, "Yo soy Jesús" (Hechos 9:5).

10. Aunque que Moisés trataba con Jehová Dios, Hebreos 11:26 dice que Moses estimó el vituperio de Cristo como mayor riqueza que los tesoros de Egipto. Entonces el Dios de Moisés era Jesucristo.

11. El Salmo 68:18 retrata una escena en la que Jehová sube a lo alto y lleva cautiva a la cautividad, pero sabemos que Jesús ascendió y cautivó la cautividad. Actualmente, Efesios 4:7-10 aplica esta profecía a Jesús.

12. Apocalipsis 22:6 dice, "Y el Señor, el Dios de los

espíritus de los profetas, ha enviado su ángel" a Juan, pero el versículo 16 dice, "Yo Jesús he enviado mi ángel para daros testimonio."

Hay aún otros muchos pasajes de la Escritura que le identifícan a Jesús con el único Jehová Dios. A seguir hay una lista de versículos que describen a Jehová en ciertas maneras emparejados con versículos que describen a Jesús de la misma manera. Entonces, estos versículos de la Escritura todos comprueban que Jesús es Jehová.

Jesús es Jehová (I)

Jehová		Jesús	
Título	Escritura	Título	Escritura
1. Todopoderoso	Génesis 17:1	Todopoderoso	Apocalipsis 1:8.
2. YO SOY	Exodo 3:14-16	Yo soy	Juan 8:58.
3. Roca	Salmo 18:2; 28:1	Roca	I Corintios 10:4.
4. Pastor	Salmo 23:1; Isaías 40:10-11	Buen Pastor, Gran Pastor, El Príncipe de los pastores	Juan 10:11 Hebreos 13:20; I Pedro 5:4
5. El Rey de gloria	Salmo 24:7-10	El Señor de gloria	I Corintios 2:8
6. Luz	Salmo 27:1; Isaías 60:19	Luz	Juan 1:4-9; Juan 8:12; Apocalipsis 21:23
7. Salvación	Salmo 27:1; Isaías 12:2	Unica Salvación	Hechos 4:10-12
8. Señor de señores	Salmo 136:3	Señor de señores	Apocalipsis 19:16
9. El Santo	Isaías 12:6	El Santo	Hechos 2:27
10. Dador de la ley	Isaías 33:22	Testador del primer testamento (la Ley)	Hebreos 9:14-17
11. Juez	Isaías 33:22	Juez	Miqueas 5:1; Hechos 10:42

12. Primero y Postrero	Isaías 41:4; 44:6; 48:12	Alfa y Omega, Principio y Fin, Primero y Postrero	Apocalipsis 1:8; 22:13
13. Unico Salvador	Isaías 43:11; 45:21; 60:16	Salvador	Tito 2:13; 3:6
14. Dador de Agua	Isaías 44:3; 55:1	Dador de Agua Viva Espiritual	Juan 4:10-14; 7:38-39.
15. El rey de Israel	Isaías 44:6	El rey de Israel, Rey de reyes	Juan 1:49; Apocalipsis 19:16
16. Unico Creador	Isaías 44:24; 45:8; 48:13	Creador de Todo	Juan 1:3; Colosenses 1:16; Hebreos 1:10
17. Unico Dios Justo	Isaías 45:21	El Justo	Hechos 7:52
18. Redentor	Isaías 54:5; 60:16	Redentor	Gálatas 3:13; Apocalipsis 5:9

Jesús es Jehová (II)

Nombre	Jesús es nuestro (a):	Escritura
1. Jehová-jire (proveedor)	Proveedor (del sacrificio)	Hebreos 10:10-12
2. Jehová-rafa (sanador)	Sanador	Santiago 5:14-15
3. Jehová-nisi (victoria)	Victoria	I Corintios 15:57
4. Jehová-m'kades (santificador)	Santificador	Efesios 5:26
5. Jehová-salom (paz)	Paz	Juan 14:27
6. Jehová-sabaot (Jehová de los Ejércitos)	El Señor de los Ejércitos	Santiago 5:4-7
7. Jehová-elyón (altísimo)	Altísimo	Lucas 1:32, 76, 78
8. Jehová-raa (pastor)	Pastor	Juan 10:11
9. Jehová-oseenu (hacedor)	Hacedor	Juan 1:3
10. Jehová-sidkenu(justicia)	Justicia	I Corintios 1:30
11. Jehová-sama (presente)	El Siempre Presente	Mateo 28:20

Las listas arriba no son exhaustivas, pero son más que adecuadas para comprobar que Jesús es Jehová. Hay un solo Jehová (Deuteronomio 6:4), entonces esto significa que Jesús es el unico Dios del Antiguo Testamento.

Los Judíos Entendieron Que
Jesús Afirmó ser Dios

Los judíos no comprendían cómo Dios podría venir en carne. Ellos no le comprendieron a Jesús en una ocasión cuando El les dijo que El era el Padre (Juan 8:19-27). Sin embargo, en muchas otras ocasiones ellos comprendieron Su pretensión de ser Dios. Una vez cuando Jesús sanó un hombre en el sábado y acreditó el trabajo a Su Padre, los judíos buscaron matarle—no solamente porque El había violado el sábado sino porque dijo que Dios era Su Padre, haciéndose así igual a Dios (Juan 5:17-18). En otro tiempo Jesús dijo que Abraham se gozó de que había de ver Su día. Cuando los judíos preguntaron cómo podría ser esto, Jesús contestó, "Antes que Abraham fuese, yo soy." Los judíos inmediatamente reconocieron que El afirmaba ser YO SOY—el nombre por el cual Jehová se había identificado a Sí mismo en Exodo 3:14—entonces ellos recogieron piedras para matarle por la blasfemia (Juan 8:56-59).

Cuando Jesús dijo, "Yo y el Padre uno somos," los judíos buscaron apedrearle por la blasfemia, porque El siendo un hombre se hizo a Sí mismo Dios Padre (Juan 10:30-33). Ellos buscaron matarle cuando El dijo que el Padre estaba en El, nuevamente porque El afirmaba ser el Padre (Juan 10:38-39).

Cuando Jesús perdonó los pecados de un hombre paralítico, los judíos pensaron que El había blasfemado porque ellos sabían que solamente Dios podía perdonar el pecado (Isaías 43:25). Jesús, conociendo sus pensamientos, sanó al hombre; demostrando así Su poder divino y comprobando Su deidad (Lucas 5:20-26). Los judíos tuvieron razón en creer que había un solo Dios, en creer que solo Dios puede perdonar el pecado, y en comprender que Jesús afirmó ser el único Dios (el Padre y

Jehová). Ellos estaban equivocados únicamente porque rehusaron creer la pretensión de Jesús.

Es asombroso que algunos hoy en día no solamente rechazan la afirmación del Señor de Su verdadera identidad, sino que faltan también en darse cuenta de qué fue lo que El afirmó. Aun los adversarios judíos de Jesús se dieron cuenta de que Jesús afirmó ser Dios, el Padre, y Jehová, pero algunos hoy no pueden ver lo que las Escrituras tan simplemente declaran.

Jesús es Aquel que está en el Trono

Hay un trono en el cielo y Uno sentado sobre él. Juan describió esto en Apocalipsis 4:2: "Y al instante yo estaba en el Espíritu; y he aquí, un trono establecido en el cielo, y en el trono, uno sentado." Sin duda este "Uno" es Dios porque los veinticuatro ancianos alrededor del trono se refieren a El como "Santo, santo, santo es el Señor Dios Todopoderoso, el que era, el que es, y el que ha de venir" (Apocalipsis 4:8). Cuando comparamos esto con Apocalipsis 1:5-18, descubrimos una similitud notable en la descripción de Jesús y Aquel que está sentado sobre el trono. "Yo soy el Alfa y la Omega, principio y fin, dice el Señor, el que es y que era y que ha de venir, el Todopoderoso" (Apocalipsis 1:8). Los versículos 5-7 hacen claro que Jesús es el que está hablando en el versículo 8. Además, Jesús es claramente el tema de Apocalipsis 1:11-18. En el versículo 11, Jesús se identificó como el Alfa y la Omega, el primero y el último. En los versículos 17-18 Jesús dijo, "Yo soy el primero y el último; y el que vivo, y estuve muerto; mas he aquí que vivo por los siglos de los siglos, amén. Y tengo las llaves de la muerte y del Hades." Empezando desde el primer capítulo de Apocalipsis, por lo tanto, nosotros hallamos que Jesús es el Señor, el Omnipotente, y el que es, y que era, y que ha de venir. Ya que los mismos títulos y términos descriptivos se aplican a Jesús y a Aquel que está sentado sobre el trono, es evidente que el que está sobre el trono es nadie menos que Jesucristo.

Hay apoyo adicional para esta conclusión. Apocalipsis 4:11 nos dice que el que está sobre el trono es el Creador, y nosotros sabemos que Jesús es el Creador (Juan 1:3; Colosenses 1:16). Además, El que está sobre el trono es digno de recibir gloria, honra, y poder (Apocalipsis 4:11); nosotros leemos que el Cordero que fue inmolado (Jesús) es digno de recibir el poder, riquezas, sabiduria, fortaleza, honra, gloria, y alabanza (Apocalipsis 5:12). Apocalipsis 20:11-12 nos cuenta que el que está sobre el trono es el Juez, y sabemos que Jesús es el Juez de todo (Juan 5:22, 27; Romanos 2:16; 14:10-11). Concluimos que Jesús tiene que ser el que está sobre el trono en Apocalipsis 4.

Apocalipsis 22:3-4 habla del trono de Dios y del Cordero. Estos versículos hablan de un trono, un rostro, y un nombre. Por lo tanto, Dios y el Cordero deben ser un Ser que tiene un rostro (cara) y un nombre y uno que se sienta sobre un trono. La única persona quien es ambos Dios y el Cordero es Jesucristo. (Para discusión del Anciano de Días en Daniel 7 véase el Capítulo VII. Para discusión del Cordero en Apocalipsis 5 véase el Capítulo IX.) En resumen, el Libro de Apocalipsis nos dice que cuando llégemos al cielo veremos solamente a Jesús sobre el trono. Jesús es la única manifestación visible de Dios que jamás veremos en el cielo.

La Revelación de Jesucristo

El Libro de Apocalipsis contiene muchas otras declaraciones poderosas concernientes a la deidad de Jesús. El propósito de Dios en inspirar a Juan a escribir el libro era para dar a conocer o revelar a Jesucristo, no meramente para revelar sucesos futuros. Actualmente, todas las escrituras de Juan fuertemente enfatizan la unicidad de Dios, la deidad de Cristo, y la naturaleza dual de Cristo. Juan escribió el Evangelio según Juan para que nosotros creyéramos que Jesús es el Cristo, el Hijo de Dios (Juan 20:31). El aceptarle a Jesús como el Hijo de Dios significa aceptarle como Dios, porque el título "el Hijo de Dios" simplemente significa Dios manifestado en carne. (Véase el Capítulo V para discusión adicional.) Juan le identificó a Jesús como Dios, el Verbo, el Padre, y Jehová (el Yo soy). Todas las escrituras de Juan elevan la deidad de Jesús; el Libro de Apocalipsis no es ninguna excepción.

Apocalipsis 1:1 nos dice que el libro es la revelación de Jesucristo. El griego para revelación es *apokalupsis*, del cual derivamos la palabra *apocalipsis*. Significa literalmente un descubrir o un destapar. Por cierto el libro es una profecía de cosas por venir, pero una de las razones principales para esta profecía es revelar a Cristo—demostrar quien realmente es El. El estudiante serio de la Biblia debería buscar comprender las predicciones en el libro; pero, más importante, él debería buscar comprender la razón por estas predicciones. El debería buscar comprender la revelación de Jesucristo en estos sucesos futuros.

El Libro de Apocalipsis le presenta a Jesús en ambos Su humanidad y Su deidad. El es el Cordero inmolado por nuestros pecados pero El es también el Dios Omnipotente que está sobre el trono. A seguir hay una lista de algunas de las maneras en las cuales el libro le presenta a Cristo.

Jesús en el Libro de Apocalipsis

Título	Comentario	Escritura en Apocalipsis
1. Testigo fiel	Profeta y apóstol	1:5
2. Primogénito de los muertos		1:5

3. Soberano de los reyes		1:5
4. Alfa y Omega		1:8; 11; 21:6; 22:13
5. Principio y Fin		1:8; 21:6; 22:13
6. El que es, era, ha de venir		1:8; 4:8
7. Omnipotente		1:8; 4:8
8. Hijo del Hombre	Igual que el Anciano de Días en Daniel	1:13 7:9
9. Primero y último		1:17; 22:13
10. El que vive, estuvo muerto, y vive por los siglos de los siglos		1:18
11. Posesor de los siete Espíritus		3:1; 5:6
12. El que está sobre el trono		4:2
13. Dios		4:8; 21:7
14. Creador		4:11
15. León de la tribu de Judá	Humanidad	5:5
16. Raíz de David	Creador de David	5:5; 22:16
17. Cordero	Sacrificio por el pecado	5:6
18. Redentor		5:9
19. Fiel		19:11
20. Verdadero		19:11
21. La Palabra de Dios		19:13
22. Rey de reyes		19:16
23. Señor de señores		19:16
24. Linaje de David	Humanidad	22:16
25. Estrella resplandeciente de la mañana		22:16

Cada uno de estos títulos y papeles es una revelación hermosa de Jesús. En conjunto, ellos presentan un retrato de Uno quien vino en carne, murió, y resucitó pero también Uno quien es el eterno Señor Dios Omnipotente.

El último capítulo de Apocalipsis describe a Dios y el Cordero en el singular (Apocalipsis 22:3-4) e identifica el

Señor, el Dios de los espíritus de los profetas, como Jesús (Apocalipsis 22:6, 16). Estas referencias nos dicen que Jesús es el Dios de la eternidad y que El aparecerá con Su cuerpo humano glorificado (el Cordero) por toda la eternidad. La gloria de Dios será la luz para la Nueva Jerusalén mientras resplandece mediante el cuerpo glorificado de Jesús (Apocalipsis 21:23). Estos capítulos finales del Libro de Apocalipsis describen cómo Dios se revelara (descubrirá) a Sí mismo en toda Su gloria a todos para siempre. Ellos nos cuentan que Jesús es el Dios eterno y que Jesús se revelará como Dios por toda la eternidad. Por lo tanto, el libro es, desde luego, la revelación de Jesucristo.

Jesús Tiene Todos los Atributos y Las Prerogativas de Dios

Si se necesitan más pruebas que demuestran que Jesús es Dios, podemos comparar los atributos de Jesús con los atributos de Dios. Al hacer esto hallaremos que Jesús posee todo los atributos y prerogativas de Dios, particularmente aquellos que solamente pueden pertenecerle a Dios. En Su humanidad, Jesús es visible, restringido al cuerpo físico, débil, imperfecto en poder, etcétera. En Su naturaleza divina, sin embargo, Jesús es un Espíritu; porque Romanos 8:9 habla del Espíritu de Cristo. En Su divinidad, Jesús era y es omnipresente. Por ejemplo, en Juan 3:13 Jesús hizo referencia al "Hijo de Hombre, que ésta en el cielo" aunque El todavía estaba sobre la tierra. Su omnipresencia explica por qué El podía decir en el tiempo presente mientras estaba sobre la tierra, "Donde están dos o tres congregados en mi nombre, allí estoy yo en medio de ellos" (Mateo 18:20). En otras palabras, mientras la plenitud del carácter de Dios estaba localizada en el cuerpo humano de Jesús, el

Espíritu omnipresente de Jesús no podía ser así restringido. Aunque Jesús caminó sobre esta tierra como un hombre, Su Espíritu todavía estaba en todo lugar a la vez.

Jesús es también omnisciente; pues El podía leer los pensamientos (Marcos 2:6-12). El le conoció a Natanael antes de encontrarlo (Juan 1:47-50). El sabe todas las cosas (Juan 21:17), y toda sabiduría y conocimiento están escondidos en El (Colosenses 2:3).

Jesús es omnipotente; El tiene todo poder, es la cabeza de todo principado y potestad, y es el Todopoderoso (Mateo 28:18; Colosenses 2:10; Apocalipsis 1:8).

Jesús es inmutable y inalteralble (Hebreos 13:8). El es también eterno e inmortal (Hebreos 1:8-12; Apocalipsis 1:8, 18).

Solamente Dios debe recibir la adoración (Exodo 20:1-5; 34:14), pero Jesús recibió adoración en muchas ocasiones y recibirá adoración de toda la creación (Lucas 24:52; Filipenses 2:10; Hebreos 1:6). Solo Dios puede perdonar el pecado (Isaías 43:25), pero Jesús tiene poder para perdonar el pecado (Marcos 2:5). Dios recibe los espíritus de los hombres (Eclesiastés 12:7), pero Jesús recibió el espíritu de Esteban (Hechos 7:59). Dios es el preparador del cielo (Hebreos 11:10), pero Jesús es el preparador del cielo (Juan 14:3). Por lo tanto, hallamos que Jesús tiene todo los atributos y prerogativas que pertenecen a Dios solamente.

Además, Jesús exhibe todas las otras características que Dios tiene. Por ejemplo, mientras estaba sobre la tierra Jesús demostró emociones santas tal como regocijo, compasión, y tristeza (Lucas 10:21; Marcos 6:34; Juan 11:35). La Biblia también testifica que El tiene los atributos morales de Dios. A seguir hay una lista de algunos atributos morales de Jesús que corresponden a los de Dios.

Jesús Tiene la Naturaleza Moral de Dios

1. amor	Efesios 5:25
2. luz	Juan 1:3-9
3. santidad	Lucas 1:35
4. misericordia	Hebreos 2:17
5. ternura	II Corintios 10:1
6. rectitud	II Timoteo 4:8
7. bondad	Mateo 19:16
8. perfección	Efesios 4:13
9. justicia	Hechos 3:14
10. fidelidad	Apocalipsis 19:11
11. verdad	Juan 14:6
12. gracia	Juan 1:16-17

Conclusión

Jesús es todo lo que la Biblia dice que es Dios; El tiene todo los atributos, prerogativas, y características de Dios mismo. Para expresarlo sencillamente, Jesús es todo lo que es Dios. Jesús es el único Dios. No hay mejor manera de resumirlo todo que decir juntamente con el inspirado Apóstol Pablo, "Porque en él habita corporalmente toda la plenitud de la Deidad, y vosotros estáis completos en él" (Colosenses 2:9-10).

NOTAS

CAPITULO IV

[1]John Miller, *Is God a Trinity?* (1922; rpt. Hazelwood, Mo.: Word Aflame Press, 1975), p. 85.

[2]Flanders y Cresson, p. 511.

[3]Otto Heick, *A History of Christian Thought* (Filadelfia: Fortress Press, 1965), I, 31-32, 59-63.

[4]Noviembre 1980, Jerusalén, Israel.

5

EL HIJO DE DIOS

"Pero cuando vino el cumplimiento del tiempo, Dios envió a su Hijo, nacido de mujer y nacido bajo la ley" (Gálatas 4:4).

El capítulo IV aseveró que Jesús es Dios. En este capítulo consideramos el otro lado de la naturaleza dual de Cristo—Su humanidad—y el concepto bíblico del Hijo de Dios.

El Significado de *Jesús* y *Cristo*

Antes de entrar al corazón de este capítulo, expliquemos brevemente el significado de las dos palabras, *Jesús* y *Cristo*. *Jesús* es la versión griega de la palabra hebrea *Josué*, que significa Jehová-Salvador o Jehová es Salvación. Es el nombre que Dios eligió para Su Hijo—el nombre mediante el cual Dios se ha dado a conocer a Sí mismo en el Nuevo Testamento. Es un nombre que el Hijo recibió por herencia (Hebreos 1:4). *Cristo* es el equivalente griego de la palabra hebrea *Mesías;* ambas palabras significan "el ungido." Hablando estrictamente, *Cristo* es un título y no un nombre. Sin embargo, en las epístolas y en el uso ordinario hoy en día, *Cristo* se usa frecuentemente simplemente como otro nombre para Jesús, ya que Jesús es el Cristo. En muchos casos, Jesús y Cristo son simplemente dos nombres usados intercambiablemente para referir a la misma persona, sin intencionarse ninguna distinción en el significado.

La Naturaleza Dual de Cristo

En la Biblia vemos que Jesucristo tuvo dos naturalezas distintas de una manera como ningún otro ser humano jamás ha tenido. Una naturaleza es humana o carne; la otra naturaleza es divina o Espíritu. Jesús era a la vez totalmente hombre y totalmente Dios. El nombre *Jesús* se refiere al Espíritu eterno de Dios (el Padre) residente en la carne. Podemos usar el nombre *Jesús* para describir cualquiera de Sus dos naturalezas o ambas. Por ejemplo, cuando decimos que Jesús murió en la cruz, queremos decir que Su carne murió en la cruz. Cuando decimos que Jesús vive en nuestros corazones, queremos decir que Su Espíritu está allí.

A seguir es una lista comparativa que ilustrará qué queremos decir cuando decimos que Jesús tuvo dos naturalezas o una naturaleza dual.

La Naturaleza Dual de Jesucristo

Como un Hombre, Jesús:	Pero como Dios, El:
1. Nació como un niño (Lucas 2:7)	Existió desde la eternidad (Miqueas 5:2; Juan 1:1-2)
2. Creció mentalmente, físicamente, espiritualmente, socialmente (Lucas 2:52)	Nunca cambia (Hebreos 13:8)

3. Fue tentado por el diablo (Lucas 4:2)	Echó fuera demonios (Mateo 12:28)
4. Tuvo hambre (Mateo 4:2)	Era el Pan de Vida (Juan 6:35) y alimentó milagrosamente a multitudes (Marcos 6:38-44, 52)
5. Tuvo sed (Juan 19:28)	Dió agua viva (Juan 4:14)
6. Se cansó (Juan 4:6)	Dió descanso (Mateo 11:28)
7. Durmió durante una tempestad (Marcos 4:38)	Calmó la tempestad (Marcos 4:39-41)
8. Oró (Lucas 22:41)	Contestó la oración (Juan 14:14)
9. Fue azotado (Juan 19:1-3)	Sanó a los enfermos (Mateo 8:16-17; I Pedro 2:24)
10. Murió (Marcos 15:37)	Levantó Su propio cuerpo de los muertos (Juan 2:19-21; 20:9)
11. Fue un sacrificio por el pecado (Hebreos 10:10-12)	Perdonó el pecado (Marcos 2:5-7)
12. No sabía todas las cosas (Marcos 13:32)	Sabía todas las cosas (Juan 21:17)
13. No tenía poder (Juan 5:30)	Tenía todo poder (Mateo 28:18; Colosenses 2:10)
14. Era inferior a Dios (Juan 14:28)	Era igual a Dios—era Dios (Juan 5:18)
15. Era un siervo (Filipenses 2:7-8)	Era el Rey de reyes (Apocalipsis 19:16)

Podemos resolver la mayoría de las preguntas acerca de la Deidad si comprendemos adecuadamente la naturaleza dual de Jesús. Cuando leemos una declaración acerca de Jesús debemos determinar si le describe a Jesús como un hombre o como Dios. Además, cuando Jesús habla en la Escritura debemos determinar si El habla como hombre o como Dios. Cuando veamos una descripción de dos naturalezas con respecto a Jesús, no deberíamos pensar de dos personas en la Deidad o de dos Dioses, sino que deberíamos pensar de Espíritu y de carne.

A veces es fácil confundirse cuando la Biblia le

describe a Jesús en estos dos papeles diferentes, especialmente cuando lo describe actuando en ambos papeles en la misma historia. Por ejemplo, El podía dormir un minuto y calmar la tormenta el próximo minuto. El podía hablar como hombre un momento y luego como Dios el próximo momento. Sin embargo, nosotros debemos recordar siempre que Jesús es completamente Dios y no meramente un hombre ungido. A la vez, El era totalmente hombre, no simplemente una apariencia de hombre. El tuvo una naturaleza dual diferente de cualquier cosa que nosotros tenemos, y nosotros no podemos comparar adecuadamente nuestra existencia o experiencia a la suya. Lo qué parecería extraño o imposible si se aplicaría al mero humano llega a ser comprensible cuando es examinado dentro del contexto de Uno quien es ambos totalmente Dios y totalmente hombre a la vez.

Las Doctrinas Históricas de Cristo

La naturaleza dual de Cristo ha sido visto de muchas maneras diferentes a lo largo de la historia de la iglesia. Consideraremos estas vistas diversas de una manera breve y general. Por consideración a referencia y estudio adicional, hemos incluido entre paréntesis diversos nombres históricos asociados con estas creencias. Para más sobre estos términos y doctrinas, véase cualquiera obra buena acerca de la historia del dogma, especialmente la historia del trinitarismo y la cristología.

Algunos creen que Jesús era solamente un hombre quien era grandemente ungido y usado por el Espíritu (ebionitismo; véase también Unitarismo). Esta vista errónea ignora por completo Su naturaleza de Espíritu. Otros han dicho que Jesús era únicamente un ser espiritual (docetismo—una doctrina en el gnosticismo). Esta vista ignora Su naturaleza humana. Juan escribió que aquellos que niegan que Jesucristo ha venido en la carne no son de Dios sino que tienen un espíritu anticristo (I Juan 4:2-3).

Aun entre aquellos que creen en la naturaleza dual de Jesucristo, hay muchas creencias erróneas. Algunos han tratado de distinguir entre Jesús y Cristo, diciendo que Cristo era un ser divino quien habitó temporalmente en Jesús comenzando en su bautismo, pero que se retiró del hombre Jesús justamente antes de la muerte (Cerintianismo—una doctrina en el gnosticismo). En una vena similar, algunos dicen que Jesús era un hombre que llegó a ser Dios solamente en algunos puntos en Su vida adulta tal como en Su bautismo—como resultado de un acto adoptivo por Dios (Monarquianismo Dinámico, Adopcionismo). En otras palabras, esta vista sostiene que Jesús era un humano quien eventualmente se deificó. Los otros le contemplan a Jesús como una deidad creada, una deidad como el Padre pero inferior al Padre en la deidad, o un semidiós (Arianismo). Entonces, algunos creen que Jesús es de la misma esencia que el Padre, aúnque no es el Padre, sino un subordinado al Padre en la deidad (Subordinacionismo).

Contraprobamos estas teorías falsas en el Capítulo IV por referir a las Escrituras. Allí notamos que Jesús es totalmente Dios (como demostrado por Colosenses 2:9) y que Jesús era totalmente Dios desde el principio de Su existencia humana (como demostrado por el Nacimiento Virginal y Lucas 1:35).

El Espíritu inspiró a Juan y a Pablo a contraprobar muchas de estas doctrinas erroneas, particularmente las creencias Nósticas que Cristo era solamente un ser espíritual y que Cristo era un ser inferior al Supremo Dios. Entre otras cosas, los Gnósticos creian que toda materia era perversa. Por lo tanto, ellos razonaron, Cristo como un espíritu divino no podría haber tenido un verdadero cuerpo humano. Ya que ellos sostuvieron que el Supremo Dios era tan trascendente y santo que El no podía hacer contacto directo con el mundo perverso de materia, enseñaron que desde Dios vino una serie de emanaciones, una de las cuales era el ser espiritual Cristo, quien vino a este mundo. Por supuesto, el Libro de Colosenses refuta estas doctrinas y establece que Jesús es el Dios Omnipotente en la carne.

Aunque la Biblia enfatiza claramente la plena deidad y, a la vez, la plena humanidad de Jesús, no describe en forma detallada cómo estas dos naturalezas se unen en la sola persona de Jesucristo. Esto, exageradamente, ha sido el tema de mucha especulación y discusión. Quizás hay lugar para vistas divergentes sobre este punto ya que la Biblia no lo trata directamente. Desde luego, si existe cualquier misterio en cuanto a la Deidad, será en determinar cabalmente cómo Dios se manifestó en carne. (Véase I Timoteo 3:16.) El estudio de la naturaleza o las naturalezas de Cristo se denomina Cristología.

Una manera de explicar lo humano y lo divino en Cristo es decir que El era Dios viviendo en una casa humana. En otras palabras, El tenía dos naturalezas distintas unificadas no en sustancia sino solamente en propósito, acción y aspecto (Nestorianismo). Esta vista implica que Cristo estaba dividido en dos personas, y que la persona humana podría haber existido en la ausencia de la persona divina. El Concilio de Efeso en 431 D.C. condenó la vista Nestoriana como herejía.[1]

Sin embargo, muchos teólogos, incluso Martín Lutero, han pensado que Nestorio, el principal expositor de esta doctrina, no creía realmente en tal separación drástica sino que sus adversarios deformaron y tergiversaron sus vistas. Aparentemente, él negó que él dividía a Cristo en dos personas. El principal cuidado que expresó Nestorio consistía en lo siguiente: él quiso diferenciar entre las dos naturalezas de Cristo de tal manera que nadie podría llamarle a María la madre de Dios, que era una práctica popular en su día.

Otra vista Cristológica sostiene que los aspectos divinos y humanos de Cristo estaban tán entremezclados que realmente había solamente una naturaleza dominante, y esa era divina (Monofisitismo). Una creencia semejante es que Jesús no tuvo dos voluntades, sino solamente una voluntad divina-humana (Monotelitismo). Otros creen que Jesús tuvo una naturaleza humana incompleta (Apolinarianismo); es decir, Jesús tuvo un alma y un cuerpo humano pero en vez de un espíritu humano El tuvo solamente el Espíritu de Dios residente en El. Otras maneras de declarar esta creencia son que Jesús era un cuerpo humano animado únicamente por el Espíritu de Dios, o que Jesús no tenía una mente humana sino solamente la mente divina (el Logos).

Por un lado tenemos una vista que enfatiza la separación entre las dos naturalezas de Cristo. Por otra parte, tenemos varias vistas que describen una naturaleza divina totalmente dominante, una naturaleza totalmente unificada, o una naturaleza humana incompleta.

Jesús Tuvo Una Naturaleza Humana Completa, Pero Sin Pecado

La verdad puede yacer en algún punto entre estos puntos de vista históricos expresados por diversos teólogos. Que Jesús tuvo una naturaleza humana completa y una naturaleza divina completa a la vez es la enseñanza de la Escritura, pero no podemos separar estas dos naturalezas en Su vida terrenal. Es evidente que Jesús tuvo una voluntad, mente, espíritu, alma, y cuerpo humano, pero es igualmente evidente que El tuvo la plenitud de la Deidad residente en ese cuerpo. Desde nuestra perspectiva finita,

Su espíritu humano y Su Espíritu divino eran inseparables.

El Espíritu divino podría separarse del cuerpo humano por la muerte, pero Su humanidad era más que un cuerpo humano—la cáscara de un humano—con Dios adentro. El era humano en cuerpo, alma, y espíritu con la plenitud del Espíritu de Dios residente en ese cuerpo, alma, y espíritu. Jesús difirió de un humano ordinario (quien puede ser lleno del Espíritu de Dios) en que El tuvo toda la naturaleza de Dios dentro de El. El poseía el poder, la autoridad y el carácter ilimitado de Dios. Además, en contraste al ser un ser humano renacido y lleno del Espíritu, el Espíritu de Dios estaba intrincadamente e inseparablemente unido con la humanidad de Jesús. Sin el Espíritu de Dios habría existido solamente un humano inerte que no habría sido Jesucristo. Solamente en estos términos podemos describir y distinguir las dos naturalezas en Jesús; sabemos que El actuaba y hablaba desde un papel o el otro, pero también sabemos que las dos naturalezas no estaban actualmente separadas en El. Con nuestras mentes finitas, podemos hacer solamente una distinción y no una separación entre las dos naturalezas que se mezclaron perfectamente en El.

Aunque Jesús tuvo una naturaleza humana completa, El no tuvo la naturaleza pecaminosa de la humanidad caida. Si El habría tenido una naturaleza pecaminosa, El habría pecado. Sin embargo, sabemos que El ni tuvo una naturaleza pecaminosa ni cometió hechos pecaminosos. El era sin pecado, El no pecó, y el pecado no estaba en El (Hebreos 4:15; I Pedro 2:22; I Juan 3:5). Ya que El no tuvo un padre humano, El no heredó una naturaleza pecaminosa del Adán caído. Al contrario, El vino como el segundo Adán, con una naturaleza inocente como Adán tuvo en el principio (Romanos 5:12-21; I Corintios 15:45-49). Jesús tuvo una naturaleza humana completa, pero sin pecado.

La Biblia indica que Jesús tuvo una voluntad humana así como también la voluntad divina. El oró al Padre, diciendo, "No se haga mi voluntad, sino la tuya" (Lucas 22:42). Juan 6:38 demuestra la existencia de dos voluntades: El vino no para hacer Su propia voluntad (la voluntad humana), sino para hacer la de Su Padre (la voluntad divina).

Parece ser evidente que Jesús tuvo un espíritu humano cuando que El dice sobre la cruz, "Padre, en tus manos encomiendo mi espíritu" (Lucas 23:46). Aunque sea difícil distinguir entre las naturalezas humanas y divinas de Su espíritu, algunas referencias aparentemente enfocan en el aspecto humano. Por ejemplo, "gimiendo en su espíritu" (Marcos 8:12), "se regocijó en el Espíritu" (Lucas 10:21), "se estremeció en el espíritu" (Juan 11:33), y "se conmovió en espíritu" (Juan 13:21).

Jesús tuvo un alma, porque El dijo, "Mi alma está muy triste, hasta la muerte" (Mateo 26:38; véase Marcos 14:34) y "Ahora está turbada mi alma" (Juan 12:27). En Su muerte, Su alma visitó el infierno (en el griego *hades*—la sepultura o la hampa de almas partidas), así como todas las almas hicieron antes del Calvario (Hechos 2:27). La diferencia era que el Espíritu de Dios en Jesús no dejó que Su alma permaneciera en el infierno (Hechos 2:27, 31); al contrario, El conquistó el infierno (nuevamente, *hades*) y la muerte (Apocalipsis 1:18).

El alma de Jesús tuvo que estar inseparablemente vinculado al Espíritu divino de Jesús. De otra manera, Jesús habría vivido como un hombre, aunque el Espíritu eterno le había sido quitado. Esto no sucedió, ni podría haber sucedido, ya que Jesús es Dios dado a conocer en la carne. Nosotros sabemos que Jesús como Dios nunca cambia (Hebreos 13:8).

Si nosotros no aceptamos el hecho que Jesús era totalmente humano, entonces las referencias bíblicas a

Sus tentaciones pierden sentido (Mateo 4:1-11; Hebreos 2:16-18; 4:14-16). También lo pierde la descripción de Su lucha y agonía en Getsemaní (Lucas 22:39-44). Dos pasajes en Hebreos indican que ya que Jesús fue tentado tal como nosotros, El califica como nuestro Sumo Sacerdote, nos comprende perfectamente, y nos ayuda en nuestras debilidades: "debía ser en todo semejante a sus hermanos" (Hebreos 2:17); "Porque no tenemos un sumo sacerdote que no pueda compadecerse de nuestras debilidades, sino uno que fue tentado en todo según nuestra semejanza, pero sin pecado" (Hebreos 4:15). Hebreos 5:7-8 dice, "Y Cristo, en los días de su carne, ofreciendo ruegos y súplicas con gran clamor y lágrimas al que le podía librar de la muerte, fue oído a causa de su temor reverente. Y aunque era Hijo, por lo que padeció aprendió la obediencia." Estos versículos no presentan un retrato de alguien que no podía ser afectado por las emociones de temores y dudas. Más bien, ellos describen alguien que poseía estas debilidades humanas; El tuvo que someter la voluntad humana y someter al Espíritu eterno.

La humanidad de Cristo oraba, lloraba, aprendía obediencia, y sufría. La naturaleza divina estaba en contról y Dios era fiel a Su propio plan, pero la naturaleza humana tuvo que obtener ayuda del Espíritu y tuvo que aprender obediencia al plan divino. Ciertamente todos estos versículos de la Escritura demuestran que Jesús era totalmente humano—que El tenía cada atributo de la humanidad menos la naturaleza pecaminosa heredada de la Caída. Si negamos la humanidad de Jesús, enfrentamos un problema con el concepto de la redención y la propiciación. No siendo totalmente humano, ¿podría Su sacrificio ser suficiente para redimir la humanidad? ¿Podría él realmente ser una verdadero sustituto para nosotros en la muerte? ¿Podría El calificar realmente como nuestro pariente redentor?

¿Podía Jesús Pecar?

La afirmación que Jesús era perfecto en la humanidad nos conduce a una pregunta: ¿Podía Jesús pecar? Esta es realmente una pregunta abstracta y engañosa, ya que sabemos que Jesús no pecó (Hebreos 4:15). La respuesta es más académica que práctica, más especulativa que sosteniendo cualquier sustancia verdadera. En Su humanidad, Jesús fue tentado por Satanas, y luchó con Su voluntad en Getsemaní. Aunque El no tenía nuestras naturalezas depravadas—El tenía la misma naturaleza inocente y sin pecado que Adán tuvo originalmente—El tenía la misma capacidad de oponerse a la voluntad de Dios que tenía Adán y Eva.

Es seguro que la parte divina de Jesús no podía pecar y no podría ni siquiera ser tentado a pecar (Santiago 1:13). La parte humana de Jesús, cuando la examinamos aparte, teóricamente tuvo la capacidad de pecar. Pero esto es solamente teórico, y no actual. Considerado aparte, parece que la humanidad de Cristo tenía la capacidad de escoger el pecado. Sin embargo, Su naturaleza humana siempre se sometía voluntariamente a la naturaleza divina, que no podía pecar. Entonces, en un sentido práctico, Jesucristo—considerado como la combinación de humanidad y divinidad que El era—no podía pecar. El Espíritu siempre estaba en control y humanidad controlada por el Espíritu no comete pecado. (Véase I Juan 3:9 para una analogía.)

¿Qué si la humanidad de Jesús se hubiera rebelado contra el liderazgo divino? Esta es otra pregunta totalmente teórica porque no sucedió y como un asunto práctico no podría suceder. Esta pregunta no toma en cuenta el conocimiento previo y el poder de Dios. Pero, si alguien insiste en una respuesta, diríamos que si la humanidad de Jesús hubiera tratado de pecar (una suposición necia), el

Espíritu divino de Jesús se hubiera separado inmediatamente del cuerpo humano, dejándolo inerte. Este cuerpo inerte no sería Jesucristo, entonces técnicamente Cristo no podría haber pecado, aunque el plan de Dios se habría impedido temporalmente.

Ya que Jesús como Dios no puede pecar, ¿significa esto que las tentaciones eran sin sentido? No. Ya que Jesús era también totalmente humano El realmente era capaz de sentir la lucha y la atracción de la tentación. El venció la tentación, no como Dios en Sí mismo, sino como un humano con todo el poder de Dios a Su dispocisión. El ahora sabe exactamente por la experiencia como nos sentimos nosotros cuando somos tentados. Por supuesto, El sabía que sería victorioso mediante el Espíritu, pero nosotros podemos tener la misma promesa, poder, y victoria por confiar en el mismo Espíritu que estuvo en Cristo.

Entonces, ¿por qué tentó Satanás a Jesús? Aparentemente, él no supo que Jesús inevitablemente sería victorioso y no comprendía en ese entonces el misterio pleno de Dios en la carne. Si lo habría entendido, nunca habría instigado la crucificción. Quizás él pensó que había derrotado el plan de Dios mediante la crucifixión, pero, al contrario, simplemente lo cumplió. Es también probable que el Espíritu de Dios permitió que Satanás le tentara a Jesús para que Jesús pudiera sentir la tentación como nosotros la sentimos. Nos dice la Escritura que el Espíritu le condujo a Jesús al desierto para ser tentado (Mateo 4:1; Lucas 4:1).

Para aquellos que piensan que nuestra posición detrae en alguna manera de la realidad de las tentaciónes de Cristo, consideren lo siguiente. Sabemos que Jesús no tenía una naturaleza pecaminosa. Sabemos que El no tenía la inclinación y compulsión a pecar que tenemos nosotros a causa de nuestra naturaleza caida. Sin embargo, esto no detrae de la realidad de lo que El experimentó. El todavía sintió la misma lucha que nosotros sentimos. De igual manera, el hecho de que como Dios Jesús no podía pecar no detrae de la realidad de Sus tentaciones. El todavía sintió las misma luchas y pruebas que nosotros sentimos. De otra parte, si decimos que Jesús podía pecar detraemos de Su absoluta deidad, pues estamos indicando que de alguna manera Dios puede existir aparte de Jesús y vice versa.

Concluimos que la naturaleza humana de Jesús podía ser y fue tentada. Sin embargo, ya que la naturaleza divina estaba en control, Jesús no podía pecar y no pecó. Si Jesús tenía una naturaleza humana incompleta, la realidad y el significado de las tentaciones y la lucha en el Getsemaní serian disminuidas. Creemos que El tenía una naturaleza humana completa. El experimentó exactamente el sentir del hombre cuando es tentado y cuando lucha. El hecho que Jesús supo que vencería por medio del Espíritu no detrae de la realidad de las tentaciones.

Todo el asunto tocante a la habilidad de Jesús de pecar es abstracto, como ya hemos observado. Será suficiente decir que la naturaleza humana de Jesús era igual a la nuestra en todo punto menos el asunto del pecado original. El fue tentado en todo, como nosotros, pero el Espíritu de Dios siempre estaba en control. El hecho más pertinente para nosotros es que El fue tentado, pero no pecó.

El Hijo en la Terminología Bíblica

Debemos integrar la naturaleza doble de Cristo a la estructura de la terminología bíblica. El término *Padre* se refiere a Dios mismo—Dios en toda Su deidad. Cuando hablamos del Espíritu eterno de Dios, queremos decir Dios mismo, el Padre. Entonces, Dios Padre es una frase perfectamente aceptable y bíblica que podemos usar para

Dios (Tito 1:4). Sin embargo, la Biblia no usa ni una sola vez el término "Dios Hijo." No es un término correcto porque el Hijo de Dios se refiere a la humanidad de Jesucristo. La Biblia define al Hijo de Dios como el niño nacido de María, no como el Espíritu eterno de Dios (Lucas 1:35). Hijo de Dios puede referirse solamente a la naturaleza humana o puede referirse a Dios manifestado en carne—es decir, deidad en la naturaleza humana.

Sin embargo, Hijo de Dios nunca significa solamente el Espíritu incorpóreo de Dios. Nunca podemos usar correctamente el término "Hijo" aparte de la humanidad de Jesucristo. Los términos "Hijo de Dios," "Hijo del hombre," e "Hijo" son apropiados y bíblicos. Sin embargo, el término "Dios Hijo" es inapropiado porque iguala al Hijo solamente con la deidad, y entonces no concuerda con la Escritura.

El Hijo de Dios no es una persona aparte en la Deidad, sino la expresión física del Dios único. El Hijo es "la imagen del Dios invisible" (Colosenses 1:13-15) y "la imagen misma de Su [Dios] sustancia" (Hebreos 1:2-3). Tal como un sello de hule deja una reproducción exacta en el papel, o así como un sello deja una imprenta exacta cuando es apretado en la cera, el Hijo de Dios es la expresión exacta del Espíritu de Dios en carne. El hombre no podía ver al Dios invisible, entonces Dios hizo una semejanza exacta de Sí mismo en carne, imprimió Su misma naturaleza en carne, vino El mismo en carne, para que el hombre podría verle y conocerle.

Muchos otros versículos de la Escritura revelan que solo podemos usar correctamente el término "Hijo de Dios" cuando incluye la humanidad de Jesús. Por ejemplo, el Hijo fue concebido por una mujer (Gálatas 4:4), el Hijo fue engendrado (Juan 3:16), el Hijo nació (Mateo 1:21-23; Lucas 1:35), el Hijo no sabía la hora de la Segunda Venida (Marcos 13:32), el Hijo no podía hacer nada por Sí solo

(Juan 5:19), el Hijo vino comiendo y bebiendo (Mateo 11:19), el Hijo sufrió (Mateo 17:12), una persona puede blasfemar contra el Hijo pero no contra el Espíritu y ser perdonado (Lucas 12:10), el Hijo fue crucificado (Juan 3:14; 12:30-34), y el Hijo murió (Mateo 27:40-54; Romanos 5:10). La muerte de Jesús es un buen ejemplo. Su Espíritu divino no murió, sino Su cuerpo humano. No podemos decir que Dios murió, y entonces no podemos decir que "Dios Hijo" murió. Mas sí podemos decir que el Hijo de Dios murió porque Hijo se refiere a la humanidad.

Como acabamos de declarar, "Hijo" no siempre se refiere solo a la humanidad sino a la deidad y la humanidad juntas como existen en la persona única de Cristo. Por ejemplo, el Hijo tiene poder para perdonar el pecado (Mateo 9:6), el Hijo estaba en el cielo y en la tierra a la misma vez (Juan 3:13), el Hijo ascendió al cielo (Juan 6:62), y el Hijo viene otra vez en gloria para reinar y juzgar (Mateo 25:31).

Necesitamos añadir una nota a nuestra discusión acerca de la frase "Dios Hijo." Si pudieramos justificar en algo el uso de la frase "Dios Hijo," sería por indicar, como hemos hecho, que "Hijo de Dios" puede significar no tan solo la humanidad de Jesús sino también la deidad como habita en la humanidad. Sin embargo, Juan 1:18 usa *Hijo* para referirse a la humanidad, pues dice que el Padre (la deidad de Jesús) es dado a conocer mediante el Hijo. Este versículo de la Escritura no significa que Dios es revelado por Dios, sino que Dios es revelado en carne por la humanidad del Hijo.

Hijo de Dios

¿Qué tiene de significativo el título "Hijo de Dios"? Enfatiza la naturaleza divina de Jesús y el hecho de Su nacimiento virginal. El es el Hijo de Dios porque fue concebido por el Espíritu de Dios, constituyéndole a Dios literalmente como Su padre (Lucas 1:35). Cuando Pedro confesó que Jesús era "el Cristo, el Hijo del Dios viviente," él reconoció el papel Mesianico y la deidad de Jesús (Mateo 16:16). Los judíos entendieron lo que Jesús quiso decir cuando El se llamó el Hijo de Dios y cuando le llamó a Dios Su Padre, pues intentaron matarle por hacerse Dios (Juan 5:18; 10:33). En breve, el título "Hijo de Dios" reconoce la humanidad mientras atrae atención a la deidad de Jesús. Significa que *Dios* se ha manifestado en carne. 2 Reyes 19:14-22

Debemos notar que a los ángeles se les llama hijos de Dios (Job 38:7) porque Dios los creó directamente. De una manera semejante, Adán era el hijo de Dios por creación (Lucas 3:38). Los creyentes son también hijos de Dios porque El nos ha adoptado a aquella relación (Romanos 8:14-19). Somos herederos de Dios y coherederos con Cristo, poseyendo todos los derechos legales que acompañan el ser hijo. Sin embargo, Jesús es el Hijo de Dios en un sentido que no podemos igualar, pues Jesús es el Hijo *unigénito* (el único Hijo engendrado) de Dios (Juan 3:16). El es el único que jamás fue concebido o engendrado por el Espíritu de Dios. Entonces, Su estado único de Hijo atesta a Su deidad.

Hijo del Hombre

El término "Hijo del Hombre" atrae atención primeramente a la humanidad de Jesús; implica que El es el prole de la humanidad. El Antiguo Testamento usa esta frase muchas veces en referencia a la humanidad. Por ejemplo, los siguientes versículos de la Escritura la usan significando la humanidad en general o cualquier hombre sin identificación específica: Salmo 8:4, 146:3; Isaías 51:12; Jeremías 49:18. (El Salmo 8:4 tiene un significado básico que se refiere proféticamente al Mesías, como lo demuestra Hebreos 2:6-7.) El término "hijo de hombre" también se refiere muchas veces a un hombre en particular, especialmente en Ezequiel donde especifica el profeta (Ezequiel 2:1, 3, 6,8; Daniel 8:17). En unos pocos versículos de la Escritura, significa un hombre a quien Dios ha dado soberanía y poder (Salmo 80:17; Daniel 7:13). Este último significado aparece con frecuencia en la literatura apocalíptica del periodo intertestamentario.[2]

Jesús se aplicó el término "Hijo del Hombre" a Sí mismo muchas veces. En la mayoría de las instancias, lo utilizó como un sinónimo de "Yo" o como un título que enfatizaba Su humanidad. En algunas instancias, implica no solamente el mero hecho de Su humanidad, sino también el poder y la autoridad dadas al Hijo por el Espíritu eterno de Dios (Mateo 24:30; 25:31). En breve, Jesús adoptó el título con todas sus implicaciones de poder y dominio mundial, pero la aplicó a Sí mismo en toda situación. El título nos sirve de recuerdo de que Jesús realmente era un hombre.

El Verbo

Consideramos el concepto del Verbo en el Capítulo IV. Sin embargo, consideramos otra vez este término para distinguir entre su uso y el uso del término *Hijo*. El Verbo o Logos puede significar el plan o el pensamiento tal como existía en la mente de Dios. Este pensamiento era un plan predestinado—un evento futuro absolutamente cierto—y entonces llevaba consigo una realidad que ningún pensamiento humano jamás podría tener. El Verbo también puede significar el plan o el pensamiento de Dios como se expresó en la carne, es decir en el Hijo. Entonces, ¿cuál es la diferencia entre los dos términos, *Verbo* e *Hijo*? El Verbo tuvo preexistencia y el Verbo era

Dios (el Padre), entonces podemos usarlo sin referencia a la humanidad. Sin embargo, el Hijo siempre se refiere a la encarnación y no podemos usarlo en la ausencia del elemento humano. Excepto como un plan preordenado en la mente de Dios, el Hijo no tuvo preexistencia antes de la concepción en el vientre de María. El Hijo de Dios preexistió en pensamiento pero no en sustancia. La Biblia le llama a este plan preordenado el Verbo (Juan 1:1, 14).

¿Hijo Eterno o Hijo Engendrado?

Juan 3:16 le llama a Jesús el unigénito Hijo de Dios. Sin embargo, mucha gente usa la frase "Hijo eterno." ¿Es correcta esta frase? No. La Biblia nunca la usa y expresa un concepto que la Escritura contradice. La palabra *unigénito* es una forma del verbo engendrar, que significa "procrear." Entonces, *unigénito* indica un punto definido en el tiempo—el punto en el cual ocurre la concepción. Por definición, el engendrador (padre) siempre tiene que preceder al engendrado (prole.) Tiene que haber un tiempo cuando existe el engendrador y el engendrado aun no ha entrado en existencia, y tiene que haber un punto en el tiempo cuando ocurre el hecho de engendrar. De otro modo la palabra *unigénito* (único engendrado) no tiene sentido. Entonces, las mismas palabras *unigénito* e *Hijo* ambas contradicen la palabra *eterno* como se aplica al Hijo de Dios.

Ya hemos considerado que "Hijo de Dios" se refiere a la humanidad de Jesús. Es claro que la humanidad de Jesús no es eterna sino que nació en Belén. Se puede hablar de eternalidad—pasado, presente, y futuro—solo con respecto a Dios. Ya que "Hijo de Dios" se refiere a humanidad o deidad manifiesta en humanidad, la idea de un Hijo eterno es incomprensible. El Hijo de Dios tuvo un principio.

El Principio del Hijo

El papel del Hijo empezó con el niño que fue concebido en el vientre de María. Las Escrituras aclaran esto perfectamente. Gálatas 4:4 dice, "Pero cuando vino el cumplimiento del tiempo, Dios envió a su Hijo, nacido de mujer y nacido bajo la ley." El Hijo vino en el cumplimiento del tiempo—no en la eternidad pasada. El Hijo fue nacido de una mujer—no engendrado eternamente. El Hijo fue nacido bajo la ley—no antes de la ley. (Véase también Hebreos 7:28). El término *unigénito* se refiere a la concepción de Jesús como se describe en Mateo 1:18-20 y Lucas 1:35. El Hijo de Dios fue engendrado cuando el Espíritu de Dios milagrosamente causó que la concepción ocurriera en el vientre de María. Esto es aparente del mismo significado de la palabra *unigénito* y también de Lucas 1:35, que explica que porque el Espíritu Santo vendría sobre María, *entonces* ("por lo cual") su hijo sería el Hijo de Dios. Debemos notar el sentido futuro en este versículo: el niño a nacer "será llamado Hijo de Dios."

Hebreos 1:5-6 también revela que el Hijo fue engendrado en un punto específico del tiempo y que el Hijo tuvo un principio en el tiempo: "Porque ¿a cuál de los ángeles dijo Dios jamás: Mi Hijo eres tú, yo te he engendrado hoy, y otra vez: Yo seré a él Padre y él me será a mí hijo? Y otra vez, cuando introduce al Primogénito en el mundo, dice: Adórenle todos los ángeles de Dios." El Hijo fue engendrado en un día específico en el tiempo; hubo un tiempo cuando el Hijo no existía; Dios profetizó acerca de la futura existencia del Hijo (seré); y Dios introdujo el Hijo en el mundo algún tiempo después de la creación de los ángeles.

Otros versículos de la Escritura enfatizan que el Hijo fue engendrado en un día específico en el tiempo—"hoy" (Salmo 2:7; Hechos 13:33). Todos los versículos en el

Antiguo Testamento que mencionan al Hijo son claramente proféticos, anticipando el día cuando el Hijo de Dios sería engendrado (Salmo 2:7, 12; Isaías 7:14; 9:6). (Como consideramos en el Capítulo II, Daniel 3:25 se refiere a un ángel. Aunque describiera una teofanía de Dios, no podría significar el entonces inexistente cuerpo de Jesucristo.)

Es fácil entender de todos estos versículos que el Hijo no es eterno, sino que fue engendrado por Dios hace casi 2000 años. Muchos teólogos quienes no han aceptado plenamente la gran verdad de la unicidad de Dios han, sin embargo, rechazado la doctrina del "Hijo eterno" por ser auto-contradictoria, inescritural, y falsa. Ejemplos de esto son Tertuliano (el padre de la doctrina trinitaria en la historia temprana de la iglesia), Adán Clarke (el renombrado comentarista de la Biblia), y Finis Dake (anotador bíblico pentecostal trinitario quien es esencialmente triteístico).

El Fin de la Función de Hijo

El papel de Hijo no solo tuvo un empiezo, sino que tendrá, por lo menos en ún sentido, un fin. Esto es evidente de I Corintios 15:23-28. El versículo 24, en particular, dice, "Luego el fin, cuando entregue el reino al Dios y Padre, . . ." El versículo 28 dice, "Pero luego que todas las cosas le estén sujetas, entonces también el Hijo mismo se sujetará al que le sujetó a él todas las cosas, para que Dios sea todo en todos." Es imposible explicar este versículo de la Escritura si uno piensa de un "Dios Hijo" quien es co-igual y co-eterno con Dios Padre. Pero es facilmente explicado si nos damos cuenta que "Hijo de Dios" se refiere a un papel específico que Dios interpretó temporalmente para el propósito de la redención. Cuando las razones por el papel de Hijo dejan de existir, Dios (Jesús) dejará de actuar en Su papel como Hijo, y el papel de Hijo se volverá a sumergir en la grandeza de Dios, quien volverá a Su papel original de Padre, Creador, y Gobernador de todo. Efesios 5:27 describe este mismo escenario en otros términos: "a fin de presentársela a sí mismo, una iglesia gloriosa. . . ." ¡Jesús presentará la iglesia a Sí mismo! ¿Cómo puede ser esto, de que I Corintios 15:24, describe al Hijo presentando el reino al Padre? La respuesta es clara: Jesús en Su papel de Hijo, y como Su hecho final como Hijo, presentará la iglesia a Sí mismo en Su papel de Dios Padre.

Hallamos otra indicación de que el papel de Hijo tiene un final. En Hechos 2:34-35, Pedro citó a David en el Salmo 110:1: "Jehová dijo a mi Señor: Siéntate a mi diestra, hasta que ponga a tus enemigos por estrado de tus pies." Debemos notar la frase *hasta que*. Este pasaje describe la naturaleza dual de Cristo, con el Espíritu de Dios (el Señor) hablando proféticamente a la manifestación humana de Cristo (el Señor). La diestra de Dios representa el poder y la autoridad de Dios. El poner a los enemigos por estrado de los pies significa derrotar por completo al enemigo y el hacer una exhibición pública de su derrota. En tiempos antiguos, a veces el vencedor hacía esto literalmente, poniendo su pie sobre la cabeza o el cuello de su enemigo (Josué 10:24). Entonces la profecía en el Salmo 110 es esta: el Espíritu de Dios dará todo poder y toda autoridad al hombre Jesucristo, el Hijo de Dios, *hasta que* el Hijo ha derrotado por completo a los enemigos que son el pecado y el diablo. El Hijo tendrá toda potestad *hasta* hacer esto. ¿Que pasará con el Hijo después de esto? ¿Significa esto que una persona eterna de una trinidad dejará de sentarse a la diestra de Dios o perderá toda potestad? No. Significa sencillamente que el papel del Hijo como gobernante cesará. Dios usará Su papel de Hijo—Dios manifestado en carne—para conquistar a Satanás, cumpliendo así Génesis 3:15 donde Dios dijo que la simiente de la mujer heriría la cabeza del diablo. Después de eso, Dios ya no tendrá necesidad del papel humano para gobernar.

Después de que Satanás es hechado al lago de fuego y todo pecado es juzgado en el juicio final (Apocalipsis 20), no habrá más necesidad de que el Hijo ejercite el trono de poder. Jesucristo dejará de actuar en Su papel de Hijo y será Dios para siempre.

¿Significa esto que Dios dejará de usar el cuerpo resucitado y glorificado de Cristo? Creemos que Jesús continuará usando Su cuerpo glorificado a través de la eternidad. Esto lo indica Apocalipsis 22:3-4, que describe a un Dios visible aun después del juicio final y después de la creación del cielo nuevo y la tierra nueva: "Y no habrá más maldición; y el trono de Dios y del Cordero estará en ella, y sus siervos le servirán, y verán su rostro, y su nombre estará en sus frentes." Jesús es un sacerdote para siempre según el orden de Melquisedec (Hebreos 7:21), aunque dejará de actuar en Su papel de sacerdote después del juicio final. El cuerpo humano glorificado del Señor es inmortal tal como lo serán los nuestros (I Juan 3:2; I Corintios 15:50-54). Aunque el cuerpo glorificado de Cristo continuará existiendo, todas las razones por el reinado del papel de Hijo habrán pasado y todos los papeles interpretados por el Hijo se habrán acabado. Aun el Hijo será puesto bajo sujeción para que Dios sea todo en todo. Será en este sentido que el papel de Hijo terminará.

El Propósito del Hijo

Puesto que el papel del Hijo de Dios es temporal y no eterno, ¿por qué escogió revelarse Dios por medio del Hijo? ¿Por qué engendró al Hijo? El propósito principal del Hijo es ser nuestro Salvador. La obra de la salvación demandaba muchos papeles que solamente un ser humano podía interpretar, incluyendo los papeles de sacrificio, propiciación, sustituto, pariente-redentor, reconciliador, mediador, abogado, sumo sacerdote, segundo Adán, y ejemplo. Estos términos solapan en muchas maneras, pero cada uno representa un aspecto importante de la obra de la salvación que, según el plan de Dios, solamente se podría llevar a cabo por un ser humano.

De acuerdo al plan de Dios, el derramamiento de sangre era necesario para la remisión de los pecados del hombre (Hebreos 9:22). La sangre de animales no podía quitar el pecado del hombre porque los animales le son inferiores al hombre (Hebreos 10:4). Ningún otro humano podía comprar redención para alguien más porque todos habian pecado y merecían entonces la pena de muerte para sí mismos (Romanos 3:23; 6:23). Solamente Dios era sin pecado, pero El no tenía carne y sangre. Entonces, Dios se preparó un cuerpo (Hebreos 10:5), para poder vivir una vida sin pecado en la carne y derramar sangre inocente para salvar a la humanidad. El vino a ser carne y sangre para poder vencer por la muerte al diablo y librar a la humanidad (Hebreos 2:14-15). De esta manera Cristo es nuestra propiciación—el medio por el cual obtenemos el perdón, la satisfacción de la justicia de Dios, el aplacamiento de la santa ira de Dios (Romanos 3:25). El sacrificio de Cristo es el medio por el cual Dios perdona nuestro pecado sin comprometer Su justicia. Somos salvados hoy mediante el sacrificio de Jesucristo—mediante el ofrecimiento del Hijo de Dios (Hebreos 10:10-20; Juan 3:16). Entonces el Hijo es el sacrificio y la propiciación por nuestros pecados.

Cuando el Hijo de Dios vino a ser un sacrificio, también vino a ser un sustituto por nosotros. El murió en nuestro lugar, cargó nuestros pecados, y pagó la pena de muerte por nuestros pecados (Isaías 53:5-6; I Pedro 2:24).

El fue más que un mártir; El actualmente tomó nuestro lugar. El probó la muerte por cada hombre (Hebreos 2:9). Por supuesto, Jesús solamente pudo ser nuestro sustituto y morir en nuestro lugar por venir en la carne.

El papel de Cristo como nuestro pariente-redentor es posibilitado también por el papel de Hijo. En el Antiguo Testamento, si un hombre vendía su propiedad o se vendía como esclavo, un pariente cercano tenía el derecho de volver a comprar por él su propiedad o su libertad (Levítico 25:25, 47-49). Jesús vino a ser nuestro hermano por venir en carne (Hebreos 2:11-12). Por lo tanto, así se calificó para ser nuestro pariente-redentor. La Biblia lo describe como nuestro redentor (Romanos 3:24; Apocalipsis 5:9).

Por medio de Su humanidad, Jesús es capaz de mediar, es decir, interponerse entre el hombre y Dios y representar el hombre ante Dios. Como mediador, Jesús reconcilia al hombre con Dios; El le devuelve al hombre la comunión con Dios (II Corintios 5:18,19). La brecha entre un Dios santo y el hombre pecaminoso fue cerrada por el inocente hombre Jesucristo: "Porque hay un solo Dios, y un solo mediador entre Dios y los hombres, Jesucristo hombre" (I Timoteo 2:5). Debemos notar con qué cuidado Pablo mantuvo la unicidad de Dios en este versículo. No hay ninguna distinción en Dios, sino una distinción entre Dios y Jesucristo el hombre. *No hay* dos personalidades en Dios; la dualidad está en Jesús como Dios y Jesús como hombre. No es Dios quien hace mediación entre Dios y el hombre; ni la hace "Dios Hijo." Al contrario, es Jesús el *hombre* quien hace mediación; solo un hombre inocente podría acercarse a un Dios santo a favor de la humanidad.

El papel de Cristo como sumo sacerdote se encuentra cercanamente asociado con Su papel de mediador (Hebreos 2:16-18; 4:14-16). En Su humanidad, Jesús fue tentado tal como nosotros; es por causa de Su experiencia humana que El nos puede ayudar como un sumo sacerdote misericordioso. El entró al tabernáculo celestial, pasó detrás del velo al lugar santísimo, y allí ofreció Su propia sangre (Hebreos 6:19; 9:11-12). Por medio de Su sacrificio y propiciación, tenemos acceso directo al trono de Dios (Hebreos 4:16; 6:20). El Hijo es nuestro sumo sacerdote mediante el cual podemos acercarnos confiadamente a Dios.

Semejantemente, el papel de Hijo permite a Cristo ser nuestro abogado, uno a quien acudimos por ayuda (I Juan 2:1). Si pecamos, aun después de ser convertidos, tenemos quien rogara nuestro caso de misericordia ante Dios. Nuevamente, es el papel de Hijo que logró esto, pues cuando confesamos nuestros pecados la sangre de Cristo es aplicada a aquellos pecados, haciendo que su defensa por nosotros sea exitosa.

Jesús es el segundo Adán por medio de Su humanidad (I Corintios 15:45-47). El vino para conquistar y condenar el pecado *en la carne* y para vencer a la misma muerte (Romanos 8:3; I Corintios 15:55-57). El vino como un hombre para poder reemplazar a Adán como el representante de la raza humana. Por hacer esto, el revocó todas las consequencias de la caida de Adán para los que creen en El (Romanos 5:12-21). Jesús como el segundo Adán, el nuevo representante de la raza humana, volvió a ganar todo lo que la humanidad perdió a causa del pecado de Adán.

Hay otro aspecto de la victoria de Cristo sobre el pecado en la carne. Jesús no solo vino en la carne para morir sino que también vino para darnos un ejemplo de una vida victoriosa para que pudiéramos seguir en Sus pasos (I Pedro 2:21). El nos mostró cómo vivir victoriosamente sobre el pecado en la carne. El llegó a ser el Verbo de Dios puesto en acción en la carne (Juan 1:1).

El vino a ser el Verbo viviente para que pudiéramos entender claramente cómo quería Dios que fuéramos. Por supuesto, El también nos da poder para seguir Su ejemplo. Tal como somos reconciliados por Su muerte, somos salvados por Su vida (Romanos 5:10). Su Espíritu nos da el poder para vivir la vida justa que El desea que vivamos (Hechos 1:8; Romanos 8:4). El Hijo no solo representa al hombre ante Dios, sino que también representa a Dios ante el hombre. El es un apóstol, uno que fue escogido por Dios y enviado por Dios con un propósito específico (Hebreos 3:1). El es un profeta, representándo a Dios al hombre y revelando la Palabra de Dios al hombre (Hechos 3:20-23; Hebreos 1:1-2). Su humanidad es crítica en este sentido, pues Dios usó la humanidad del Hijo para alcanzarle al hombre al nivel del hombre.

Además de proclamar la Palabra de Dios, el Hijo reveló la naturaleza de Dios al hombre. Mediante el Hijo, Dios comunicó Su gran amor hacia el hombre y exhibió Su gran poder de una manera que el hombre pudiera entender. Como explicamos en los Capítulos II y III, Dios usó el nombre de Jesús como la revelación culminada de Su naturaleza y la persona de Jesús como la culminación profética de las teofanías del Antiguo Testamento. Este propósito del papel de Hijo se encuentra expresado por muchos versículos de la Escritura que enseñan la manifestación de Dios en carne. Juan 1:18 describe este propósito del Hijo: "A Dios nadie le vió jamás; el unigénito Hijo, que está en el seno del Padre, él le ha dado a conocer." Isaías profetizó que esta revelación vendría: "Y se manifestará la gloria de Jehová, y toda carne juntamente la verá" (Isaías 40:5). Pablo escribió que esto en verdad aconteció en Cristo: "Porque Dios, que mandó que de las tinieblas resplandeciese la luz, es el que resplandeció en nuestros corazones, para iluminación del conocimiento de la gloria de Dios en la faz de Jesucristo"

(II Corintios 4:6). En otras palabras, el Hijo de Dios llegó a ser el medio por el cual el Dios invisible e incomprensible se reveló al hombre.

Otro propósito del Hijo es de proveer el cumplimiento de muchas promesas en el Antiguo Testamento a Abraham, Isaac, Jacob, la nación de Israel, y David. Jesucristo cumplirá completamente las promesas que tienen que ver con los descendientes de estos hombres, y lo hará en el reino milenial en la tierra (Apocalipsis 20:4). El será literalmente el Rey de Israel y de toda la tierra (Zacarías 14:16-17; Juan 1:49). Dios le prometió a David que su casa y su trono serían establecidos para siempre (II Samuel 7:16). Jesús cumplirá esto literalmente en Sí mismo, siendo del linaje actual de David por medio de María (Lucas 3) y siendo heredero al trono de David por medio de su padre legal, José (Mateo 1).

El papel de Hijo también le permite a Dios juzgar al hombre. Dios es recto y justo. También es misericordioso. En Su justicia y misericordia El decidió no juzgar al hombre hasta haber actualmente experimentado todas las tentaciones y los problemas de la humanidad y hasta haber demostrado que es posible vivir justamente en la carne (claro que con poder divino, pero con el mismo poder que El ha puesto a nuestra disposición). La Biblia declara específicamente que el Padre no juzgará a nadie; solamente el Hijo juzgará (Juan 5:22, 27). Dios juzgará por medio de Jesucristo (Romanos 2:16). En otras palabras, Dios (Jesús) juzgará al mundo en el papel de Uno quien vivió en la carne, venció el pecado en la carne, e hizo disponible aquel mismo poder victorioso a toda la humanidad.

En resumen, hay muchas razones por el Hijo. En el plan de Dios, el Hijo era necesario para traer salvación al mundo. Esto incluye los papeles de (1) sacrificio, (2) sustituto, (3) pariente-redentor, (4) reconciliador, (5) mediador,

(6) sumo sacerdote, (7) abogado, (8) segundo Adán, y (9) un ejemplo de justicia. El papel de Hijo también hizo posible que Cristo fuera (10) apóstol, (11) profeta, (12) revelador de la naturaleza de Dios, (13) rey, y (14) juez. Todos estos papeles demandaban que un humano los llénara; por ellos podemos entender por qué Dios vino al mundo en carne como el Hijo.

Después de estudiar las razones por el papel de Hijo, es fácil entender por qué el Hijo vino a existir en un punto de tiempo en vez de estar en existencia desde toda la eternidad. Dios simplemente esperaba el cumplimiento del tiempo cuando todas estas cosas podrían ser puestas en acción de la mejor manera (Gálatas 4:4). Asi que el Hijo no tuvo una existencia sustancial hasta la concepción de Cristo en el vientre de María.

Después del reinado milenial y el juicio final, los propósitos del papel de Hijo se habrán cumplido y el reinado del Hijo terminará. Cuando observamos las razones por el Hijo, podemos ver que el papel de Hijo es temporal y no eterno; la Biblia nos dice cuándo empezó el papel de Hijo y cuándo terminará el ministerio de aquel papel.

Para repasar y explicar más ampliamente varios conceptos acerca del Hijo, podemos explorar Hebreos 1, que contiene varias referencias al Hijo que son muy interesantes. El versículo 3 describe al Hijo como el resplandor de la gloria de Dios y la imagen misma de Su persona. La palabra griega *hypostasis*, traducida como "persona," también significa medio, sustancia, naturaleza, o ser. En un pasaje parecido, Colosenses 1:15 dice que el Hijo es la imagen del Dios invisible. Nuevamente, vemos que el Hijo es una manifestación visible del Padre en carne. El Hijo es una representación exacta o imagen de Dios con toda la gloria de Dios. En otras palabras, el Dios (Padre) invisible se manifestó en carne visible como el Hijo para que los hombres podrían ver la gloria de Dios y entender cómo realmente es Dios. Hebreos 1 se puede considerar como un recalcamiento de Juan 1 en que Dios Padre fue hecho carne. Hebreos 1:2 dice que Dios nos ha hablado por Su Hijo; Juan 1:14 dice que el Verbo fue hecho carne, y Juan 1:18 dice que el Hijo le ha dado a conocer a Dios Padre. Entendemos de estos versículos que el Hijo no es distinto del Padre en personalidad, sino que es el modo por el cual el Padre se reveló al hombre.

El Hijo y La Creación

Hebreos 1:2 declara que Dios hizo el universo por el Hijo. Semejantemente, Colosenses 1:13-17 dice que todas las cosas fueron creadas por el Hijo, y Efesios 3:9 dice que todas las cosas fueron creadas por Jesucristo. ¿Qué significa creación "por el Hijo," ya que el Hijo no tuvo una preexistencia sustancial antes de la Encarnación?

Por supuesto, sabemos que Jesús como Dios pre-existía la Encarnación, puesto que la deidad de Jesús es ningún otro que el mismo Padre. Reconocemos que Jesús (el Espíritu divino de Jesús) sí es el Creador. Estos versículos le describen al Espíritu eterno que estaba en el Hijo—la deidad que más tarde fue encarnada como el Hijo—como el Creador. La humanidad de Jesús no podía crear, sino que Dios quien vino en el Hijo como Jesucristo creó el mundo. Hebreos 1:10 declara claramente que Jesús como Señor era el Creador.

Quizás estos pasajes de la Escritura tienen un significado más profundo que puede ser expresado de la siguiente manera: Aunque el Hijo no existía en el tiempo de la creación excepto como el Verbo en la mente de Dios, Dios usó Su pre-sciencia del Hijo cuando creó el mundo. Sabemos que el creo el mundo por la Palabra (el Verbo) de Dios (Hebreos 11:3). El creó el mundo con el conocimiento de Su plan para la Encarnación y la redención de la cruz en Su mente. Quizás en esta misma preciencia El utilizó el papel de Hijo para crear el mundo. Es decir, el hizo que la creación entera dependiera de la futura llegada de Cristo. Como lo explica John Miller, "Aunque El no recogió Su humanidad hasta el cumplimiento del tiempo, sin embargo la utilizó, y actuó sobre ella, desde toda la eternidad."[3] Entonces Romanos 5:14 declara que Adán era la figura de El que iba a venir, que era Cristo; pues evidentemente Dios le tuvo al Hijo en mente cuando creó a Adán.

Sabemos que Dios no vive en el tiempo ni es limitado por el tiempo como lo somos nosotros. El conoce con certeza el futuro y puede predestinar un plan con certeza. Entonces, El puede actuar sobre un evento futuro porque El sabe que sucederá. El puede considerar a las cosas que no existen como si existieran (Romanos 4:17). Es así que el Cordero fue inmolado antes de la fundación del mundo (Apocalipsis 13:8), y es por eso que Jesús el hombre pudo orar, "Ahora pues, Padre, glorifícame tú para contigo, con aquella gloria que tuve contigo antes que el mundo fuese" (Juan 17:5). Aunque Dios creó al hombre para que el hombre le amara y le adorara (Isaías 43:7; Apocalipsis 4:11), el pecado del hombre habría frustrado el propósito de Dios en la creación si Dios no hubiera tenido el plan de restaurarle al hombre mediante el Hijo. Dios anticipó la caida del hombre, pero sin embargo creó al hombre ya que El había predestinado el Hijo y el futuro plan de la redención (Romanos 8:29-32). El plan del Hijo estaba en la mente de Dios en la creación y era necesario para que la creación fuera exitosa. Entonces, El creó el mundo por el Hijo.

Sabemos que los versículos de la Escritura que hablan de creación por el Hijo no pueden significar que el Hijo existía sustancialmente en la creación como una persona aparte del Padre. El Antiguo Testamento proclama que un Ser individual nos creó, y que El es Jehová, el Padre: "¿No tenemos todos un mismo padre? ¿No nos ha creado un mismo Dios?" (Malaquías 2:10); "Así dice Jehová, tu redentor, que te formó desde el vientre: Yo Jehová, que lo hago todo, que extiendo solo los cielos, que extiendo la tierra por mí mismo" (Isaías 44:24).

Jesús no fue crucificado en un sentido físico antes de la creación, el Hijo no fue engendrado antes de la creación, y Jesucristo el hombre no existía para tener gloria antes de la creación. (Jesús hablaba como un hombre en Juan 17:5, pues por definición Dios no ora y no necesita orar.) ¿Cómo puede describir la Biblia a todas estas cosas como existentes antes de la creación? Existían en la mente de Dios como un futuro plan predestinado. Aparentemente, los versículos de la Escritura que dicen que Dios creó el mundo por el Hijo quieren decir que Dios utilizó y se aventajó de Su plan futuro para el papel de Hijo cuando creó el mundo. Ciertamente el plan para el Hijo y para la redención existía en la mente de Dios antes de y durante la creación. (Para más consideración de este concepto, véase el tratamiento de Génesis 1:26 en el Capítulo VII).

En resumen, podemos mirar la creación por el Hijo en dos maneras: (1) El Espíritu singular de Dios, quien luego se encarnó como el Hijo, era el Creador. (2) Aunque el Hijo no existía físicamente, Dios tenía el plan del Hijo en Su mente en la creación. El dependía de aquel plan—dependía del papel de Hijo—para cumplir Su propósito en la creación a pesar de Su pre-ciencia del pecado del hombre.

El Primogénito

Hebreos 1:6 le llama al Hijo el primogénito. Esto no significa que el Hijo fue el primer ser creado por Dios o aun que El fue creado, pues este mismo versículo indica que el "engendramiento" ocurrió después de la creación de los ángeles. Ciertamente, el Hijo no es "eternamente engendrado" pues el versículo 5 describe al engendramiento como algo que sucedió en un cierto punto en el tiempo: "Mi Hijo eres tú, Yo te he engendrado hoy." Entonces, ¿en qué sentido es el Hijo el "primogénito"?

El término tiene varios significados. En un sentido de la palabra, el Hijo no solamente era el *primogénito* sino también el *unigénito* (Juan 3:16). Es decir, el Hijo es la única persona literalmente concebida por el Espíritu Santo (Dios); el nacimiento virginal hizo posible que deidad completa y humanidad completa se unieran en una sola persona. Además, el Hijo es el primogénito en el sentido de que El fue planeado en la mente de Dios antes de todo lo demás. El Hijo es también el primogénito en que El fue el primero en conquistar el pecado y la muerte. El es "el primogénito de los muertos" (Apocalipsis 1:5), "el primogénito entre muchos hermanos" (Romanos 8:29), y "el primogénito de entre los muertos" (Colosenses 1:18). Todos estos versículos de la Escritura usan la misma palabra griega, *prototokos*, que se usa en Hebreos 1:6. Cristo era las primicias de la resurrección puesto que El fue el primero que fue resucitado corporalmente y dado un cuerpo glorificado (I Corintios 15:20).

Ya que Jesucristo es la cabeza de la iglesia, que es llamada la "congregación de [perteneciendo a] los primogénitos" (Hebreos 12:23), podemos interpretar la designación de Cristo como "el primogénito de toda creación" (Colosenses 1:15) como significando el primogénito de la familia espiritual de Dios que es llamada de toda la creación. Mediante la fe en El podemos venir a ser hijos e hijas de Dios por el nuevo nacimiento (Romanos 8:14-17). Jesus es el autor y consumador de nuestra fe (Hebreos 12:2), el autor de nuestra salvación

(Hebreos 2:10), el apóstol y sumo sacerdote de nuestra profesión (Hebreos 3:1), y nuestro hermano (Hebreos 2:11-12). Es en Su papel redentivo que El puede ser llamado el primogénito entre muchos hermanos.

El título de Cristo como primogénito tiene significado no solo en el sentido del primero en orden sino como el primero en poder, autoridad, y preeminencia, tal como el hermano mayor tiene preeminencia entre sus hermanos. Como se aplica a Cristo, *primogénito* no significa que era el primer hombre que nació físicamente, sino que El es el primero en poder. Esto es el significado principal de Colosenses 1:15 cuando dice que El es "el primogénito de toda creación," como vemos en los versículos subsiguientes. Los versículos 16-18 le describen a Jesús como el creador de todas las cosas, la cabeza de todo poder, y la cabeza de la iglesia. El versículo 18 dice, en particular, que El es "el primogénito de entre los muertos; para que en todo tenga la preeminencia."

En resumen, Jesús es el primogénito en varios sentidos. (1) El es el primer y el único Hijo engendrado de Dios en que El fue concebido por el Espíritu Santo. (2) El plan de la Encarnación existía en la mente de Dios desde el principio, antes de cualquier otra cosa. (3) En Su humanidad, Jesús es el primer hombre que venció el pecado y entonces es el primogénito de la familia espiritual de Dios. (4) En su humanidad, Jesús es el primer hombre que venció la muerte y entonces es las primicias de la resurrección o el primogénito de entre los muertos. (5) Jesús es la cabeza de toda la creación y la cabeza de la iglesia, entonces El es el primogénito en el sentido de tener preeminencia entre y poder sobre todas las cosas, tal como el hermano mayor tradicionalmente tiene preeminencia entre sus hermanos. Los primeros cuatro puntos se refieren a ser el primero en orden mientras que el quinto se refiere a ser el primero en poder y grandeza.

La designación de Cristo como el primogénito no significa que El fue creado o generado por otro Dios. En cambio, significa que como hombre Cristo es el primer y mayor hermano en la familia espiritual de Dios y que El tiene poder y autoridad sobre toda la creación.

Hebreos 1:8-9

"Mas del Hijo dice: Tu trono, oh Dios, por el siglo del siglo . . . te ungió Dios, el Dios tuyo, Con óleo de alegría más que a tus compañeros." La primera porción de este pasaje claramente se refiere a la deidad en el Hijo, mientras que la segunda porción se refiere a la humanidad del Hijo. El escritor de Hebreos está citando un pasaje profético en el Salmo 45:6-7. Esta no es una conversación en la Deidad sino una declaración profética inspirada por Dios y anticipando la encarnación futura de Dios en carne. Dios estaba hablando proféticamente a través del salmista para describirse a Sí mismo en un papel futuro.

Conclusión

En conclusión, hemos aprendido que el término "Hijo de Dios" se refiere a la Encarnación, o la manifestación de Dios en carne. Dios planeó el Hijo antes que empezó el mundo, pero el Hijo no entró en existencia sustancial actual hasta el cumplimiento del tiempo. El Hijo tuvo un principio, pues el Espíritu de Dios engendró (causó la concepción de) el Hijo en el vientre de María. El reinado del Hijo tendrá un fin, pues cuando la iglesia es presentada a Dios y cuando Satanás y el pecado y la muerte finalmente son juzgados y sujetados, el papel del Hijo cesará. El Hijo llena muchos papeles que en el plan de Dios solamente podían ser cumplidos por un ser humano inocente.

Por supuesto, el propósito fundamental del Hijo es proveer los medios de salvación para la humanidad caida.

Concluimos tres cosas acerca del uso del término "Hijo de Dios." (1) No podemos usarlo aparte de la humanidad de Cristo, pues la palabra siempre se refiere a la carne o al Espíritu de Dios en carne. (2) *Hijo* siempre se usa con referencia al tiempo, pues el papel de Hijo tuvo un principio y tendrá un fin. (3) Como Dios, Jesús tuvo toda potestad, pero como el Hijo el era limitado en poder. Jesús era ambos Dios y hombre.

La doctrina bíblica del Hijo es una verdad maravillosa y hermosa. Presenta unas ideas complejas primariamente porque es difícil que la mente humana comprenda un ser con una naturaleza humana y también una naturaleza divina. Sin embargo, por el Hijo Dios presentó vívidamente Su naturaleza al hombre, en particular Su amor incomparable.

La doctrina del Hijo no enseña que de tal manera amó Dios Padre al mundo que envió a otra persona, "Dios Hijo," a morir y a reconciliar el mundo con el Padre. Al contrario, enseña que de tal manera amó Dios Padre al mundo que se vistió a Sí mismo en carne y dió de Sí mismo como el Hijo de Dios para reconciliar consigo al mundo (II Corintios 5:19). El único Jehová Dios del Antiguo Testamento, el gran Creador del universo, se humilló en forma de hombre para que el hombre podría verle, entenderle, y comunicarse con El. El se hizo un cuerpo, llamado el Hijo de Dios.

Dios mismo proveyó un medio de redención para la humanidad: "Y vió que no había hombre, y se maravilló que no hubiera quien se interpusiese; y los salvó su brazo" (Isaías 59:16). Su propio brazo proveyó salvación. Entonces, un entendimiento correcto del Hijo tiene el efecto de magnificar y glorificar el Padre. En Su papel como el Hijo, Jesús oró al Padre, "Yo te he glorificado en la tierra . . . He manifestado tu nombre . . . Y les he dado a conocer tu nombre" (Juan 17:4, 6, 26). El Padre se ha revelado al mundo y ha reconciliado el mundo consigo por medio del Hijo.

NOTAS

CAPITULO V

[1]Heick, I, 179-180.
[2]Flanders y Cresson, p. 343.
[3]Miller, pp. 96-97.

6

PADRE, HIJO, Y ESPIRITU SANTO

"Yo y el Padre uno somos" (Juan 10:30).

"Y yo rogaré al Padre, y os dará otro Consolador, para que esté con vosotros para siempre: el Espíritu de Verdad, al cual el mundo no puede recibir, porque no le ve, ni le conoce; pero vosotros le conocéis, porque mora con vosotros, y estará en vosotros" (Juan 14:16-17).

El Capítulo IV discutió el concepto bíblico del Hijo. En este capítulo examinamos el significado de los términos *Padre* y *Espíritu Santo* en relación a Dios. También exploramos las relaciones y las distinciones entre los tres términos *Padre, Hijo* y *Espíritu Santo*. ¿Identifican estos términos a tres distintas personas o personalidades en la deidad? ¿O indican tres diversos papeles, modos, funciones, u oficios a través de los cuales El Dios santo funciona y se revela?

El Padre

El término "Dios Padre" es bíblico y refiere a Dios mismo (Galatas 1:1-4). Dios es el Padre; El no es simplemente Padre del Hijo, sino el Padre de toda la creación (Malaquías 2:10; Hebreos 12:9). El es también nuestro Padre por causa del nuevo nacimiento (Romanos 8:14-16). El título *Padre* indica una relación entre Dios y el hombre, particularmente entre Dios y su Hijo y entre Dios y el hombre regenerado. Jesús enseñaba muchas veces que Dios es nuestro Padre (Mateo 5:16, 45, 48). El nos enseñó a orar así, "Padre nuestro que estás en los cielos" (Mateo 6:9). Por supuesto, Jesús como hombre tenía una relación adicional a Dios en un sentido que ningún otro ha tenido. El era el único Hijo engendrado del Padre (Juan 3:16), el único que fue concebido realmente por el Espíritu de Dios y el único que tenía la plenitud de Dios sin medida.

La Biblia indica claramente que hay solamente un Padre (Malaquías 2:10; Ephesians 4:6). También enseña claramente que Jesús es el Padre (Isaías 9:6; Juan 10:30). El Espíritu que moraba en el Hijo de Dios no era nadie sino el Padre.

Es importante observar que el nombre del Padre es Jesús, porque este nombre revela y expresa completamente al Padre. En Juan 5:43, Jesús dijo, "Yo he venido en nombre de mi Padre." Según Hebreos 1:4, el Hijo "heredó más excelente nombre." Es decir, el Hijo heredó el nombre de Su Padre. Por lo tanto entendemos por qué Jesús dijo que El manifestó y declaró el nombre del Padre (Juan 17:6, 26). El clumplío la profecia profecía del Antiguo Testamento que anuncio que el Mesías declararía el nombre del Jehová (Salmo 22:22; Hebreos 2:12). ¿En qué nombre vino el Hijo? ¿Qué nombre obtuvo El de su Padre por herencia? ¿Qué nombre manifestó el Hijo? La respuesta es evidente. El único nombre que él utilizaba era el nombre de Jesús, el nombre de su Padre.

El Hijo

Básicamente, el término "Hijo de Dios" refiere a Dios como El se manifestó en la carne en la persona de Jesucristo para la salvación de la humanidad. El nombre del Hijo es Jesús: "Y dará a luz un Hijo, y llamarás su nombre JESUS" (Mateo 1:21). Puesto que Padre se refiere únicamente a la deidad, mientras que "Hijo de Dios" se refiere a la deidad como encarnada en la humanidad, no creemos que el Padre es el Hijo. La distinción es giratoria. Nosotros podemos decir que el Hijo murió, pero no podemos decir que el Padre murió. La deidad en el Hijo es el Padre. Aunque no creemos que el Padre es el Hijo, creemos que el Padre está en el Hijo (Juan 14:10). Puesto que Jesús es el nombre del Hijo de Dios, en cuanto a su deidad como Padre y en cuanto a su humanidad como Hijo, es el nombre de los dos, el Padre y el Hijo.

El Espíritu Santo

El Espíritu santo es simplemente Dios. Dios es santo (Levítico 11:44; I Pedro 1:16). De hecho, El solo es santo en Sí Mismo. Dios también es Espíritu (Juan 4:24), y hay solamente un Espíritu de Dios (I Corintios 12:11; Efesios 4:4). Por lo tanto, "Espíritu Santo" es otro término para el único Dios.

Que el Espíritu santo es Dios es evidente de una comparación de Hechos 5:3 con 5:4 y de una comparación de I Corintios 3:16 con 6:19. Estos pasajes identifican al Espíritu Santo con Dios mismo.

No podemos limitar los términos "Espíritu Santo," o "Espíritu de Dios" al Nuevo Testamento, ni podemos así limitar las acciones o las manifestaciones de Dios que esos términos describen. Encontramos al Espíritu mencionado a través del Antiguo Testamento comenzando con Génesis 1:2. Pedro nos dice que los profetas de la antiguedad eran movidos por el Espíritu Santo (II Pedro 1:21).

Si el Espíritu Santo es simplemente Dios, ¿por qué hay una necesidad de usar este término? La razón es que enfatiza un aspecto particular de Dios. Enfatiza que El que es un Espíritu santo, omnipresente, e invisible obra entre todos los hombres por todas partes y puede llenar los corazones de los hombres. Cuando hablamos del Espíritu Santo, estamos recordándonos de la obra invisible de Dios entre los hombres y de Su capacidad de ungir, bautizar, llenar, y morar en medio de las vidas humanas. El término habla de Dios en actividad: "y el Espíritu de Dios se movía sobre la faz de las aguas." (Génesis 1:2). Eso se refiere a Dios obrando entre la humanidad para regenerar la naturaleza caída del hombre y permitirle hacer la voluntad sobrenatural de Dios en el mundo. Nosotros observamos que el Espíritu es el agente en el nuevo nacimiento (Juan 3:5; Titus 3:5).

Puesto que el Espíritu Santo es Dios mismo, utilizamos correctamente el pronombre *El* para hacer referencia al Espíritu. Utilizamos a menudo "Espíritu Santo" como una forma abreviada "del bautismo (o don) del Espíritu Santo," y en tales casos es apropiado utilizar el pronombre El como sustituto. Cuando hacemos esto, sin embargo, debemos recordar siempre que el Espíritu Santo es Dios y no simplemente una fuerza o un líquido sin inteligencia. Los siguientes versículos de Escritura revelan que el Espíritu Santo no es una fuerza que no tiene inteligencia, sino que es en realidad Dios Mismo: Hechos 5:3-4, 9; 20:23, 28; 21:11.

El Espíritu es revelado y es recibido por medio del nombre de Jesús. Él no es una persona distinta con una identidad distinta que viene en otro nombre. Jesús dijo, "el Consolador, el Espíritu Santo, a quien el Padre enviará en mi nombre . . ." (Juan 14:26). Entonces, el Espíritu Santo viene en el nombre de Jesús.

El Padre es el Espiritu Santo

El único Dios es el Padre de todos, es santo, y es un Espiritu. Por lo tanto, los títulos *Padre* y *Espíritu Santo* describen al mismo ser. Para decirlo de otra manera, el único Dios puede llenar simultáneamente los dos papeles de Padre y de Espíritu Santo y lo hace. Las Escrituras dan testimonio a esto.

1. Juan 3:16 dice que Dios es el Padre de Jesucristo, y Jesús se refirió al Padre como su propio Padre muchas veces (Juan 5:17-18). Sin embargo Mateo 1:18-20 y Lucas 1:35 revelan claramente que el Espíritu Santo es el Padre de Jesucristo. Según estos versículos de Escritura, Jesús fue concebido por el Espíritu Santo y consecuentemente nació como el Hijo de Dios.

El que efectúa la concepción es el Padre. Puesto que todos los versículos de Escritura en referencia a la concepción del Hijo de Dios hablan del Espíritu Santo como el agente de la concepción, es evidente que el Padre del cuerpo humano es el Espíritu; es solamente razonable concluir que el Espíritu Santo es el Padre de Jesucristo, el Hijo de Dios.

2. Joel 2:27-29 registra las palabras de Jehová Dios: "derramaré mi Espíritu sobre toda carne." Pedro aplicó este versículo de Escritura al bautismo del Espíritu Santo en el día de Pentecostés (Hechos 2:1-4, 16-18). Así el Espíritu Santo es el Espíritu de Jehová Dios del Antiguo Testamento. Puesto que hay un solo Espíritu, obviamente el Espíritu de Jehová debe ser el Espíritu Santo.

3. La Biblia llama al Espíritu Santo el "Espíritu de

Jehová" (Isaias 40:13), el Espíritu de Dios (Génesis 1:2), y del Espíritu del Padre (Mateo 10:20). Puesto que hay un solo Espíritu, todas estas frases se refieren al mismo ser. El Espíritu Santo es nada menos que Jehová Dios y nada menos que el Padre.

Para un estudio adicional de la identidad del Espíritu Santo con el Padre, considere las comparaciones siguientes de la Biblia:

1. Dios Padre le levantó a Jesús de los muertos (Hechos 2:24; Efesios 1:17-20), sin embargo, el Espíritu le levantó a Jesús de los muertos (Romanos 8:11).

2. Dios Padre vivifica (da vida) a los muertos (Romanos 4:17; I Timoteo 6:13), sin embargo, el Espíritu lo va a hacer (Romanos 8:11).

3. El Espíritu nos adopta, que significa que El es nuestro Padre (Romanos 8:15-16).

4. El Espíritu Santo llena la vida de un cristiano (Juan 14:17; Hechos 4:31), sin embargo, el Espíritu del Padre llena los corazones (Efesios 3:14-16). Es el Padre que vive en nosotros (Juan 14:23).

5. El Espíritu Santo es nuestro Consolador (Juan 14:26, (en el griego, *parakletos*), con todo Dios Padre es el Dios de toda consolación (*paraklesis*) quién nos conforta (*parakaleo*) en toda nuestra tribulación (II Corintios 1:3-4).

6. El Espíritu nos santifica (I Pedro 1:2), sin embargo, el Padre nos santifica (Judas 1).

7. Toda la Escritura es dada por la inspiración de Dios (II Timoteo 3:16), sin embargo, el Espíritu Santo inspiraba a los profetas del Antiguo Testamento (II Pedro 1:21).

8. Nuestros cuerpos son templos de Dios (I Corintios 3:16-17), sin embargo son templos del Espíritu Santo (I Corintios 6:19).

9. El Espíritu del Padre nos dará palabras a decir en tiempos de persecución (Mateo 10:20), pero el Espíritu Santo también lo hará (Marcos 13:11).

De todos estos versículos de Escritura concluimos que Padre y Espíritu Santo simplemente son dos diversas descripciones del único Dios. Los dos términos describen al mismo ser, pero enfatizan o iluminan diversos aspectos,papeles, o funciones que El posee.

La Deidad de Jesucristo es el Padre

La deidad residente en Jesucristo es nada menos que el Padre. En otras palabras, el Espíritu en el Hijo es el Padre. (Véase la sección, "Jesús es el Padre," en el Capítulo IV para una discusión completa de este punto.)

La Deidad de Jesucristo es el Espíritu Santo

El Espíritu Santo se llama el Espíritu de Jesucristo (Filipenses 1:19), y el Espíritu del Hijo (Gálatas 4:6). II Corintios 3:17 dice del Espíritu, "El Señor es el Espíritu." En breve, el Espíritu que es residente en Jesucristo es nada menos que el Espíritu Santo. El Espíritu en el Hijo es el Espíritu Santo.

Abajo hay algunos versículos paralelos de Escritura que revelan aun más que el Espíritu de Cristo es el Espíritu Santo.

1. El Espíritu de Cristo estaba en los profetas de la antigüedad (I Pedro 1:10-11), sin embargo sabemos que el Espíritu Santo se movía en ellos (II Pedro 1:21).

2. Jesús levantará al creyente de la muerte (Juan 6:40), sin embargo, el Espíritu vivificará (dará vida) a los muertos (Romanos 8:11).

3. El Espíritu le levantó a Cristo de los muertos (Romanos 8:9-11), sin embargo, Jesús dijo que El se levantaría a Sí mismo de los muertos (Juan 2:19-21).

4. Juan 14:16 dice que el Padre enviaría a otro Consolador, a saber, el Espíritu Santo, pero en Juan 14:18 Jesús

dijo, "no os dejaré huérfanos: vendré a vosotros." En otras palabras, el otro Consolador es Jesús en otra forma—en el Espíritu más bien que en la carne. Jesús explicó esto en el versículo 17, diciendo que el Consolador estaba *con* los discípulos ya, pero que pronto estaría *en* ellos. En otras palabras, el Espíritu Santo estaba con ellos en la persona de Jesucristo, pero el Espíritu Santo, el Espíritu de Jesucristo, pronto estaría en ellos. Jesús explicó este punto aun más en Juan 16:7, diciendo que El tuvo que irse o bien el Consolador no vendría. ¿Por qué? Mientras Jesús estaba presente con ellos en la carne El no estaría presente espiritualmente en sus corazones, pero después de que El saliera físicamente enviaría a su propio Espíritu para estar con ellos.

5. El Espíritu Santo mora en los corazones de los Cristianos (Juan 14:16), sin embargo, Jesús prometió que El habitaría con sus seguidores hasta el fin del mundo (Mateo 28:20). De igual manera, los creyentes se llenan del Espíritu Santo (Hechos 2:4, 38), sin embargo, es Cristo que mora en nosotros (Colosenses 1:27).

6. Efesios 3:16-17 dice que cuando tenemos el Espíritu en el hombre interno, tenemos a Cristo en nuestros corazones.

7. Cristo santifica a la iglesia (Efesios 5:26), pero lo hace el Espíritu (I Pedro 1:2).

8. El Espíritu Santo es el *parakletos* prometido en Juan 14:26 (la palabra griega traducida "Consolador"), sin embargo, Jesús es nuestros *parakletos* en I Juan 2:1 (la misma palabra griega traducida "abogado"). Debemos observar que el mismo escritor humano—el Apóstol Juan—escribió ambos versículos, entonces supuestamente él estaba enterado del paralelo.

9. El Espíritu es nuestro intercesor (Romanos 8:26), sin embargo Jesús es nuestro intercesor (Hebreos 7:25).

10. El Espíritu Santo nos dará las palabras que debe-

mos decir en épocas de persecución (Marcos 13:11), sin embargo Jesús dijo que El haría lo mismo (Lucas 21:15).

Padre, Hijo, y Espíritu Santo

Está claro que los términos *Padre, Hijo,* y *Espíritu Santo* no pueden significar tres personas, personalidades, voluntades, o seres distintos. Pueden denotar solamente diversos aspectos o papeles de un ser espiritual—el único Dios. Ellos describen las relaciones de Dios para con el hombre, no personas en una Deidad. Usamos a *Padre* para enfatizar los papeles de Dios como Creador, Padre de espíritus, Padre de los creyentes nacidos de nuevo, y Padre de la humanidad de Jesucristo. Usamos a *Hijo* para significar tanto la humanidad de Jesucristo como a Dios como El se manifestó en carne con el propósito de la salvación del hombre. Usamos a *Espíritu Santo* para enfatizar el poder activo de Dios en el mundo y entre los hombres, particularmente su obra en la regeneración.

Debemos observar que estos tres títulos no son los únicos que Dios tiene. Muchos otros títulos o nombres para Dios son muy significativos y aparecen con frecuencia en la Biblia, incluyendo los términos tales como Jehová, Señor, Verbo, Dios Omnipotente, y el Santo de Israel. La creencia en la Unicidad no niega al Padre, ni el Hijo, ni el Espíritu Santo, pero sí refuta la idea que estos términos denotan personas en la Deidad. Dios tiene muchos títulos, pero El es un ser. En cuanto a su existencia El es indivisible, pero Su revelación de Sí mismo a la humanidad se ha expresado a través de muchos canales, incluyendo Su revelación como el Padre, en el Hijo, y como el Espíritu Santo.

Efesios 3:14-17, que hemos usado varias veces en este capítulo, demuestra que el Padre, el Espíritu, y Cristo son uno en el sentido apenas descrito. "Por esta causa doblo mis rodillas ante el Padre de nuestro Señor Jesucristo, de quien toma nombre toda familia en los cielos y en la tierra, para que os dé, conforme a las riquezas de su gloria, el ser fortalecidos con poder en el hombre interior por su Espíritu; para que habite Cristo por la fe en vuestros corazones . . ." Así entonces, este pasaje identifica al Espíritu en el corazón de un Cristiano como el Espíritu del Padre y también como a Cristo. El Padre, Cristo, y el Espíritu todos se refieren al único Dios indivisible.

¿Qué de los pasajes de Escritura que parecen describir a más de una persona en la Deidad? Debido a años de uso por los que creen en más de una persona en la Deidad, estos pasajes solo parecen describir a más de una persona en la Deidad. Cuando una persona limpia su mente de todas las interpretaciones, connotaciones, y doctrinas de los hombres, y puede ver estos versículos a través de los ojos de los escritores originales (quienes eran judíos monoteístas devotos), entenderá que estos versículos describen o los atributos y papeles múltiples de Dios o la doble naturaleza de Jesucristo. (Para ver la discusión de los versículos en particular de Escritura en este respecto, véase los Capítulos VII, VIII, y IX.)

Solamente dos versículos de Escritura en la Biblia entera mencionan a Padre, Hijo (o Verbo), y Espíritu Santo de una manera que podría sugerir tres personas o una significado especial del número tres en lo referente a la Deidad. Ellos son Mateo 28:19 y I Juan 5:7. Sin embargo, ambos pasajes presentan unos problemas serios para la opinión trinitaria.

Mateo 28:19

"Por tanto, id, y haced discípulos a todas las naciones, bautizándolos en el nombre del

Padre, y del Hijo, y del Espíritu Santo."

En este pasaje, Jesús ordenó a sus discípulos a bautizar "en el nombre del Padre, y del Hijo, y del Espíritu Santo." Sin embargo, este versículo de Escritura no enseña que Padre, Hijo, y Espíritu Santo son tres personas distintas. En cambio, enseña que los títulos Padre, Hijo, y Espíritu Santo identifican a un nombre y por lo tanto a un ser. El versículo expresamente dice "en el nombre," no "en los nombres."

Para contestar a cualquier duda que la distinción singular-plural es significativa o que fue planeada deliberadamente por Dios, necesitamos solamente leer Gálatas 3:16, donde Pablo enfatiza el significado singular de la frase "tu simiente" en Génesis 22:18. Muchos eruditos trinitarios han reconocido por lo menos parcialmente el significado del singular en Mateo 28:19. Por ejemplo, el profesor presbiteriano, James Buswell, dice, "el 'nombre,' no los 'nombres' del Padre y del Hijo y del Espíritu Santo en el cual debemos ser bautizados, debe entenderse como Yahweh, el nombre del Dios Trino." [1] Su discernimiento del singular está correcto, aunque su identificación del nombre singular está en error. Jehová o Yahweh era el nombre revelado de Dios en el Antiguo Testamento, pero Jesús es el nombre revelado de Dios en el Nuevo Testamento. Sin embargo, el nombre de Jesús incluye a Jehová puesto que Jesús significa Jehová-Salvador.

Padre, Hijo, y Espíritu Santo todos describen al único Dios, entonces la frase en Mateo 28:19 simplemente describe el único nombre del único Dios. El Antiguo Testamento prometió que vendría una época en que Jehová tendría un solo nombre y que ese único nombre se daría a conocer (Zacarías 14:9; Isaías 52:6). Sabemos que el único nombre de Mateo 28:19 es Jesús, porque Jesús es el nombre del Padre (Juan 5:43; Hebreos 1:4), del Hijo

(Mateo 1:21), y del Espíritu Santo (Juan 14:26). La iglesia del Nuevo Testamento entendía esto como la verdad, porque ellos bautizaban en el nombre de Jesucristo (Hechos 2:38; 8:16; 10:48; 19:5; I Corintios 1:13). Mateo mismo endosó esta interpretación estando en pié con Pedro y los otros apóstoles durante el sermón en el cual Pedro mandó a la gente que se bautizaran en el nombre de Jesucristo (Hechos 2:14-38).

Algunos dicen que las referencias en los Hechos realmente no significan que el nombre de Jesús fue pronunciado oralmente como parte de la fórmula bautismal. Sin embargo, esto parece ser una tentativa de torcer el lenguaje para conformarse con una doctrina erronea y una práctica equivocada. Los Hechos 22:16 dice, "Levántate y bautízate, y lava tus pecados, invocando su nombre." Por lo tanto este versículo de Escritura indica que el nombre de Jesús era invocado en el bautismo. Santiago 2:7 dice, "¿No blasfeman ellos el buen nombre que fue invocado sobre vosotros?" La frase griega indica que ese nombre fue invocado sobre los Cristianos a tiempo especifico. Mas La Biblia Amplificada dice, "Que no son ellos quien blasfemaron ese precioso nombre en el cual fuiste distinguidos y llamados (el nombre de Cristo invocado en el bautismo)?"

Para un ejemplo de lo que "en el nombre de Jesús" significa, solamente tenemos que ver la historia de la sanidad del hombre cojo en Hechos 3. Jesús dijo que deberíamos orar por los enfermos en Su nombre (Marcos 16:17-18), y Pedro dijo que el nombre de Jesús curó al hombre cojo (Hechos 4:10). ¿Cómo sucedió esto? Pedro actualmente pronunció las palabras, "en el nombre de Jesucristo" (Hechos 3:6). El nombre de Jesús invocado con fe produjo el resultado. El nombre significa poder o autoridad, pero este significado no detrae del hecho de que Pedro invocó oralmente el nombre de Jesús para efectuar la sanidad.

Si los muchos pasajes de Escritura en los Hechos que se refieren al bautismo en agua en el nombre Jesús no describen una fórmula bautismal, entonces es igualmente verdadero que Mateo 28:19 no indica una fórmula. Esta interpretación dejaría a la iglesia sin una fórmula bautismal para hacer una distinción entre el bautismo Cristiano, el bautismo de los prosélites judíos, y el bautismo pagano. Pero el Señor no nos dejó sin una fórmula bautismal; la iglesia cumplió correctamente con las instrucciones que Jesús dió en Mateo 28:19 cuando los apóstoles usaron el nombre de Jesús en el bautismo en agua.

Muchas enciclopedias e historiadores de la iglesia convienen que la original fórmula bautismal en la antigua historia de la iglesia era "en el nombre de Jesús." Por ejemplo, el profesor Luterano Otto Heick dice, "El primer bautismo fue administrado en el nombre de Jesús, pero gradualmente en el nombre del Dios Trino: Padre, Hijo y Espíritu."[2] Esto no era un resbalón de la pluma, porque más adelante el afirmó su opinión: "En el principio el bautismo se hacía en el nombre de Cristo."[3]

Esta interpretación del único nombre en Mateo 28:19 como Jesús halla más apoyo en la descripción completa de los acontecimientos de los cuales este versículo es una parte. En Mateo 28:18-19, Jesús dijo, "Toda potestad me es dada en el cielo, y en la tierra. Por tanto, id, y haced discípulos a todas las naciones, bautizándolos en el nombre . . ." En otras palabras, Jesús dijo, "Yo tengo todo el poder, entonces bauticen en mi nombre." Torcería la lógica del pasaje si se leyera para significar, "tengo todo el poder, entonces bauticen en los nombres de tres distintas personas." En los otros relatos de la Gran Comisión, el nombre de Jesús figura prominentemente (Marcos 16:17; Lucas 24:47). Lo que escribió Mateo "del Padre, y del Hijo, y del Espíritu Santo," lo que escribió Marcos "en mi nombre," y lo que escribió Lucas "en su nombre," todo se refiere al nombre de Jesús.

Debemos recordar que el bautismo en agua es administrado debido a nuestra vida pasada de pecado; es para "perdón de los pecados" (Hechos 2:38). Puesto que el nombre de Jesús es el único nombre salvador (Hechos 4:12), es lógico que el nombre se use en el bautismo. Jesús mismo relacionó el perdón de pecados con Su nombre: "y que se predicase en su nombre el arrepentimiento y el perdón de pecados en todas las naciones, comenzando desde Jerusalén" (Lucas 24:47).

Mateo 28:19 no enseña a tres personas en un Dios, pero da tres títulos de Dios, todos de los cuales se aplican correctamente a Jesucristo. Estos títulos resumen los diferentes papeles de Dios o modos de Su revelación; por su referencia singular al "nombre," se enfoca sobre el único nombre de Dios revelado en el Nuevo Testamento. Ese nombre es Jesús.

Luz adicional sobre esta interpretación que el nombre de Dios es Jesús viene de una comparación de Apocalípsis 14:1 con 22:3-4. Hay un nombre para el Padre, para Dios, y para el Cordero. El Cordero es Jesús, entonces Jesús es el nombre de Dios y del Padre.

I Juan 5:7

"Porque tres son los que dan testimonio en el cielo: el Padre, el Verbo, y el Espíritu Santo; y estos tres son uno."

Aunque este verso de Escritura es usado a menudo por los que creen en tres personas de Dios, actualmente refuta esta idea, porque dice que "estos tres son uno." Algunos interpretan esta frase para significar uno en unidad como un hombre y su esposa son uno. Pero debe ser precisado que ésta idea es esencialmente politeísta. Si la palabra uno se refirió a la unidad en vez de a la designación numérica, entonces se puede ver a la deidad como a muchos dioses en un concilio o gobierno unido. Si se significaba la *unidad*, el versículo debe haberse leído, "Estos tres convienen como uno."

También es interesante observar que este versículo no usa la palabra *Hijo*, sino *Verbo*. Si *Hijo* era el nombre especial de una persona distinta en la Deidad, y si este versículo intentaba enseñar que había personas distintas, ¿por qué usó *Verbo* en vez de *Hijo*? *Hijo* no se refiere primariamente a la Deidad, pero *Verbo* sí. El Verbo no es una persona distinta al Padre así como que un hombre y su palabra no son personas distintas. Al contrario, el Verbo es el pensamiento o el plan en la mente de Dios y también es la expresión de Dios.

De una manera similar, el Espíritu Santo no es un persona distinta al Padre así como que un hombre y su espíritu no son personas distintas. El Espíritu Santo solamente describe lo que es Dios. Primera de Juan 5:7 dice que los tres dan testimonio en el cielo; es decir, Dios se ha registrado a Sí mismo en tres modos de actividad o se ha revelado a Sí mismo de tres maneras. El tiene por lo menos tres papeles celestiales: Padre, Verbo (no Hijo), y Espíritu Santo. Además, estos tres papeles describen al único Dios: "estos tres son uno."*

---

*Acabamos de explicar I Juan 5:7 de una manera consistente con el resto de la Escritura. Sin embargo, ¡hay un acuerdo practicamente unánime entre los eruditos bíblicos de que este versículo realmente no forma parte de la Biblia! Todas la traducciones mayores en el inglés desde la versión *King James (KJV)* la han omitido, incluso el *Revised Standard Version, The Amplified Bible*, y el *New International Version*. También lo omite el texto griego generalmente aceptado (el texto Nestle). El *New International Version (La Nueva Versión Internacional)* presenta I Juan 5:7-8 así: "Porque hay tres que testifican: el Espíritu, el agua y la sangre; y estos tres están de acuerdo."

La KJV incluyó el versículo 7 solamente porque la edición del texto griego

¿Se Limita Dios A Tres Manifestaciones?

En este capítulo hemos discutido tres prominentes manifestaciones de Dios. ¿Significa esto que Dios está limitado a estos tres papeles? ¿Abarcan los términos *Padre, Hijo,* y *Espíritu Santo* todo lo que es Dios? A pesar de la prominencia que estas manifestaciones tienen en el plan de redención y salvación del Nuevo Testamento, no parece que Dios puede ser limitado a éstos tres papeles, títulos, o manifestaciones. Dios se manifestó a Sí mismo de muchas maneras en el Antiguo Testamento. El se reveló a Sí mismo en muchas teofanías, incluso en formas humanas y angélicas. (Véase el Capítulo II.) La Biblia usa muchos otros nombres y títulos de Dios. Por ejemplo, Jehová y Señor aparecen con frecuencia en la Biblia. Dios se ha revelado al hombre en muchas otras relaciones, también. Por ejemplo, El es Rey, Señor,

---

de 1522, compilado por Erasmo, la incluía. Originalmente, Erasmo había excluido este pasaje de sus ediciones de 1516 y 1519 porque no se hallaba en *cualquiera* de 5000 manuscritos griegos, sino solamente en manuscritos recientes de la *Vulgata*—la versión en latín que usaba en ese entonces la Iglesia Católica Romana. Cuando la iglesia Católica presionó a Erasmo a incluir este versículo, él prometió hacerlo si ellos pudieran hallar aun un solo manuscrito griego que lo tenía. Por fin produjeron uno, y entonces Erasmo con renuencia incluyó el versículo, aunque el manuscrito producido fechaba desde 1520. (Véase Norman Geisler y William Nix, *Una Introducción General a la Biblia* [*A General Introduction to the Bible*], Chicago: Moody Press, 1968, p. 370.) Por esta evidencia, parece ser creíble que algún copista sobremanera celoso vió "tres son los que dan testimonio" y decidio injertar un poco de su propia enseñanza. Por cierto, el pasaje en cuestión no se relaciona en nada al resto de la discusión aquí de Juan, e interrumpe el flujo de su propio argumento lógico.

Aunque toda la evidencia indica que este pasaje no formaba parte originalmente de I Juan, Dios tuvo Su mano de protección y preservación sobre Su Palabra. A pesar de los esfuerzos del hombre, Dios no permitió que el pasaje contradijera a Su Palabra. Ya que una persona crea o no que I Juan 5:7 era originalmente parte de la Biblia o que fue una interpolación más reciente, no enseña tres personas de Dios sino que afirma más bien la enseñanza de la Biblia de un solo Dios indivisible con varias manifestaciones.

Novio, Marido, Hermano, Apóstol, Sumo sacerdote, Cordero, Pastor, y Verbo. Mientras que Padre, Hijo, y Espritu Santo representan tres papeles, títulos, o manifestaciones importantes de Dios, Dios no está limitado a estos tres, tampoco tiene el número tres un significado especial con respecto a Dios.

Una explicación popular de Padre, Hijo, y Espíritu Santo es que hay un Dios quien se ha revelado como Padre en la creación, Hijo en la redención, y Espíritu Santo en la regeneración. El reconocimiento de estas tres manifestaciones no implica que Dios está limitado a tres manifestaciones o que existen tres distinciones en la naturaleza de Dios. Además, no hay una distinción total entre una manifestación y otras. Por ejemplo, Dios era el Espíritu Santo en la creación y usó Su papel como Espíritu en la creación (Génesis 1:2). Además, Dios usó su papel como Hijo—es decir, El dependió de Su plan para la Filiación futura—en la creación (Hebreos 1:2). (Véase la discusión acerca del Hijo y de la creación en el Capítulo V y la discusión de Génesis 1:26 en el Capítulo VII.) Dios es nuestro Padre en la regeneración así como en la creación, porque por medio del nuevo nacimiento llegamos a ser los hijos espirituales de Dios.

No podemos confinar a Dios a tres o a ningún otro número de papeles y títulos específicos. Tampoco podemos dividirle agudamente porque El es uno. Incluso sus títulos y papeles se transponen entre sí. El puede manifestarse a Sí mismo de muchas maneras, pero El es un ser y solamente uno.

¿Cómo entonces podemos tratarle a Dios de una manera que describa todo lo que El es? ¿Qué nombre incluye los muchos papeles y atributos de Dios? Por supuesto, podríamos simplemente usar el término *Dios* o el nombre *Jehová* del Antiguo Testamento. Sin embargo, tenemos un nuevo nombre que nos ha sido revelado—el nombre de Jesús. Cuando usamos el nombre de Jesús, abarcamos todo lo que es Dios. Jesús es Padre, Hijo, y Espíritu. Jesús resume todos los nombres compuestos de Jehová. Jesús es todo lo que es Dios. Cualquier papel o manifestación que Dios tiene, están contenidos en Jesús (Colosenses 2:9). Podemos usar el nombre de Jesús para Dios mismo, porque denota la totalidad del carácter, de los atributos, y de la auto-revelación de Dios.

Conclusión

La Biblia habla de Padre, Hijo, y Espíritu Santo como diversas manifestaciones, papeles, modos, títulos, atributos, relaciones al hombre, o funciones del único Dios, pero no se refiere a Padre, Hijo, y Espíritu Santo como a tres personas, personalidades, voluntades, mentes, o dioses. Dios es el Padre de todos nosotros y de una manera única el Padre del hombre Jesucristo. Dios se manifestó a Sí mismo en carne en la persona de Jesucristo, llamado el Hijo de Dios. Dios también se llama el Espíritu Santo, lo que enfatiza Su actividad en las vidas y los asuntos de la humanidad.

Dios no se limita a estas tres manifestaciones; sin embargo, en la revelación gloriosa del único Dios, el Nuevo Testamento no se desvía del monoteísmo estricto del Antiguo Testamento. En cambio, la Biblia presenta a Jesús como el Padre, el Hijo, y el Espíritu Santo. Jesús no es solamente la manifestación de una de tres personas en la Deidad, sino El es la encarnación del Padre, el Jehová del Antiguo Testamento. A la verdad, en Jesús habita toda la plenitud de la Deidad corporalmente.

NOTAS

CAPITULO VI

[1]James Buswell, Jr., *A Systematic Theology of the Christian Religion* (Grand Rapids: Zondervan, 1980), I, 23.

[2]Heick, I, 53. Véase también, "Baptism (Early Christian)," *Encyclopedia of Religion and Ethics*, II, 384, 389.

[3]Heick, I, 87.

7

EXPLICACIONES DEL ANTIGUO TESTAMENTO

En los capítulos anteriores presentamos las verdades básicas acerca de Dios. Hemos aseverado que El es esencialmente uno y que la plenitud de Dios habita en Jesús. En este capítulo consideraremos algunos pasajes del Antiguo Testamento que algunos trinitarios usan intentando contradecir estas verdades básicas. Examinaremos estas referencias para demostrar que no contradicen el resto de la Biblia, sino que armonizan con ella. Los Capítulos VIII y IX harán lo mismo para algunos versículos de la Escritura en el Nuevo Testamento.

Elohim

La palabra que se usa más comunmente para Dios en el hebreo es *Elohim*. Esta es la palabra original en casi cada pasaje del Antiguo Testamento donde vemos la palabra *Dios* en el español. Es la forma plural de la palabra hebrea *Eloah*, que significa Dios o deidad.

La mayoría de los eruditos concuerdan que el uso de

la palabra plural *Elohim* indica la grandeza de Dios o sus múltiples atributos; no implica una pluralidad de personas o personalidades. Los judíos ciertamente no interpretan la forma plural como algo que compromete su fuerte monoteísmo. Flanders y Cresson explican que el uso plural en el hebreo tiene cierta función fuera de indicar pluralidad: "La forma de la palabra, Elohim, es plural. Los hebreos pluralizaban los sustantivos para expresar grandeza o majestad."[1]

La misma Biblia revela que la única manera de entender la forma plural de *Elohim* es que expresa la majestad de Dios y no una pluralidad en la Deidad, por ambos su insistencia en un solo Dios y por su uso de *Elohim* en situaciones que definitivamente representan solo una persona o personalidad. Por ejemplo, *Elohim* identifica la manifestación singular de Dios en forma humana a Jacob (Génesis 32:30). Los israelitas usaron la palabra *elohim* para el becerro de oro que hicieron el el desierto (Exodo 32:1, 4, 8, 23, 31), pero sin embargo el relato bíblico indica claramente que había solo un becerro de oro (Exodo 32:4, 5, 8, 19-20, 24, 35). El Antiguo Testamento usa con frecuencia la palabra *elohim* para dioses paganos singulares como Baal-berit (Jueces 8:33), Quemos (Jueces 11:24), Dagón (Jueces 16:23), Baal-zebub (II Reyes 1:2-3), y Nisroc (II Reyes 19:37). La Biblia aun le aplica la palabra *elohim* a Jesucristo (Salmo 45:6; Zacarías 12:8-10; 14:5), y nadie sugiere que hay una pluralidad de personas en Jesús. Entonces la palabra *Elohim* no indica tres personas en la deidad. Solo un ser llamado *Elohim* luchó con Jacob, solo un becerro de oro fue llamado *elohim,* y solo un Señor Jesucristo es Dios manifestado en carne.

Génesis 1:26

"Entonces dijo Dios: Hagamos al hombre a nuestra imagen."

¿Por qué usa este versículo un pronombre plural para Dios? Antes de contestar, notemos que la Biblia usa pronombres singulares para Dios cientos de veces. El próximo versículo usa el sentido singular para demostrar cómo Dios cumplió el versículo 26: "Y creó Dios al hombre a su imagen" (Génesis 1:27). Génesis 2:7 dice, "Entonces Jehová Dios formó al hombre." Debemos entonces reconciliar la forma plural en 1:26 con la forma singular en 1:27 y 2:7. Debemos también mirar a la criatura imagen de Dios, que es el hombre. Prescindiendo de cómo identificamos los varios componentes que forman un hombre, un hombre definitivamente tiene una sola personalidad y voluntad. El es una sola persona en toda manera. Esto indica que el Creador a cuya imagen el hombre fue hecho es también un solo ser con una sola personalidad y voluntad.

Cualquier intrepretación de Génesis 1:26 que permite la existencia de más de una persona de Dios se encontrará con serias dificultades. Isaías 44:24 dice que Jehová creó solo los cielos, y que creó la tierra por Sí mismo. De acuerdo a Malaquías 2:10, había solamente un Creador. Además, si la forma plural en Génesis 1:26 se refiere al Hijo de Dios, ¿cómo reconciliamos esto con el registro bíblico de que el Hijo no nació hasta por lo menos cuatro mil años después en Belén? El Hijo fue nacido de una mujer (Gálatas 4:4); si el Hijo estaba presente en el principio, ¿quién era Su madre? Si el Hijo es un ser espiritual, ¿quién era Su madre espiritual?

Ya que Génesis 1:26 no puede significar dos personas o más en la deidad, ¿qué significa? Los judíos lo han interpretado tradicionalmente como significando que Dios habló con los ángeles en la creación.[2] Esto no implica que los ángeles actualmente tomaron parte en la creación sino que Dios les informó acerca de Sus planes y solicitó sus comentarios por cortesía y respeto. En por lo menos una ocasión más Dios habló con los ángeles y solicitó sus opiniones al formular Sus planes (I Reyes 22:19-22). Sí sabemos que los ángeles estaban presente en la creación (Job 38:4-7).

Otros comentaristas han sugerido que Génesis 1:26 simplemente le describe a Dios al tomar consejo con Su propia voluntad. Efesios 1:11 apoya este punto de vista, diciendo que Dios obra todas las cosas "según el designio de su voluntad." Por analogía, esto es semejante a un hombre que dice "Vamos a ver" aun cuando está formulando sus planes a solas.

Otros explican la pluralidad en este pasaje como una pluralidad majestuosa o literaria. Es decir, en la escritura o oración formal, el orador o el escritor frecuentemente se refiere a sí mismo en la forma plural, especialmente si el orador es de posición real. Se pueden citar ejemplos bíblicos de la forma plural para ilustrar esta costumbre. Por ejemplo, Daniel le dijo al Rey Nabucodonosor, "la interpretación de él diremos en presencia del rey" aunque solo Daniel procedió a darle la interpretación al rey (Daniel 2:36). El rey Artajerjes alternó entre referirse a sí mismo en la forma singular y la forma plural en su correspondencia. Una vez, él escribió, "La carta que nos enviasteis fue leída claramente delante de mí" (Esdras 4:18). En una carta a Esdras, Artajerjes dijo de sí mismo "mí" en un lugar (Esdras 7:13) pero "os hacemos" en otro lugar (7:24).

El uso de la forma plural en Génesis 1:26 también puede ser semejante a la forma plural *Elohim* en que denota la grandeza y majestad de Dios o los múltiples atributos de Dios. En otras palabras, el pronombre plural concuerda con y sustituye por el sustantivo plural *Elohim*.

Aun otra explicación es que este pasaje describe la preciencia de Dios de la futura llegada del Hijo, muy semejante a los pasajes proféticos en los Salmos. Debemos darnos cuenta de que Dios no vive en el tiempo. Sus planes le son reales aunque están, en lo que nos concierne a nosotros, en el futuro. El llama las cosas que no son como si fuesen (Romanos 4:17). Un día es como mil años para El y mil años es como un día (II Pedro 3:8). Su plan—el Verbo—existió desde el principio en la mente de Dios (Juan 1:1). Por lo que toca a Dios, el Cordero fue inmolado antes de la fundación del mundo (I Pedro 1:19-20; Apocalipsis 13:8). No es sorprendente que Dios pudo trascurrir visualmente los corredores del tiempo y dirigir una declaración profética al Hijo. Romanos 5:14 dice que Adán era una figura de Aquel que había de venir, es decir, Jesucristo. Cuando Dios creó a Adán, El ya había pensado de la Encarnación y le creó a Adán con aquel pensamiento en mente.

Avanzando esta idea un paso más, Hebreos 1:1-2 dice que Dios hizo el universo por el Hijo. ¿Cómo podría ser esto, puesto que el Hijo no entró en existencia hasta un punto en el tiempo mucho más tarde que la creación? (Hebreos 1:5-6). (Véase el Capítulo V.) Para citar en paráfrasis a John Miller (citado en el Capítulo V), Dios usó el papel de Hijo para hacer el mundo. Es decir, El basó todo sobre la futura llegada de Cristo. Aunque El no recogió la humanidad hasta que llegó el cumplimiento del tiempo, El la utilizó y actuó sobre ella desde el principio. El le creó al hombre a la imagen del futuro Hijo de Dios, y creó al hombre sabiendo que aunque el hombre pecaría el futuro papel de Hijo proveería un medio de salvación.

Dios creó al hombre para que el hombre le amara y le adorara (Isaías 43:7; Apocalipsis 4:11). Sin embargo, por razón de Su pre-ciencia Dios supo que el hombre caería en el pecado. Esto derrotaría el propósito de Dios en crearle al hombre. Si de ésto no más consistía el futuro, entonces Dios jamás le habría creado al hombre. Sin embargo, Dios tenía en Su mente el plan para la Encarnación y el plan de la salvación mediante la muerte propiciatoria de Cristo.

Entonces, aunque Dios supo que el hombre pecaría, supo también que mediante el Hijo de Dios el hombre podría ser restaurado y podría cumplir con el propósito original de Dios. Es aparente, entonces, que cuando Dios creó al hombre El tenía en mente la futura llegada del Hijo. Era en este sentido que Dios creó los mundos por medio del Hijo o por usarle al Hijo, pues sin el Hijo el propósito entero de Dios en crearle al hombre habría fracasado.

En resumen, Génesis 1:26 no puede significar una pluralidad en la Deidad, pues eso contradiría a las demás Escrituras. Hemos ofrecido varias otras explicaciones armonizantes. (1) Los judíos y muchos cristianos lo consideran como una referencia a los ángeles. Muchos otros cristianos lo consideran como (2) una descripción de Dios aconsejando con Su propia voluntad, (3) una pluralidad majestuosa o literaria, (4) un pronombre que simplemente concuerda con el sustantivo *Elohim*, o (5) una referencia profética a la futura manifestación del Hijo de Dios.

Otros Pronombres Plurales

Hay unas cuantas veces en el Antiguo Testamento cuando Dios usó pronombres plurales, por ejemplo, Génesis 3:22, 11:7, e Isaías 6:8. Una lectura de estos versículos de la Escritura demostrará que facilmente pueden significar Dios y los ángeles (los tres versículos) o posiblemente Dios y los justos (Isaías 6:8). Cualquiera de las primeras cuatro explicaciones dadas para Génesis 1:26 podría explicar adecuadamente el uso plural en estos pasajes.

El Significado de Uno
(Hebreo, *Echad*)

Sin claudicar, la Biblia declara que Dios es uno (Deuteronomio 6:4). Algunos trinitarios sugieren que uno con respecto a Dios significa uno en unidad o armonía en vez de absolutamente uno en valor numérico. Ellos apelan a la palabra hebrea *echad* para apoyar esta teoría, palabra que la Biblia usa para expresar el concepto de un solo Dios. La palabra aparentemente puede significar ambos uno en unidad y uno numericamente, pues Strong la defiene como "unido, primeramente uno." Ejemplos bíblicos de la palabra usada en el sentido de absoluta singularidad numérica ayudan a entender: una lista de reyes cananitas, cada cual designado por la palabra *echad* (Josué 12:9-24); el profeta Micaías (I Reyes 22:8); Abraham (Ezequiel 33:24); una lista de puertas, cada cual designada por *echad* (Ezequiel 48:31-34); y el ángel Miguel (Daniel 10:13). Por cierto, en cada uno de estos casos *echad* significa uno en valor numérico. En vista de los muchos pasajes en el Antiguo Testamento que describen en términos inequívocos la absoluta unicidad de Dios (véase el Capítulo 1, en especial las referencias escriturales en Isaías), es evidente que *echad*, cuando se usa respecto a Dios, sí significa la absoluta unicidad numérica de Su ser. Hasta el extento a que *echad* sí transmite un concepto de unidad o armonía, conota una unidad o armonía de los múltiples atributos de Dios, y no una unión cooperativa de personas separadas.

Si *echad* no siginifica uno en número, entonces no tenemos defensa alguna contra el politeísmo, pues tres (o más) dioses separados podrían ser uno en mente y propósito. Sin embargo, la intención del Antiguo Testamento es claramente de negar el politeísmo, y sí usa *echad* para significar uno en valor numérico.

Las Teofanías

Una teofanía es una manifestación visible de Dios (Véase el Capítulo II.) Ya que Dios es omnipresente, El puede manifestarse a diferentes personas en diferentes lugares a la misma vez. No se requiere un concepto de más de un solo Dios para explicar ninguna de las teofanías; el único Dios puede manifestarse en cualquier forma, en cualquier tiempo, y en cualquier lugar.

Analicemos teofanías específicas o supuestas teofanías que se usan frecuentemente para apoyar el concepto de una Deidad compuesta de múltiples personas.

Apariencia a Abraham

Génesis 18:1 dice que Jehová apareció a Abraham en las llanuras de Mamre. El versículo 2 dice que Abraham miró y vió tres hombres. Algunos trinitarios intentan usar estos tres "hombres" para comprobar la existencia de una trinidad de Dios. Sin embargo, el versículo 22 revela que dos de los "hombres" le dejaron a Abraham y partieron hacia Sodoma, pero Jehová permanecio por un tiempo para hablar con Abraham. ¿Quienes eran los otros dos hombres? Génesis 19:1 dice que dos ángeles llegaron a Sodoma esa tarde. Claramente, las tres manifestaciones humanas que aparecieron a Abraham eran Jehová y dos de Sus ángeles.

La interpretación de algunos es que Génesis 19:24 significa dos personas: "Entonces Jehová hizo llover sobre Sodoma y sobre Gomorra azufre y fuego de parte de Jehová desde los cielos." Sin embargo, esto no significa que un Jehová en la tierra le pidió a otro Jehová en los cielos que hiciera llover fuego, porque hay solamente un Jehová (Deuteronomio 6:4). Mas bien, es un ejemplo de volver a declarar algo en palabras diferentes. Muchos pasajes en el Antiguo Testamento expresan una idea en dos maneras diferentes como un mecanismo literario o como un medio de enfatizar. No hay ninguna evidencia de que Dios se quedó y viajó a Sodoma para dirigir su caida después de Su manifestación temporal a Abraham. La Biblia solo dice que dos ángeles fueron a Sodoma. Debemos notar que ambas declaraciones le describen a Jehová como estando en un solo lugar haciendo una sola cosa: en el cielo, haciendo llover fuego.

El Angel de Jehová

Hemos considerado este tópico en el Capítulo II. Muchos pasajes que describen una visitación del Angel de Jehová también indican que el ángel era realmente una manifestación de Jehová mismo. Esto no es problemático; es fácil que el Dios singular se manifieste en forma angelical.

Unos cuantos pasajes le describen al ángel de Jehová como un ser aparte de Jehová. Entonces, estos pasajes deben referirse a un ángel literal, a pesar de lo que el "ángel de Jehová" sea en otros pasajes. En verdad, es posible interpretar el significado de la mayoría (y algunos dicen que todos) de los pasajes que mencionan el "ángel de Jehová" como un ángel literal y no una manifestación de Dios. Desde este punto de vista, los pasajes que atribuyen hechos de Jehová al ángel no significan que el ángel es Jehová mismo. Más bien, significan que Jehová llevó a cabo aquellos hechos por delegarlos a un ángel. Por ejemplo, Jehová habló o Jehová apareció por enviar a un ángel para hablar o aparecer.

Entonces hay dos maneras de explicar los pasajes que mencionan el "ángel de Jehová" de una manera que es consistente con un solo Dios. Primeramente, podemos concordar que el ángel de Jehová es una manifestación de Dios en algunos pasajes, pero solamente es un ángel en los pasajes que claramente describen a dos seres. Alternativamente, podemos aseverar que el ángel de Jehová no describe una manifestación actual de Dios sino solamente un ángel quien actúa como el agente y mensajero de Dios.

Las palabras hebreas y griegas para ángel simplemente significan mensajero.

Los pasajes más complejos que se relacionan al ángel de Jehová se encuentran en Zacarías. Zacarías 1:7-17 describe una visión vista por el profeta. En la visión, él vió a un hombre en un caballo alazán entre los mirtos. Un ángel empezó entonces a hablarle a Zacarías. El hombre entre los mirtos fue identificado como el ángel de Jehová. Se presume que era el ángel que hablaba con Zacarías, aunque algunos piensan que dos ángeles estaban presentes. En todo caso, el ángel de Jehová habló con Jehová y Jehová le respondió (versículos 12-13), comprobando entonces que el ángel de Jehová no era Jehová, por lo menos en este pasaje. Entonces, el ángel que hablaba con Zacarías proclamó lo que Jehová había dicho (versículos 14-17). Entonces, el ángel no era Jehová; más bien, simplemente actuaba como un mensajero y repetía lo que Jehová había dicho. Zacarías le dijo *señor* (versículo 9, hebreo *adón*, que significa maestro o gobernador) al ángel, pero no le dijo Señor (*Adonai*) o Jehová. Por supuesto, *señor* no es un término que se reserva solamente para Dios, como lo es *Señor*; porque es posible dirigirse correctamente aun a un hombre por el título *señor* (Génesis 24:18).

Zacarías 1:18-21 describe a dos visiones adicionales. En su visión de cuatro cuernos, Zacarías hizo una pregunta, el ángel la contestó, y Jehová dió una visión de cuatro carpinteros (versículos 18-20). Entonces Zacarías hizo otra pregunta y "él" respondió (versículo 21). El que respondió en el versiculo 21 era el mismo ángel que había estado hablando desde el principio—el mismo que menciona el versículo 19. Si el que estaba hablando en el versículo 21 era actualmente Jehová, entonces Jehová estaba hablando en aquel versículo usando el ángel. Entonces, en este pasaje, Jehová dió las visiones y el ángel actualmente las explicó. Esto no requiere que el ángel sea Dios.

En Zacarías 2:1-13 hallamos un segundo ángel que declaró al oir de Zacarías la palabra de Jehová al primer ángel. Nuevamente, esto no significa que el segundo ángel era Dios sino solo que estaba transmitiendo el mensaje de Dios. Esto indica que el primer ángel definitivamente no era Dios o ya hubiera sabido lo que era el mensaje de Dios.

Zacarías 3:1-10 presenta otra situación. Primeramente, Zacarías estaba delante del ángel de Jehová y Satanás (versículo 1). "Y dijo Jehová a Satanás: Jehová te reprenda" (versículo 2). La explicación más facil de este pasaje es decir que el profeta escribió "dijo Jehová" significando que Jehová lo dijo por medio del ángel. Es por esto que las palabras habladas eran "Jehová te reprenda" en vez de "yo te reprendo". En segundo lugar, el ángel empezó a hablarle a Josué como si el ángel fuera Dios (versículos 3-4). Quizás la explicación más facil es que el ángel era un mensajero que transmitía la palabra de Dios. Finalmente, el pasaje describe claramente al ángel como un mensajero de Dios y no como Dios mismo, porque el ángel comenzó a usar la frase "dice Jehová" (versículos 6-10).

La explicación más lógica acerca de los ángeles en Zacarías se puede resumir de la siguiente manera. A través del Libro de Zacarías, el ángel de Jehová no era Jehová, sino un mensajero de Jehová. Esto a veces es óbvio por el uso del ángel de frases como "así dice Jehová," mientras que otros versículos omiten esta frase explicativa o calificativa. Jehová habló en todos estos pasajes usando Su ángel. Hay otras explicaciones posibles, como las tres que siguen: el ángel no era Jehová pero tenía el nombre de Jehová investido en él; el ángel no era Jehová en los capítulos 1 y 2 pero sí era Jehová en el capítulo 3; o Jehová habló directamente a Zacarías en

Zacarías 3:2 y 3:4 mientras el ángel observaba silenciosamente. En suma, no tenemos que aceptar dos personas de Dios para explicar los pasajes del "ángel de Jehová." Por cierto, los judíos no tienen problema alguna en reconciliar el ángel de Jehová con su creencia en monoteismo absoluto.

El Hijo y Otras Referencias
Al Mesías

Hay varias referencias al Hijo en el Antiguo Testamento. ¿Estas significan una dualidad en la Deidad? ¿Comprueban un Hijo preexistente? Analicemos estos pasajes para contestar estas preguntas.

El Salmo 2:2 habla de Jehová y Su ungido. Salmo 2:7 dice, "Yo publicaré el decreto; Jehová me ha dicho: Mi hijo eres tú; Yo te engendré hoy." Salmo 8:4-5 habla acerca del hijo del hombre. Salmo 45:6-7 y Salmo 110:1 también contienen referencias bien conocidas acerca de Jesucristo, el primero describiéndole como ambos Dios y un hombre ungido, y el postrero describiéndole como el Señor de David. Proverbios 30:4, Isaías 7:14, e Isaías 9:6 también mencionan al Hijo. Sin embargo, una lectura de estos versículos de la Escritura demostrarán que cada uno de ellos es de naturaleza profética. Los capítulos 1 y 2 de Hebreos citan cada uno de los pasajes en los Salmos que acabamos de mencionar y los describen como profecía cumplida por Jesucristo.

Entonces, los pasajes en los Salmos no son conversaciones entre dos personas de la Deidad sino retratos proféticos de Dios y de Cristo el hombre. Le describen a Dios al engendrarle y ungirle al hombre Cristo (Salmo 2:2-7), al hombre Cristo al someterse a la voluntad de Dios y llegar a ser un sacrificio por el pecado (Salmo 45:6-7), y a Dios al glorificarle y darle poder al hombre

Cristo (Salmo 110:1). Todo esto aconteció cuando Dios se manifestó en carne como Jesucristo. (Para más sobre las supuestas conversaciones en la Deidad, véase el Capítulo VIII. Para una explicación completa de la diestra de Dios que se menciona en el Salmo 110:1, véase el Capítulo IX).

Los pasajes en Isaías son claramente proféticos, ya que hablan en el sentido futuro. En total, las referencias al Hijo en el Antiguo Testamento miran hacia el día en el futuro cuando el Hijo sería engendrado. No hablan de dos Dioses o dos personas en Dios, sino más bien de la humanidad en la cual se encarnaría Dios. De manera semejante, otras referencias en el Antiguo Testamento al Mesías son proféticas y le representan como ambos Dios y hombre (Isaías 4:2; 42:1-7; Jeremías 23:4-8; 33:14-26; Miqueas 5:1-5; Zacarías 6:12-13). Cualquier dualidad evidenciada en estos versículos de la Escritura indica una distinción entre Dios y la humanidad del Mesías.

Para una discusión del cuarto hombre en el fuego (Daniel 3:25), véase el Capítulo II. Aquel pasaje no se refiere al Hijo de Dios engendrado en el vientre de María, sino a un ángel, o posiblemente (pero dudosamente) a una teofanía temporal de Dios.

El Verbo de Dios

Nadie puede mantener con seriedad que el Verbo (la Palabra) de Dios en el Antiguo Testamento es una segunda persona en la deidad. El Verbo (la Palabra) de Dios forma parte de El y no puede separarse de El. El Verbo de Dios no implica una segunda persona, tal como la palabra de un hombre no implica que él se compone de dos personas. Dice el Salmo 107:20, "Envió su palabra." Isaías 55:11 dice, "Así será mi palabra que sale de mi boca." De estos versículos de la Escritura, es obvio que el Verbo (la

Palabra) es algo que le pertenece a El y es una expresión que proviene de El, no una persona aparte en la Deidad.

La Sabiduría de Dios

Algunos perciben una distinción entre personas en las descripciones de la sabiduría de Dios, en particular los que se encuentran en Proverbios 1:20-33, 8:1-36, y 9:1-6. Sin embargo, estos pasajes de la Escritura meramente personifican la sabiduría como un aparato literario o poético. Todos estamos familiarizados con muchos ejemplos en la literatura donde un autor personifica una idea, emoción, u otra cosa impalpable para proveer énfasis, vividez, e ilustración. El absoluto error de tratar de hacer que la personificación literaria de la sabiduría en la Biblia implique una distinción personal en Dios se demuestra claramente, pues ¡todos estos pasajes personifican a la sabiduría como una mujer! Entonces, si la sabiduría es la segunda persona de la Deidad, la segunda persona es del sexo femenino.

La manera correcta de considerar a la sabiduría en la Biblia es considerarla como un atributo de Dios—parte de Su omnisciencia. El utilizó Su sabiduría cuando creó al mundo (Salmo 136:5; Proverbios 3:19; Jeremías 10:12). Tal como la sabiduría de un hombre no es una persona distinta de él mismo, así también la sabiduría de Dios no es una persona aparte de El. La sabiduría es algo que Dios posee y algo que El puede impartirle al hombre.

Por supuesto, ya que Cristo es Dios manifestado en carne, toda la sabiduría de Dios está en Cristo (Colosenses 2:3). El es la sabiduría de Dios tanto como el poder de Dios (I Corintios 1:24). Esto no significa que Cristo es una persona aparte de Dios, sino más bien que en Cristo habita toda la sabiduría y todo el poder de Dios (juntamente con los otros atributos de Dios). Por medio de

Cristo, Dios revela Su sabiduría y poder al hombre. La sabiduría es simplemente un atributo de Dios descrito en el Antiguo Testamento y revelado mediante Cristo en el Nuevo Testamento.

Santo, Santo, Santo

¿Implica de alguna manera este repetición tripártita en Isaías 6:3 que Dios es una trinidad? No pensamos que esta teoría sea muy creíble. Repetición doble o triple era una práctica literaria hebrea que era muy común, y ocurre muchas veces en la Escritura. Básicamente, se usaba para dar énfasis adicional. Por ejemplo, Jeremías 22:29 dice, "¡Tierra, tierra, tierra! oye palabra de Jehová." Ciertamente este versículo de la Escritura no indica tres tierras. (Si la repetición triple de la palabra santo tiene algún otro significado, es una sugerencia de la existencia pasada, presente, y futura de Dios grabada en Apocalipsis 4:8.) Concluimos que "santo, santo, santo" enfatiza fuertementa la santidad de Dios y que no implica una pluralidad de personas.

Repeticiones de *Dios* o *Jehová*

¿Hay evidencia de una pluralidad de personas por repeticiones de *Dios*, *Señor*, o *Jehová* en el mismo versículo, tal como repeticiones triples (Números 6:24-26; Deuteronomio 6:4) y repeticiones dobles (Génesis 19:24; Daniel 9:17; Oseas 1:7)? Una lectura de estos pasajes de la Escritura demostrará que ellos no indican una pluralidad en la Deidad. Vamos a analizarlas brevemente.

Números 6:24-29 es simplemente una bendición tripártita. Deuteronomio 6:4 dice que Dios es uno. Dos de las repeticiones en aquel versículo son "Jehová Dios."

¿Significa esto que se indica dos personas cada vez que aparece la frase *Jehová Dios*? Claro que no. Simplemente identifica al único Dios como ningún otro que Jehová, quien Israel adoraba. Ya hemos considerado a Génesis 19:24 en otra parte de este capítulo. En Daniel 9:17, el profeta meramente habla de Dios en la tercera persona, y en Oseas 1:7 Dios habla de Sí mismo en la tercera persona. Esto no es extraño, pues en el Nuevo Testamento Jesús habló de Sí mismo en la tercera persona (Marcos 8:38). En resumen, todos los pasajes de la Escritura que repiten las palabras *Dios, Señor, Jehová*, o algún otro nombre para Dios se conforman al uso normal y común. Ninguno de ellos sugiere una pluralidad en la Deidad.

El Espíritu de Jehová

Varios pasajes en el Antiguo Testamento mencionan el Espíritu de Jehová. Esto no presenta ningún problema, pues Dios es un Espíritu. La frase "Espíritu de Jehová" meramente enfatiza que Jehová es en realidad un Espíritu. Enfatiza además la obra de Jehová entre los hombres y sobre individuos. No sugiere una pluralidad de personas, al igual que cuando hablamos del espíritu de un hombre. Por cierto, Jehová hace entender esto claramente cuando habla de "el Espíritu mío" (Isaías 59:21).

Jehová el Señor y Su Espíritu

Esta frase hallada en Isaías 48:16 no indica dos personas, así como las frases "un hombre y su espíritu" o "un hombre y su alma" no se refieren a dos personas. Por ejemplo, el rico habló a su alma (Lucas 12:19), pero esto no significa que él consistía de dos personas. "Jehová el Señor" significa el total de Dios en toda Su gloria y trascendencia, mientras que "Su Espíritu" se refiere al aspecto de El con el cual el profeta ha tenido contacto y que se ha movido sobre el profeta. El siguiente versículo (Isaías 48:17) habla de "el Santo de Israel," no los dos santos o tres santos. Isaías 63:7-11 habla de Jehová y "su santo espíritu," mientras que Isaías 63:14 habla de "el Espíritu de Jehová." Claramente, no existe ninguna distinción entre Espíritu y Jehová. (Para muchos ejemplos del Nuevo Testamento en los cuales *y* no significa una distinción entre personas, véase el Capítulo IX.) Jehová es un Espíritu, y el Espíritu de Jehová es simplemente Dios en acción.

El Anciano de Días Y El Hijo del Hombre

Daniel vió una visión registrada en Daniel 7:9-28, en la cual vió a dos figuras. El primer ser que vió Daniel se llamaba el Anciano de Días. Tenía un vestido blanco como la nieve, pelo como lana limpia, un trono como fuego, y ruedas como fuego. El se sentaba sobre el trono y juzgaba a miles sobre miles de personas. Entonces Daniel vió a "uno como un hijo de hombre" acercándose al Anciano de Días. A este hombre le fue dado un dominio eterno sobre todos los pueblos y un reino eterno. Algunos trinitarios interpretan esta visión como tratándose de Dios Padre y Dios Hijo. Sin embargo, examinemos este relato mas cerca.

En el Libro de Apocalipsis, ¡parece que el Anciano de Días es Jesucristo mismo! Apocalipsis 1:12-18 le describe a Jesucristo como vestido de una ropa, con cabello blanco como lana, ojos como llama de fuego, y pies como bronce bruñido, refulgente como en un horno. Además, muchos pasajes de la Escritura explican que Jesucristo el Hijo del hombre será el juez de todos los hombres (Mateo 25:31-32; Juan 5:22, 27; Romanos 2:16; II Corintios 5:10). Es más, Jesús se sentará sobre el trono (Capítulo IV). En la visión de Daniel, el cuerno (anticristo) hizo guerra hasta que vino el Anciano de Días (Daniel 7:21-

22), pero sabemos que Jesucristo volverá a la tierra y destruirá los ejércitos del anticristo (Apocalipsis 19:11-21). En total, hallamos que Jesús en Apocalipsis equivale a la descripción del Anciano de Días en Daniel 7. Si el Anciano de Días en Daniel 7 es el Padre, entonces Jesús debe ser el Padre.

En Daniel 7:13, uno como un hijo de hombre viene al Anciano de Días y recibe de El dominio. ¿Quién es? El escenario parece ser una visión de un hombre que representa a los santos (creyentes) de Dios. Esta explicación es, probablemente, la que es más consistente con el capítulo. Daniel recibió la interpretación de la visión empezando con el versículo 16. El versículo 18 dice que los santos del Altísimo poseerán el reino para siempre. Luego, el versículo 22 dice que los santos poseerán el reino. Los versículos 26-27 dicen que el reino y el dominio (las mismas palabras como el versículo 13) serán dados a los santos del Altísimo, y este reino es un reino eterno. Por supuesto, el versículo 27 concluye diciendo que todos los dominios están finalmente bajo Dios.

Entonces, Daniel 7:16-28 nos da la interpretación de 7:9-14. Por sus propios términos, el capítulo le identifica al que era "como un hijo de hombre" como una representación de los santos de Dios. Debemos tener en mente que en el Antiguo Testamento "hijo de hombre" puede referirse a cualquier hombre individual (Ezequiel 2:1) o a la humanidad en general (Salmo 8:4; 146:3; Isaías 51:12). En el Salmo 80:17 la frase indica un hombre a quien Dios ha dado soberanía y poder. Entonces, la interpretación que dice que "hijo de hombre" representa a los santos es consistente con el uso de la frase en otros pasajes de la Escritura.

Algunos igualan el "como un hijo de hombre" de Daniel con Jesucristo, ya que Jesús frecuentemente se llamaba a Sí mismo el Hijo del hombre. Sin embargo, esta interpretación ignora la interpretación dada por el mismo Daniel 7. Si Daniel quiso referirse a Cristo, ¿por qué no le llamó el Mesías como lo hizo en 9:25? Además, aunque el "hijo de hombre" en Daniel fuera Jesucristo, "uno como hijo de hombre" no necesariamente lo sería. En efecto, la estructura fraseológica podría indicar que el hombre en la visión de Daniel no es Jesús, sino alguien parecido a El, es decir, los santos o la iglesia. Sabemos que los santos son hijos de Dios, coherederos con Cristo, hermanos de Cristo, conformados a la imagen de Cristo, y como Cristo (Romanos 8:17, 29; I Juan 3:1-2).

De todos modos, debemos recordar que la visión de Daniel era de naturaleza profética y no era descriptiva de una situación actual en su tiempo. Si presumimos que el hombre en Daniel 7 es Jesucristo, entonces a lo máximo la visión demuestra los dos papeles de Jesús, de Padre y de Hijo. No puede enseñar dos personas porque el Anciano de Días es identificado como Jesús en Su divinidad. A lo más, este pasaje puede retratar la naturaleza y el papel dual de Cristo, muy parecido a la visión en Apocalipsis 5 de Aquel que estaba en el trono (Dios en toda Su deidad) y el Cordero (Jesus en Su papel humano y sacrificial). (Véase el Capítulo IX para una explicación plena de este pasaje en Apocalipsis.)

En conclusión, "uno como un hijo de hombre" en Daniel 7 representa a los santos quienes heredarán el reino de Dios. Si se refiere a Jesucristo, entonces le describe en Su papel humano tal como el Anciano de Días le describe en Su papel divino.

Compañero de Jehová

En Zacarías 13:7, Jehová habló del Mesías y le llamó "el hombre compañero mío." La clave para entender este versículo de la Escritura es darse cuenta de que Jehová describía a un "hombre." Es decir, El hablaba acerca del hombre Cristo Jesús, diciendo que este hombre sería Su compañero o alguien cercano a El. Este versículo no describe a un Dios llamándole a otro Dios "el Dios compañero mío." Solamente el inocente hombre Cristo podría acercarse al santo Espíritu de Dios y ser realmente cercano a Dios. Es por eso que I Timoteo 2:5 dice, "Porque hay un solo Dios, y un solo mediador entre Dios y los hombres, Jesucristo hombre." Por supuesto, por medio de Cristo, nosotros todos podemos alcanzar la comunión con Dios.

Conclusión

El Antiguo Testamento no enseña ni implica una pluralidad de personas en la Deidad. Podemos explicar de manera satisfactoria todos los pasajes usados por algunos trinitarios para enseñar una pluralidad de personas, armonizándolos con los otros muchos pasajes que enseñan de manera inequívoca el monoteísmo estricto. Ciertamente los judíos no han hallado dificultad alguna en aceptar todo el Antiguo Testamento como la Palabra de Dios, adheriendo a la vez a su creencia en un solo Dios indivisible. De principio a fin, y sin contradicción, el Antiguo Testamento enseña la hermosa verdad de un solo Dios.

NOTAS

CAPITULO VII

[1]Flanders y Cresson, pág. 48, n. 8.

[2]Conversación con el Rabí Ortodoxo David Rubín, Director del Instituto de Estudios del Tora, Jerusalén, Israel, Noviembre 1980.

8

EXPLICACIONES DEL NUEVO TESTAMENTO: LOS EVANGELIOS

Este capítulo habla de las referencias encontradas principalmente en los Evangelios que algunos han usado para enseñar una pluralidad de personas en la Deidad. Aunque el capítulo siguiente explorará los pasajes de los Hechos a Apocalipsis, este capítulo explicará algunas de ellas a como se relacionan con las preguntas que surgen dentro de los Evangelios. Debemos armonizar todos estos versiculos de Escritura con el resto de la palabra de Dios, que enseña un solo Dios. Es bastante interesante notar que estos versiculos apoyan la unicidad de Dios cuando se entienden correctamente.

Cuatro Ayudas Importantes Para El Entendimiento

Desde el principio de nuestra discusión, queremos enfatizar cuatro puntos importantes. Si entendemos éstos claramente, la mayoría de los versiculos que parecen difíciles de entender se explicarán facilmente.

1. Cuando vemos un plural (especialmente una dualidad) utilizado referente a Jesús, debemos pensar en la humanidad y en la deidad de Jesucristo. Hay una verdadera dualidad, pero es una distinción entre el Espíritu y la carne, y no una distinción de personas de Dios.

2. Cuando leemos un pasaje difícil en relación con Jesús, debemos preguntar si le describe en Su papel como Dios o en Su papel como hombre, o ambos. ¿Habla El como Dios o como hombre en este caso? Recuerde que Jesús tiene una naturaleza dual como ningún otro ha tenido.

3. Cuando vemos un plural en relación a Dios, debemos verlo como una pluralidad de papeles o relaciones con la humanidad, y no como una pluralidad de personas.

4. Debemos recordar que los escritores del Nuevo Testamento no tenían ningún concepto de la doctrina de la trinidad, la cual siempre estaba en el futuro lejano en el período cuando ellos escribían las Escrituras. Ellos procedían de un trasfondo judío que era estrictamente monoteísta; la doctrina de un solo Dios no era de ninguna manera un punto de discusión para ellos. Algunos pasajes pueden parecerse "trinitarios" a nosotros en el primer vistazo porque los trinitarios a través de los siglos los han utilizado y los han interpretado conforme a su doctrina. Sin embargo, a los de la Iglesia primitiva, quienes no tenían ningún concepto acerca de la doctrina de la trinidad que estaba todavía en el futuro, en su creencia del Dios poderoso en Cristo, estos mismos pasajes eran muy normales, ordinarios, y fácilmente comprensibles. Ellos no tenían ninguna intención de contradecir la doctrina del monoteísmo estricto y la deidad de Jesús.

Con estos cuatro puntos en mente, queremos estudiar algunos pasajes específicos de Escritura.

El Bautismo De Cristo

"Y Jesús, después que fue bautizado, subió luego del agua; y he aquí los cielos le fueron abiertos, y vio al Espíritu de Dios que descendía como paloma, y venía sobre él. Y hubo una voz de los cielos, que decía, "Este es mi Hijo amado, en quien tengo complacencia" (Mateo 3:16-17).

Según este pasaje, el hijo de Dios fue bautizado, el Espíritu descendió como una paloma, y una voz habló de los cielos. Lucas 3:22 agrega además que "descendió el Espíritu Santo sobre él en forma corporal, como paloma."

Para poder entender esta escena correctamente, debemos recordar que Dios es omnipresente. Jesús es Dios y era Dios manifestado en carne mientras que El estaba en la tierra. Él no podría sacrificar Su omnipresencia mientras que estaba en la tierra, y no lo hizo, porque eso es uno de los atributos básicos de Dios, y Dios no cambia. Por supuesto, el cuerpo físico de Jesús no era omnipresente, pero su Espíritu sí era. Además, aunque la plenitud del carácter de Dios era residente en el cuerpo de Jesús, el Espíritu omnipresente de Jesús no podía ser contenido así. Entonces, Jesús podría estar en la tierra y el cielo en el mismo tiempo (Juan 3:13) y con dos o tres de sus discípulos en cualquier momento (Mateo 18:20).

Pensando en la omnipresencia de Dios podemos entender el bautismo de Cristo muy fácilmente. No presentó ninguna dificultad para el Espíritu de Jesús hablar de los cielos y a la vez enviar una manifestación de su Espíritu en la forma de una paloma mientras que su cuerpo humano estaba en el río Jordan. La voz y la paloma no representan personas distintas haci como no puede ser que la voz de Dios en el Sinaí indica que la montaña era una distinta persona inteligente en la Deidad.

Puesto que la voz y la paloma eran manifestaciones

simbólicas del único Dios omnipresente, podemos preguntar ¿qué es lo que ellos representaban? ¿Cuál era su propósito? En primer lugar, debemos preguntar ¿cuál era el propósito del bautismo de Jesus? Ciertamente no fue bautizado para perdón de los pecados como nosotros, porque El era sin pecado (I Pedro 2-22). Pero la Biblia dice que El fue bautizado para cumplir toda justicia (Mateo 3:15). El es nuestro ejemplo y El fue bautizado para darnos un ejemplo que debemos seguir (I Pedro 2:21).

Por otra parte, Jesús fue bautizado como un medio de manifestarse, o de hacerse conocido a Israel (Juan 1:26-27, 31). Es decir, Jesús utilizó el bautismo como el punto de partida de su ministerio. Era una declaración pública de quién era y de lo que El vino a hacer. Por ejemplo, en el bautismo de Cristo, Juan El Bautista aprendió quién era Jesús. El no sabía que Jesús realmente era el Mesías hasta Su bautismo, y después de Su bautismo El podía declarar a la gente que Jesús era el Hijo de Dios y el Cordero de Dios quien quita el pecado del mundo (Juan 1:29-34).

Habiendo establecido los propósitos del bautismo de Cristo, veamos cómo la paloma y la voz fomentaban aquellos propósitos.

Juan 1:32-34 indica claramente que la paloma era una señal para el bien de Juan el Bautista. Puesto que Juan era el precursor de Jehová (Isaías 40:3), él tenía que saber que Jesús era realmente Jehová venido en carne. Dios le había dicho a Juan que el que iba a bautizar con el Espíritu Santo sería identificado por el Espíritu descendiendo sobre El. Por supuesto, Juan era incapaz de ver al Espíritu de Dios ungiéndo a Cristo, entonces Dios escogió una paloma como la señal visible de su Espíritu. Así entonces, la paloma era una señal especial para hacer saber a Juan que Jesús era Jehová y el Mesías.

La paloma también era un tipo de unción para significar el principio del ministerio de Cristo. En el Antiguo

Testamento, los profetas, los sacerdotes, y los Reyes eran ungidos con aceite para indicar que Dios los había escogido (Exodo 28:41; 1 Reyes 19:16). Los sacerdotes en particular eran lavados en agua y ungidos con aceite (Exodo 29:4, 7). El aceite simbolizaba el Espíritu de Dios. El Antiguo Testamento predijo que Jesús sería ungido en la misma manera (Salmo 2:2; 45:7; Isaías 61:1). De hecho, la palabra hebrea "*Mesías*" (*Cristo* en griego) significa "el Ungido." Jesús vino para cumplir los papeles de profeta, sacerdote, y rey (Hechos 3:20-23; Hebreos 3:1; Apocalipsis 1:5). El también vino a cumplir la ley (Mateo 5:17-18), y para guardar Su propia ley El tenía que ser ungido como profeta, sacerdote, y rey.

Puesto que Jesús era Dios mismo y un hombre sin pecado, ser ungido por un humano pecaminoso y con aceite simbólico no era suficiente. Más bien, Jesús fue ungido directamente por el Espíritu de Dios. Entonces, en Su bautismo en agua, Jesús fue ungido oficialmente para el principio de Su ministerio terrenal, no por el aceite simbólico sino por el Espíritu de Dios en la forma de una paloma.

La voz vino de los cielos para el bien del pueblo. Juan 12:28-30 registra un incidente similar en el cual vino una voz del cielo y confirmó la deidad de Jesús al pueblo. Jesús dijo que vino no para el beneficio de El mismo sino para el bien del pueblo. La voz era el medio por lo cual Dios formalmente le presentó a Jesús a Israel como el Hijo de Dios. Mucha gente estaba presente en el bautismo de Jesús y muchos estaban recibiendo el bautismo también (Lucas 3:21), entonces el Espíritu escogió al hombre Jesús y le identificó delante de todos como el Hijo de Dios por medio de una voz milagrosa del cielo. Esto era mucho más eficaz y convencedor que un anuncio que vendría de Jesús como hombre. Actualmente, parece que esta manifestación milagrosa eficazmente realizó el propósito que tenía Jesús en Su bautismo.

El bautismo de Jesús no enseña que Dios es tres personas, sino solamente revela la omnipresencia de Dios y la humanidad del Hijo de Dios. Cuando Dios habla a cuatro personas diferentes en cuatro continentes diversos al mismo tiempo, no pensamos de cuatro personas de Dios, sino de la omnipresencia de Dios. Dios no propuso que el bautismo les revelara a los judíos monoteístas que estaban presentes una revelación radicalmente nueva de una pluralidad dentro de la Deidad, y no hay indicación que los judíos lo interpretaron así. Incluso, muchos eruditos modernos no ven el bautismo de Cristo como una indicación de una trinidad sino como una referencia a "la unción autoritativa de Jesús como Mesías."[1]

La Voz Del Cielo

Tres veces en la vida de Jesús vino una voz del cielo: en Su bautismo, en Su transfiguración (Mateo 17:1-9), y después de Su entrada triunfal a Jerusalén (Juan 12:20-33). Acabamos de explicar que una voz no indica a una persona distinta en la Deidad sino a una otra manifestación del Espíritu omnipresente de Dios.

En cada uno de los tres casos, la voz no venía para el beneficio de Jesús sino para el bien de otros, y vino con un propósito específico. Como ya hemos hablado, la voz en el bautismo de Cristo era parte de la inauguración de Su ministerio terrenal. Se presentaba para el bien de la gente, tal como la paloma venía para el bien de Juan. La voz le presentó a Jesús como el Hijo de Dios: "Este es mi Hijo amado, en quien tengo complacencia" (Mateo 3:17). Indiscutiblemente, la voz en la transfiguración vino para el bien de los discípulos quienes estaban presentes, porque el mensaje decía, "Este es mi Hijo amado, en quien tengo complacencia; a él oíd" (Mateo 17:5). La tercera manifestación de la voz ocurrió cuando un grupo de griegos (al parecer prosélites gentiles) se presentaron para ver a Jesús. Jesús les explicó que la voz no venía para Su propio bien sino para el bien la gente (Juan 12:30).

Las Oraciones De Cristo

¿Indican las oraciones de Cristo que hay una distinción de personas entre Jesús y el Padre? No. Mas bien, Sus oraciones indican una distinción entre el Hijo de Dios y Dios. Jesús oró en Su humanidad, no en Su deidad. Si las oraciones de Jesús demuestran que la naturaleza divina de Jesús es diferente que la del Padre, entonces Jesús es inferior al Padre en Su deidad. Es decir, si Jesús oró como Dios entonces Su posición en la Deidad sería de alguna manera inferior a las otras "personas." Este único ejemplo eficazmente destruye el concepto de una trinidad de personas coiguales.

¿Cómo puede Dios orar y a la vez ser Dios? Por definición, Dios en Su omnipotencia no tiene ninguna necesidad de orar, y en Su unicidad, no tiene ningún otro ser a quién El pueda orar. Si las oraciones de Jesús prueban que hay dos personas en la Deidad, entonces una de aquellas personas está subordinada a la otra y por lo tanto no es completa o verdaderamente Dios.

¿Cuál, entonces, es la explicación de las oraciones de Cristo? Solamente puede significar que la naturaleza humana de Jesús oró al Espíritu eterno de Dios. La naturaleza divina no necesitaba ayuda; solamente la naturaleza humana la necesitaba. Como Jesús dijo en el Huerto de Getsemaní, "El Espíritu a la verdad está dispuesto, pero la carne es débil" (Mateo 26:41). Hebreos 5:7 dice claramente que Jesús tenía necesidad de orar solamente durante "los días de su carne." Durante la oración en Getsemaní, la voluntad humana se sometió a la voluntad divina. Por medio de la oración Su naturaleza humana aprendió a someterse y ser obediente al Espíritu de Dios (Filipenses 2:8; Hebreos 5:7-8). Esto no era una lucha entre dos voluntades divinas, sino una lucha entre la voluntad humana y la voluntad divina de Jesús. Como hombre Jesús se sometió a y recibió fuerza de el Espíritu de Dios.

Algunos pueden oponerse a esta explicación, afirmando que significa que Jesús oró a Sí mismo. Sin embargo, nosotros debemos darnos cuenta que Jesús tenía dos naturalezas perfectas y completas—la humana y la divinia, desemejante de cualquier otro ser humano. Lo que sería absurdo o imposible para un hombre ordinario no es tan extraño para Jesús. No decimos que Jesús oró a Sí Mismo, porque eso implica incorrectamente que Jesús tenía solamente una naturaleza tal como los hombres ordinarios tienen. Al contrario, decimos que la naturaleza humana de Jesús oró al Espíritu divino de Jesús que moraba en el hombre.

La opción es sencilla. O Jesús como Dios oraba al Padre o Jesús como hombre oraba al Padre. Si el primero fuera la verdad, entonces tendríamos una forma de subordinacionismo o arianismo en los cuales una persona en la Deidad es inferior a, y no coigual con, una otra persona en la Deidad. Esto contradice el concepto bíblico de un solo Dios, la deidad completa de Jesús, y la omnipotencia de Dios. Si la segunda alternativa es correcta, y nosotros creemos que así es, entonces no existe ninguna distinción de personas en la Deidad. La única distinción es entre la humanidad y la divinidad, y no entre Dios y Dios.

"Dios Mio, Dios Mio, ¿Por Qué Me Has Desamparado?"

Este versiculo (Mateo 27:46) no puede describir una separación actual entre el Padre y el Hijo porque Jesús es el Padre. Jesús dijo, "Yo y el Padre uno somos." (Juan 10:30). La biblia indica que "Dios estaba en Cristo reconciliando consigo al mundo" (II Corintios 5:19). Jesús era Dios Padre manifestado en carne para reconciliar consigo al mundo. El gríto de Jesús en la cruz no significó que el Espíritu de Dios había salido del cuerpo, sino que no había ninguna ayuda del Espíritu en Su muerte sacrificatoria de substitución para la humanidad pecaminosa. No era una persona de la Deidad que fue abandonada por otra, sino más bien la naturaleza humana que sintió la ira y el juicio de Dios sobre los pecados de la humanidad.

No había dos hijos—uno divino y otro humano—pero había dos naturalezas—la divina y la humana—fundidas en una persona. El Espíritu divino no podía ser separado de la naturaleza humana con tal que la vida humana continuara. Pero en Su proceso agonizante de la muerte, Jesús sufrió los dolores de nuestros pecados. El morir se convirtió en muerte cuando El rindió Su Espíritu.

En otras palabras, lo que Jesús quería decir cuando El gritó, "Dios mio, Dios mio, ¿por qué me has desamparado?" era que El había tomado el lugar del hombre pecaminoso en la cruz y que El había sufrido el castigo completo para el pecado. No había disminución del sufrimiento debido a Su deidad. Puesto que todos han pecado (Romanos 3:23) y la paga del pecado es muerte (Romanos 6:23), toda la humanidad (con la excepción del Cristo sin pecado) merecía morir. Cristo tomó nuestro lugar y sufrió la muerte que merecíamos (Romanos 5:6-9). Jesús era más que un mártir valiente como Esteban y más que un sacrificio del Antiguo Testamento, porque El murió en nuestro lugar y experimentó por una época la muerte que nosotros merecíamos. En la cruz, El murió por todos los hombres (Hebreos 2:9). Esa muerte era más que una muerte física; también implicó una muerte espiritual, que es la separación de Dios (II Tesalonicenses

1:9; Apocalipsis 20:14).

Nadie que vive en la tierra ha sentido esta muerte espiritual en su grado más profundo, porque en Dios todos nosotros vivimos, nos movimos, y somos (Hechos 17:28). Aún el ateo se goza de muchas cosas buenas tales como la alegría, el amor, y la vida misma. Cada cosa buena viene de Dios (Santiago 1:17), y toda vida se origina en El y es mantenida por El. Pero, Jesús experimentó la última muerte—la separación de Dios que un pecador sentirá en el lago de fuego. El sentía la angustia y la desesperación como si fuera un hombre eternamente desamparado por Dios. Entonces, la naturaleza humana de Jesús clamó en la cruz al tomar Jesús sobre Sí mismo el pecado del mundo entero y al sentir el castigo eterno de la separación a causa de aquel pecado (I Pedro 2:24).

No debemos presumir que el Espíritu de Dios dejó el cuerpo de Jesús en el instante en que El pronunció las palabras, "Dios mio, Dios mio, ¿por qué me has desamparado?" El Espíritu divino dejó el cuerpo humano solamente en la muerte. Hebreos 9:14 dice que Cristo se ofreció a Sí mismo a Dios por medio del Espíritu eterno. Por otra parte, Jesús dijo a Sus discípulos con respecto a Su muerte, "He aquí la hora viene, y ha venido ya, en que seréis esparcidos cada uno por su lado, y me dejaréis solo; mas no estoy solo, porque el Padre está conmigo" (Juan 16:32). Así, el eterno Espíritu de Dios, el Padre, no salió del cuerpo humano de Cristo hasta la muerte de Cristo.

¿Intercambios De Ciencia Entre Las Personas En La Deidad?

Algunos creen que la Biblia describe intercambios de conocimiento entre las personas distintas de la Deidad. Esto es un argumento peligroso porque implica que podría existir una persona en la Deidad que sabe algo que otra persona no sabe. Esto implica una doctrina de personalidades y de mentes distintas en Dios, lo cual a su vez conduce al triteísmo o al politeísmo.

Miremos algunos pasajes de Escritura que necesitan una cierta explicación. Mateo 11:27 dice, "Todas las cosas me fueron entregadas por mi Padre; y nadie conoce al Hijo, sino el Padre, ni al Padre conoce alguno, sino el Hijo, y aquel a quien el Hijo lo quiera revelar." Este versiculo declara sencillamente que nadie puede entender quién es el Hijo (la manifestación de Dios en carne) sin una revelación divina (del Padre). Sin duda Jesús tenía esto en mente cuando El dijo a Pedro, "no te lo reveló carne ni sangre, sino mi Padre que está en los cielos" (Mateo 16:17). Se nos dice que ningún hombre puede llamar a Jesús Señor sino por el Espíritu Santo (I Corintios 12:3). También, el Padre reveló Su naturaleza y carácter al hombre por medio de la encarnación—por medio de Cristo Jesús, el hijo de Dios.

Romanos 8:26-27 dice, "el Espíritu mismo intercede por nosotros" y "el que escudriña los corazones sabe cuál es la intención del Espíritu." Estas declaraciones indican solamente una pluralidad de funciones del Espíritu. Por un lado, Dios pone Su Espíritu en nuestros corazones para enseñarnos a orar y para orar a través de nosotros. Por otro lado, Dios oye nuestras oraciones, examina y conoce nuestros corazones, y entiende las oraciones que El ora a través de nosotros por medio de la intercesión de Su propio Espíritu. Este versículo de Escritura no implica una separación entre Dios y su Espíritu, porque Dios es Espíritu. Tampoco indica una separación entre Cristo como el escudriñador de corazones y el Espíritu como intercesor, porque la Biblia también dice que Cristo intercede por nosotros (Hebreos 7:25; Romanos 8:34), y que el Espíritu todo lo escudriña, inclusivo a nuestros corazones. "Pero Dios nos las reveló a nosotros por el Espíritu; porque el Espíritu todo lo escudriña, aun lo profundo de Dios. Porque ¿quién de los hombres sabe las cosas del hombre, sino el espíritu del hombre que está en él? Así tampoco nadie conoció las cosas de Dios, sino el Espíritu de Dios" (I Corintios 2:10-11). Aunque el Espíritu escudriña las "cosas profundas de Dios," no debemos pensar que hay una separación entre Dios y Su Espíritu. Lo que nos está diciendo es que Dios nos revela las cosas por medio de Su Espíritu en nuestras vidas. Su Espíritu en nosotros comunica verdades de Su mente a nuestras mentes: "Pero Dios nos las reveló a nosotros por el Espíritu; porque el Espíritu todo lo escudriña, aun lo profundo de Dios." Entonces el pasaje compara al hombre y su espíritu con Dios y Su Espíritu. Un hombre no es dos personas, ni tampoco lo es Dios.

Mateo 28:19

Hablamos de Mateo 28:19 en el Capítulo VI, demostrando que este versículo describe a ún Dios con oficios múltiples pero solamente ún nombre. El enfoque no está en una pluralidad sino en la unicidad.

La Preexistencia De Jesús

Muchos pasajes de las Escrituras hacen referencia a la existencia de Jesús antes del comienzo de Su vida humana. Sin embargo, la Biblia no nos enseña que El existía aparte y fuera del Padre. Al contrario, en Su deidad El es el Padre y el Creador. El Espíritu de Jesús existía por toda la eternidad porque El es Dios Mismo. Sin embargo, la humanidad de Jesús no existía antes de la encarnación, excepto como un plan en la mente de Dios. Por tanto, podemos decir que el Espíritu de Jesús existía antes de la encarnación, pero no podemos decir que el Hijo existía antes de la encarnación en ningún sentido sustancial. Juan 1:1, 14 es un buen resúmen de la enseñanza en cuanto a la preexistencia de Jesús: "En el principio era el Verbo, y el Verbo era con Dios, y el Verbo era Dios . . . y aquel Verbo fue hecho carne . . ." Es decir, Jesús existía por toda la eternidad como Dios. El plan futuro del Hijo de Dios existía con Dios desde el principio—como una idea en la mente de Dios. Finalmente, aquel Verbo se convirtió en carne—como la extensión de Dios Padre en la forma de un ser humano. (Para una descripción de este concepto y su expresión en Juan 1, véase el Capítulo IV. Para más información acerca del Hijo y la preexistencia de Cristo, incluyendo una discusión acerca de Hebreos 1, véase el Capítulo V.)

Apliquemos estos conceptos a los varios versículos de Escritura que hablan de la preexistencia de Cristo. Nosotros podemos comprender que Juan 8:58 ("Antes que Abraham fuese, yo soy.") es una referencia a la preexistencia de Jesús como el Dios del Antiguo Testamento. Podemos comprender Juan 6:62 ("¿Pués qué, si viereis al Hijo del Hombre subir adonde estaba primero?") de la misma manera, cuando Jesús usa la frase "hijo del hombre" como el equivalente de "yo" o de "mí" más bien que enfatizar Su humanidad. En Juan 16:28 Jesús dijo, "Salí del Padre." Esto, también, se refiere a Su preexistencia como Dios. La naturaleza divina de Jesús era Dios Padre, entonces el Cristo con dos naturalezas podría decir, "Salí del Padre." Esta declaración puede también describir al Verbo, el plan que existía en la mente de Dios, haciéndose carne, y siendo enviado al mundo.

En Juan 17:5 Jesús oró, "Ahora pues, Padre, glorifícame tú al lado tuyo, con aquella gloria que tuve contigo antes que el mundo fuese." Una vez más Jesús habló de gloria que El tenía como Dios en el principio y la gloria que el Hijo tenía en el plan y la mente de Dios. No podría significar que Jesús preexistía con gloria como el Hijo. Jesús estuvo orando, así que El debe haber estado hablando como hombre y no como Dios. Sabemos que la humanidad no preexistía la encarnación, entonces Jesús estuvo hablando de la gloria que el Hijo tenía en el plan de Dios desde el principio.

Se hablan de otros versículos en la Escritura referentes a la preexistencia de Jesús como Dios en los Capítulos IV, V, y IX.

El Hijo Enviado Del Padre

Juan 3:17 y 5:30, juntamente con otros versículos de Escritura, dicen que el Padre envió al Hijo. ¿Significa eso que Jesús, el Hijo de Dios, es una persona distinta al Padre? Sabemos que no es así porque muchos versículos de Escritura enseñan que Dios se manifestó en carne (II Corintios 5:19, I Timoteo 3:16). El dio de Sí Mismo; El no envió a alguien más (Juan 3:16). El Hijo fue enviado de Dios como hombre, no como Dios: "Dios envió a su Hijo, nacido de mujer" (Gálatas 4:4). La palabra enviado no implica la preexistencia del Hijo o la preexistencia del hombre. Juan 1:6 dice que Juan el Bautista era un hombre enviado de Dios, y nosotros sabemos que él no preexistía su concepción. Más bien, la palabra enviado indica que Dios designó al Hijo para un propósito especial. Dios formó un plan, puso carne en ése plan, y después puso ese plan en marcha. Dios dio al Hijo una tarea especial. Dios se manifestó en carne para alcanzar una meta especial. Hebreos 3:1 le llama a Jesús el apóstol de nuestra profesión. Apóstol significa "uno enviado" en el griego. Brevemente dicho, enviar al Hijo enfatiza la humanidad del Hijo y el propósito específico por el cual el Hijo nació.

¿Amor Entre Las Personas De La Deidad?

Un argumento filosófico popular a favor de la doctrina de la trinidad se basa en el hecho de que Dios es amor. El argumento básico es: ¿cómo podría Dios ser amor y demostrar amor antes de que El creara el mundo a menos que Dios fuera una pluralidad de personas que tenían amor una para con la otra? Esta línea del razonamiento es débil por varias razones. Primeramente, aunque si fuera correcta no probaría una trinidad. De hecho, podría conducir al politeísmo absoluto. En segundo lugar, ¿qué necesidad tiene Dios de probar a nosotros la naturaleza eterna de Su amor? ¿Por qué no podemos aceptar simplemente la declaración que Dios es amor? ¿Por qué limitamos a Dios a nuestro concepto de amor, afirmando que El no podría haber sido amor en la eternidad pasada a menos que El hubiera tenido un objeto de amor que existía en ese entonces? En tercer lugar, ¿cómo puede la solución trinitaria evitar el politeísmo y al mismo tiempo evitar decir meramente que Dios es amor? En cuarto lugar, no podemos limitar a Dios al tiempo. El podría amarnos desde la eternidad pasada y nos amaba así. Aunque no existíamos en ese entonces, El previó nuestra existencia. En Su mente existíamos y El nos amaba a nosotros.

Juan 3:35, 5:20, y 15:9 dicen que el Padre ama al Hijo, y Juan 17:24 dice que el Padre amaba a Jesús desde antes de la fundación del mundo. En Juan 14:31 Jesús expresó Su amor para con el Padre. Todas éstas declaraciones no quieren decir que hay personas distintas. (¿No es extraño que estos pasajes omiten al Espíritu Santo en esta relación de amor?) Lo que estos versículos expresan es una relación entre las dos naturalezas de Cristo. El Espíritu de Jesús amaba la humanidad y viceversa. El Espíritu amaba al hombre Jesús tal como El ama a toda la humanidad, y el hombre Jesús amaba en la misma manera como todos los hombres deben amar a Dios. Recuerde, el Hijo vino al mundo para mostrarnos cuánto Dios nos ama y también para ser nuestro ejemplo. El Padre y el Hijo mostraron amor uno para con el otro para que estos dos objetivos se alcanzaran. Dios sabía antes que el mundo comenzara que El se manifestaría como el Hijo. El amaba ese plan desde el principio. El amaba a ese Hijo futuro tal como El nos amaba a todos nosotros desde el principio del tiempo.

Otras Distinciones Entre El Padre Y El Hijo

Muchos versículos de Escritura hacen una distinción entre el Padre y el Hijo en cuanto a Su poder, Su grandeza, y Su conocimiento. Sin embargo, es un gran error utilizarlos para demostrar a dos personas en la Deidad. Si existe una distinción entre el Padre y el Hijo como personas en la Deidad, entonces El Hijo es subordinado o inferior al Padre en deidad. Esto significaría que el Hijo no es completamente Dios, porque por definición Dios no se sujeta a nadie. Por definición, Dios tiene todo poder (omnipotencia) y toda ciencia (omnisciencia). La manera de entender estos versículos es de entender como ellos hacen una distinción entre la divinidad de Jesús (el Padre) y la humanidad de Jesús (el Hijo). La humanidad o la función de Cristo como el Hijo es subordinada a Su deidad.

Juan 5:19 dice, "No puede el Hijo hacer nada por sí mismo, sino lo que ve hacer el Padre; porque todo lo que el Padre hace, también lo hace el Hijo igualmente." (Véase también a Juan 5:30; 8:28.) En Mateo 28:18 Jesús proclamó, "Toda potestad me es dada en el cielo y en la tierra." implicando que el Padre le dio ese poder. En Juan 14:28 Jesús dijo, "Mi Padre mayor es que yo." Primera Corintios 11:3 dice que la cabeza de Cristo es Dios. Todos estos versículos de Escritura indican que la naturaleza humana de Jesús no podría hacer nada en sí mismo, sino que Su naturaleza humana recibía poder del Espíritu. La carne estaba sujeta al Espíritu.

Al hablar de la segunda venida, Jesús dijo, "Pero de aquel día y de la hora nadie sabe, ni aun los ángeles que están en el cielo, ni el Hijo, sino el Padre" (Marcos 13:32). Una vez más la humanidad de Jesús no sabía todas las cosas, pero el Espíritu de Jesús sí.

Juan 3:17 habla del Hijo como el enviado de Dios. En Juan que 6:38 Jesús dijo, "Porque he descendido del cielo, no para hacer mi voluntad, sino la voluntad del que me envió." Jesús no vino de sí mismo, eso es de Su humanidad, sino El procedió de Dios (Juan 7:28; 8:42; 16:28). El Hijo no enseñaba Su propia doctrina, sino la de Su Padre (Juan 7:16-17). El no enseñaba Sus propios mandamientos, sino que enseñaba y guardaba los mandamientos de Su Padre (Juan 12:49-50; 15:10). El no buscaba Su propia gloria, sino más bien, El glorificaba al Padre (Juan 8:50; 17:4). Todos estos pasajes describen la distinción entre Jesús como hombre (Hijo) y Jesús como Dios (Padre). El hombre Jesús no originó por la operación de la humanidad, ni vino el hombre Jesús para exhibir la humanidad. El Espíritu formuló el plan, engendró al bebé en la matriz, puso en aquella carne todo el carácter y toda la calidad de Dios, y entonces envió aquella carne al mundo para manifestar a Dios al mundo. Al final de las cuentas, esa carne habrá cumplido su propósito. El Hijo estará sumergido en el plan de Dios de modo que Dios pueda ser todo en todo (I Corintios 15:28).

Estos versículos describen la relación de la naturaleza humana de Cristo como hombre a Su naturaleza divina como Dios. Si los interpretamos como una fabricación de una distinción entre dos personas llamadas Dios Padre y Dios Hijo, habría una contradicción. Tendríamos a Dios el

Hijo con las siguientes características que no son de Dios: El no tendría ningún poder de sí mismo; El no tendría un conocimiento completo; El no haría Su propia voluntad; El tendría alguien mayor que El mismo; El tendría Su origen en alguien mas; y El perdería eventualmente Su propia individualidad. Estos hechos bíblicos contradicen el concepto de "Dios Hijo."

Los Pasajes Con La Palabra "*Con*"

¿Cómo explicamos el uso de la palabra "*con*" de Juan 1:1-2 y I Juan 1:2? Juan 1:1 dice que el Verbo era *con* Dios, pero después dice que el Verbo *era* Dios. Tal como se explica en el Capítulo IV, el Verbo es el pensamiento, el plan, o la expresión en la mente de Dios. Así es cómo el Verbo podría estar con Dios y en el mismo tiempo ser Dios mismo. Debemos también observar que la palabra "*pros*" del griego, traducida aquí "con," se traduce "perteneciendo a" en Hebreos 2:17 y 5:1. Entonces el Verbo era con Dios en el sentido de pertenecer a Dios y no en el sentido de una persona fuera de Dios. Además, si *Dios* en Juan 1:1 significa Dios Padre, entonces el Verbo no es una persona distinta porque en ese caso el versículo se leería, "El Verbo era con El Padre y el Verbo era el Padre." Para hacer que esto implicaría una pluralidad de personas en Dios se necesitaría un cambio en la definición de *Dios* en el centro del versículo.

Debemos también observar que I Juan 1:2 no indica que el Hijo estaba con Dios en la eternidad. Mas bien, dice que la vida eterna estaba con el Padre. Por supuesto, Jesucristo manifestó la vida eterna a nosotros. El es la Palabra de vida en el versículo uno. Sin embargo, esto no quiere decir que la vida eterna existía como una persona distinta al Padre. Simplemente significa que el Padre poseía la vida eterna en sí mismo—estaba con El—desde el principio. El nos mostró la vida eterna por medio de Su manifestación en carne, en Jesucristo.

Dos Testigos

Jesús dijo, "No soy yo solo, sino yo y él que me envió, el Padre. Y en vuestra ley está escrito que el testimonio de dos hombres es verdadero. Yo soy el que doy testimonio de mí mismo, y el Padre que me envió da testimonio de mí" (Juan 8:16-18). Momentos antes de estos versículos, Jesús había dicho, "Yo soy la luz del mundo" (versículo 12). Esta era una aserción de Su papel del Mesías (Isaías 9:2; 49:6). Los fariseos contestaron, "Tú das testimonio acerca de ti mismo; tu testimonio no es verdadero" (Juan 8:13). Respondiéndo a su acusación, Jesús explicó que El no era el único testigo, sino que había dos testigos al hecho de que El era el Mesías, el Hijo de Dios. Estos dos testigos eran el Padre (el Espíritu divino) y el hombre Jesús. Es decir, tanto Dios Padre como Jesús hombre podrían testificar que el Padre se manifestó en carne, en Jesús. Jesús era Dios y hombre y ambas naturalezas podrían testificar a ese hecho. Ninguna distinción de personas en la Deidad era necesaria para eso. De hecho, si una persona contiende que los dos testigos eran personas distintas en una trinidad, tendría que explicar porque Jesús no dijo que había tres testigos. Después de todo, la ley exigía dos testigos pero pedía tres si fuera posible (Deuteronomio 17:6; 19:15). Cuando Jesús hizo referencia a Su Padre, los fariseos le preguntaban a Jesús acerca del Padre, sin duda preguntándose cuándo el Padre les había atestiguado a ellos. En vez de decir que el Padre era otra persona en la Deidad, Jesús procedió a identificarse a Sí mismo con el Padre—el "Yo Soy" del Antiguo Testamento (Juan 8:19-27). Los dos testigos eran el Espíritu de Dios y el hombre Cristo, y ambos testificaban que

Jesús era Dios manifestado en carne.

El Uso Plural

Muchas veces Jesús hacía referencia al Padre y a Sí mismo en el plural. Estos pasajes están en el Libro de Juan, el escritor neotestamentario quien más que cualquier otro identificaba a Jesús como Dios y el Padre. Es incorrecto que alguien suponga que el uso plural significa que Jesús es una persona distinta al Padre en la Deidad. Sin embargo, esto indica una distinción entre la deidad (Padre) y la humanidad (Hijo) de Cristo Jesús. El Hijo, quien es visible, reveló al Padre, quien es invisible. Así entonces, Jesús dijo, "Si a mí me conocieseis, también a mi Padre conocerías" (Juan 8:19); "no me ha dejado solo el Padre" (Juan 8:29); "El que me aborrece a mí, también a mí Padre aborrece" (Juan 15:23); "ahora han visto y han aborrecido a mí y a mí Padre" (Juan 15:24); y "no estoy solo, porque el Padre está conmigo" (Juan 16:32). Estos versículos de Escritura utilizan el plural para expresar un tema constante; Jesús no es simplemente un hombre, sino que El es Dios también. Jesús no era un hombre ordinario como El parecía ser externalmente. El no estaba solo, sino tenía el Espíritu del Padre dentro de El. Esto explica la naturaleza dual de Jesús y revela la Unicidad de Dios.

¿Cómo estaba el Padre con Jesús? La explicación lógica es que El estaba en Jesús. Por lo tanto, si usted conoce a Jesús, conoce también al Padre; si usted ve a Jesús, ve también al Padre; y si usted odia a Jesús, odia también al Padre. II Juan 9 dice, "El que persevera en la doctrina de Cristo, ése sí tiene al Padre y al Hijo." ¿Cuál es la doctrina de Cristo? Es la doctrina que Jesús es el Mesías; Él es el Dios del Antiguo Testamento manifestado en carne. En otras palabras, el apóstol escribió que si entendemos la doctrina de Cristo nos daremos cuenta de que Jesús es el Padre y el Hijo. Por lo tanto no negamos ni al Padre ni al Hijo. Cuando aceptamos la doctrina de Cristo, aceptamos la doctrina del Padre y del Hijo. Es verdad también que si negamos al Hijo estamos negando al Padre, pero si reconocemos al Hijo hemos reconocido al Padre también (I Juan 2:23).

Otro pasaje con uso plural, Juan 14:23, merece atención especial; "Respondió Jesús y le dijo: El que me ama, mi palabra guardará,; y mi Padre le amará, y vendremos a él, y haremos morada con él." La clave para entender este versiculo es darse cuenta que el Señor no estaba hablando de Su entrada corporal en nosotros. Además, si hay dos Espíritus de Dios, uno del Hijo y otro del Padre, entonces habría por lo menos dos Espíritus en nuestros corazones. Sin embargo, Efesios 4:4 declara que hay un solo Espíritu. Sabemos que Juan 14:23 no significa una entrada corporal porque Jesús había dicho, "En aquel día vosotros conoceréis que estoy en mi Padre, y vosotros en mí, y yo en vosotros" (Juan 14:20). Ciertamente no estamos en Jesús en el sentido corporal. Entonces, ¿qué significa este pasaje? Significa una unión—uno en mente, propósito, plan, y vida—con Cristo. Esta es la misma idea expresada en Juan 17:21-22 cuando Jesús oró, "Para que todos sean uno, como tú, oh Padre, en mí, y yo en tí, que también ellos sean uno en nosotros; para que el mundo crea que tú me enviaste. La gloria que me diste, yo les he dado, para que sean uno, así como nosotros somos uno."

Entonces, ¿por qué usó Jesús el uso plural al hablar de la unión del creyente con Dios? Por supuesto, Dios ha diseñado la salvación para reconciliar al creyente consigo. Sin embargo, el hombre pecaminoso no puede acercarse a un Dios santo, y el hombre finito no puede comprender un Dios infinito. La única manera que podemos ser reconciliados a Dios y comprenderle es por medio de Su manifestación en carne, por medio del hombre sin pecado, Cristo Jesús. Cuando somos uno con Jesús, entonces somos automáticamente uno con Dios, puesto que Jesús no es simplemente un hombre sino que es Dios también. Jesús utilizó el plural para acentuar que para ser unido con Dios debemos primeramente recibir la redención por medio de la sangre de Jesús. Hay un solo mediador entre el hombre y Dios, el hombre Jesús (I Timoteo 2:5). Nadie viene a Dios excepto por medio de Jesús (Juan 14:6). Para poder tener razón doctrinalmente, debemos reconocer que Jesús ha venido en carne (I Juan 4:2-3). Cuando nosotros recibimos a Cristo, hemos recibido al Padre y al Hijo (II Juan 9). Nuestra unión con el Padre y el Hijo no es una unión con dos personas en la Deidad, sino que es simplemente una unión con Dios por medio de Jesús hombre: "que Dios estaba en Cristo reconciliando consigo al mundo" (II Corintioses 5:19).

Otra manera de pensar en nuestra unión con Dios es de recordar los dos diversos oficios o las dos relaciones representadas por el Padre y el Hijo. El creyente tiene acceso a las cualidades de ambas misiones, tales como la omnipotencia el Padre y el sacerdocio y la sumisión del Hijo. El tiene al Padre y al Hijo. Sin embargo, él recibe todas estas cualidades de Dios cuando recibe el único Espíritu de Dios, el Espíritu Santo. El no recibe dos o tres Espíritus. Cuando el Espíritu Santo hace su morada en el cuerpo del creyente, eso se llama 'el bautismo del Espíritu Santo' y ese don le da acceso a todos los atributos y misiones de Dios: "Porque por un solo Espíritu somos todos bautizados en un cuerpo" (I Corintios 12:13).

Si, por otra parte, una persona interpretara Juan 14:23 y 17:21-22 para describir la unión de dos personas distintas en la Deidad, entonces para ser constante él tendría que interpretar las Escrituras para significar que los creyentes llegan a ser miembros de la Deidad tal como Jesús. Claramente, entonces, estos pasajes se refieren a una unión con Dios que el Hijo de Dios tenía y que nosotros podemos disfrutar por medio de creer y obedecer al Evangelio. (Por supuesto, Jesús es uno con el Padre en el sentido que El es el Padre, pero eso no es lo que éstos versiculos particulares de Escritura describen.)

¿Conversaciones Entre Las Personas En La Deidad?

No hay ningún registro bíblico de una conversación entre dos personas de Dios, pero hay muchas representaciones de la comunión entre las dos naturalezas de Cristo. Por ejemplo, las oraciones de Cristo describen Su naturaleza humana buscando ayuda del Espíritu eterno de Dios.

Juan 12:28 registra una petición de parte de Jesús que el Padre glorificaría Su propio nombre. Una voz del cielo habló, contestando aquella petición. Esto demuestra que Jesús era un hombre en la tierra pero Su Espíritu era el Dios omnipresente del universo. La voz no vino para el bien de Jesús, sino para el bien de la gente (Juan 12:30). La oración y la voz no constituían una conversación entre dos personas dentro la Deidad; se puede decir que era comunicación entre la humanidad de Jesus y Su deidad. La voz era un testigo a la gente del Espíritu de Dios, revelando la aprobación de Dios para el Hijo.

Hebreos 10:5-9 cita un pasaje profético del Salmo 40:6-8. En este cuadro profético de la venida del Mesías, Cristo como hombre habla al eterno Dios, expresando Su obediencia y Su sumisión a voluntad de Dios. Esencialmente esta escena es similar a la de la oración de Jesús en Getsemaní. Es obvio que Cristo está hablando como hombre porque El dice, "un cuerpo me has preparado" y "vengo para hacer tu voluntad, O Dios."

En conclusión la Biblia no registra conversaciones entre personas de la Deidad, sino entre las naturalezas humanas y divinas. Al interpretar estas dos naturalezas como "personas" se crea la creencia en por lo menos dos "Dioses." (¡Es muy extraño que el Espíritu Santo nunca es parte de las conversaciones!) Ademas, "personas" implicaría inteligencias separadas en una deidad, un concepto que no puede ser distinguido del politeísmo.

Otro Consolador

En Juan 14:16, Jesús prometió enviar a otro Consolador. En el versículo 26 Jesús identificó al Consolador como el Espíritu Santo. ¿Implica eso que el Espíritu Santo es otra persona en la Deidad? No. Está claro del contexto que el Espíritu Santo es simplemente Jesús en otra forma o manifestación. En otras palabras, "otro Consolador" significa Jesús en el Espíritu como opuesto a Jesús en la carne. En el versiculo 16 Jesús les dijo a los discípulos acerca de otro Consolador. Después en el versiculo 17 Jesús les dijo que ya conocían al Consolador, porque El moraba con ellos e iba a estar en ellos. ¿Quién moraba con los discípulos en aquella epoca? Jesús, por supuesto. El Espíritu de Jesús moraba *con* los discípulos puesto que el Espíritu era vestido en la carne, pero pronto el Espíritu estaría *en* los discípulos a través del don del Espíritu Santo. Jesús clarificaba eso más cuando dijo en el versiculo 18, "No os dejaré huerfanos; vendré a vosotros."

Jesús fue al cielo en Su cuerpo glorificado para que El podría formar una nueva relación con sus discípulos, por enviar a Su propio Espíritu como el Consolador. El les dijo a ellos, "Os conviene que yo me vaya; porque si no me fuere, el Consolador no vendría a vosotros; mas si me fuere, os lo enviaré" (Juan 16:7). El Espíritu Santo es el Espíritu de Cristo (Romanos 8:9; 2 Corintios 3:17-18). Cuando tenemos el Espíritu en nosotros, tenemos a Cristo en nosotros (Efesios 3:16-17).

En breve, Jesús había morado con los discípulos físicamente por el espacio de casi tres años, pero el tiempo había venido para que El saliera. Sin embargo, El prometió que no los dejaría solos, sin consuelo, o como huérfanos. Más bien, El prometió volver en una nueva manera. No vendría en un cuerpo visible para morar con ellos y ser limitado por ese cuerpo, sino que volvería en la forma del Espíritu de modo que El pudiera morar en ellos. Entonces el Consolador, el Espíritu Santo, es el Espíritu de Jesús. Esto es Jesús manifestado en una nueva manera; Jesús puede estar *con* nosotros y *en* nosotros. El puede estar en todos Sus discípulos en todo el mundo a la vez y El puede cumplir Su promesa de estar con nosotros hasta el fin del mundo (Mateo 28:20).

¿Están Jesús Y El Padre Unidos Solo En Propósito?

Según Juan 17:21-22, los cristianos deben ser unidos como Jesús era uno con el Padre. ¿Destruye esto nuestra creencia que Jesús es el Padre? No. En este pasaje Jesús habló como un hombre—como el Hijo. Esto es evidente porque El estuvo orando al Padre, y Dios no tiene que orar. En Su humanidad, Jesús era uno con el Padre en el sentido de la unidad de propósito, mente, y voluntad. En este sentido, los cristianos también pueden ser uno con Dios y uno con cada uno (Hechos 4:32; I Corintios 3:8; Efesios 2:14).

Debemos recordar que el Hijo *no* es lo mismo que el Padre. El título '*Padre*' nunca se refiere a la humanidad, mientras que el Hijo sí. Aunque Jesús es Padre e Hijo, no podemos decir que el Padre es el Hijo.

En Juan 17:21-22, Jesús, hablando como hombre, no dijo que El es el Padre. Sin embargo, otros pasajes describen la unidad de Jesús con el Padre en una manera que supera la mera unidad de propósito, y en una manera que indica que Jesús es el Padre. Esto es un nivel adicional de la Unicidad que está más allá de nuestro logro porque habla de Su deidad absoluta. Cuando Jesús dijo, "Yo y mi padre uno somos," los judíos le entendieron correctamente que significaba que era Dios, e intentaron matarle (Juan 10:30-33). En aquella ocasión, El no simplemente reclamó la unicidad con Dios sino una identidad con Dios. Jesús también dijo, "El que me ha visto a mí, ha visto al Padre" (Juan 14:9). No importa cuán unido un cristiano sea con Dios, El no podría hacer esa declaración. No importa cuán unidos dos cristianos sean, uno no podría decir, "Si usted me ha visto a mí, ha visto a mi amigo." Lo mismo es verdad en cuanto a un marido y su esposa, aunque son una carne (Génesis 2:24). Entonces la unidad de Jesús y el Padre significa más que la unidad que las relaciones humanas pueden lograr. Como hombre Jesús era uno con el Padre en el sentido de unidad de propósito, de mente, y de voluntad (Juan 17:22). Como Dios, Jesús es uno con el Padre en el sentido de la identidad con el Padre—en el sentido que El es el Padre (Juan 10:30; 14:9).

Conclusión

En conclusión, no se hace ninguna presentación de personas en la Deidad en los Evangelios. Los Evangelios no enseñan la doctrina de la trinidad, sino simplemente enseñan que Jesús tiene dos naturalezas—humana y divina, carne y Espíritu, Hijo y Padre. Hay referencias plurales al Padre y al Hijo en el libro de Juan, pero este mismo libro enseña la deidad de Cristo Jesús y la unicidad de Dios más que cualquier otro. Cuando investigamos estas referencias plurales aprendemos que, lejos de contradecir el monoteísmo, ellos actualmente reafirman que Jesús es el único Dios y que el Padre está manifestado en el Hijo.

En el próximo capítulo, miraremos a los otros libros del Nuevo Testamento, los Hechos, las Epístolas, y Apocalipsis, para terminar nuestro estudio. Tal como en los Evangelios, estos libros enseñan la unicidad de Dios sin distinción de personas.

NOTAS

CAPITULO VIII

[1]"Trinity, Holy (in the Bible)," *The New Catholic Encyclopedia*, XIV, 306.

9

EXPLICACIONES DEL NUEVO TESTAMENTO: HECHOS HASTA APOCALIPSIS

Este capítulo es una continuación del capítulo VIII. Explica algunos versículos en el Nuevo Testamento de Hechos a Apocalipsis que se utilizan a veces para enseñar una pluralidad de personas en la Deidad. (El capítulo VIII cubre algunos versículos de Escritura en esta categoría si están relacionadas con preguntas propuestas en los Evangelios.)

La Diestra De Dios

Hay numerosos pasajes en el Nuevo Testamento que nos dicen que Jesús se sienta a la diestra de Dios. Pedro usó esta expresión en Hechos 2:34, citando el Salmo 110:1. Según los Hechos 7:55, Esteban miró hacia el cielo mientras le estuvieron matando a pedradas y "vio la gloria de Dios, y a Jesús que estaba a la diestra de Dios." ¿Qué significa esta frase? ¿Significa que hay dos manifestaciones físicas de Dios en cielo, Dios y Jesús, con el último colocado perpetuamente en la diestra del anterior? ¿Es esto lo qué Esteban vio?

Una interpretación física "de la diestra de Dios" (la mano de Dios) es incorrecta. En primer lugar, ningún hombre ha visto Dios en cualquier momento, ni puede un ser humano verlo (Juan 1:18; I Timoteo 6:16; I Juan 4:12). Dios es Espíritu y como tal es invisible (I Timoteo 1:17). El no tiene una mano derecha física a menos que El elija manifestarse a Sí mismo en una forma humana. Sabemos que Esteban no lo vio literalmente a Dios aparte de Jesús. Si él vio a dos personas, ¿por qué ignoraría a una de ellas, orando solamente a Jesús? (Hechos 7:59-60). Si él vio distintas manifestaciones físicas del Padre y del Hijo, ¿por qué no vio al Espíritu Santo como una tercera persona?

Una lectura cuidadosa de Hechos 7:55 apoyará la declaración que Esteban no vio a Dios aparte de Jesús. El versiculo 55 no dice que Esteban vio al Espíritu de Dios, sino nos dice que él vio "la gloria de Dios" y a Jesús. En el versiculo 56 Esteban dijo, "He aquí, veo los cielos abiertos, y al Hijo del Hombre que está a la diestra de Dios." La única imagen visual o persona que Esteban vio era realmente Jesucristo.

Otros problemas se presentan si tomamos "la diestra de Dios" en un sentido físico. ¿Está sentado Jesús a la diestra de Dios según lo registrado en Hechos 2:34?, o ¿está Jesús parado a la diestra de Dios como registrado en Hechos 1:55-56? ¿Está Jesús sentado encima de la diestra extendida de Dios? o ¿está Jesús sentado junto a la diestra de Dios? ¿Está Jesús en el seno del Padre? (Juan 1:18). ¿Qué de Apocalipsis 4:2, que describe un trono en el cielo y uno qué se sienta en ese trono? ¿Se sienta el Padre en un trono y Jesús se sienta al lado de aquel trono? ¿Qué del hecho de que Jesús es el Unico que está sentado en el trono? (Apocalipsis 4:2, 8 con 1:8, 18).

Obviamente, entonces, la descripción de Jesús a la diestra de Dios debe ser figurativa o simbólica. Actualmente, esto es evidente al considerar las numerosas referencias a través de la Biblia que hablan de la diestra de Dios. En el Salmo 16:8, David escribió, "A Jehová he puesto siempre delante de mí; Porque está a mi diestra, no seré conmovido." ¿Significa esto que Jehová estaba siempre presente corporalmente a la diestra de David? El Salmo 77:10 dice, "Traeré, pues, a la memoria los años de la diestra del Altísimo." ¿Prometía el salmista recordar el número de los años que Dios tenía una diestra? El Salmo 98:1 declara de Jehová, "Su diestra lo ha salvado y su santo brazo." ¿Significa esto que Dios derrotó a Sus enemigos sosteniendo detrás de Sí mismo Su mano izquierda mientras que los aplastó con una diestra física?

El Salmo 109:31 indica que Jehová "se pondrá a la diestra del pobre." ¿Significa esto que El se coloca físicamente a Sí mismo al lado de la gente pobre en todo momento? Jehová declaró en Isaías 48:13, "mi mano derecha midió los cielos," y en Isaías 62:8 que Jehová juró por su mano derecha. ¿Significa esto que Dios extendió una mano gigante y literalmente cubrió el cielo?, o ¿que Dios puso su mano izquierda encima de su mano derecha y juró por ella? Jesús echó fuera demonios por el dedo de Dios (Lucas 11:20). ¿Arrastró hacia abajo un dedo gigante del cielo y echó fuera a los demonios de la gente?

Por supuesto, la respuesta a todas estas preguntas es "No." Por lo tanto, debemos entender que la "diestra de Dios" se usa en un sentido figurativo, simbólico, o poético y no en un sentido físico ó corporal. Esto siendo así, ¿qué significa esta frase?

En la Biblia, la diestra significa fuerza, poder, importancia, y preeminencia tal como en las frases de uso común, "él es mi brazo derecho" y "daría mi brazo derecho para esto." El erudito trinitario Bernard Ramm dice,

"Se habla de la omnipotencia de Dios en términos de un brazo derecho porque entre los hombres el brazo derecho es el símbolo de fuerza o energía. Se habla de la preemincia como sentárse a la diestra de Dios porque en asuntos sociales humanos la posición de la diestra referente al anfitrión era el lugar del honor más grande."[1]

Algunos ejemplos bíblicos para demostrar esta asociación de la diestra con el poder son interesantes e instructivas. Exodo 15:6 proclama, "Tu diestra, O Jehová, ha sido magnificada en poder." El Salmo 98:1 y el Salmo 110:1 asocian a la diestra de Dios con la victoria sobre los enemigos. Cuando la Biblia habla de Jesús a la diestra de Dios, quiere decir que Jesús tiene todo el poder y toda la autoridad de Dios. Jesús mismo dijo claramente en Mateo 26:64: "Desde ahora veréis al Hijo del Hombre sentado a la diestra del poder de Dios, y viniendo en las nubes del cielo." (Véase también Marcos 14:62; Lucas 22:69.) Así Jesús declaró que tenía todo el poder de Dios; por esta implicación El declaró que era Dios. Los judíos entendieron estas demandas y debido a ellas el sumo sacerdote acusó a Jesús de blasfemia (Mateo 26:65). Al parecer, el sumo sacerdote sabía el significado simbólico de la diestra en el Antiguo Testamento, y por lo tanto él se dió cuenta que Jesús estaba declarando que El tenía el poder de Dios y que era Dios. Primera de Pedro 3:22 demuestra aún más que "la diestra" significa que Jesús tiene todo poder y autoridad: "quién habiendo subido al cielo está a la diestra de Dios; y a él están sujetos ángeles, autoridades y potestades." De la misma manera, Efesios 1:20-22 usa esta frase para decir que Jesús tiene la preeminencia sobre todos los principados, potestades, dominios, y nombres. Este pasaje también relaciona la diestra a la exaltación de Cristo. En esta conexión, los Hechos 5:31 dice, "A éste, Dios ha exaltado con su diestra por Príncipe y Salvador, para dar a Israel arrepentimiento y perdón de pecados." (Véase también el Salmo 110:1; Hechos 2:33-34.)

Hechos 5:31 indica que la diestra de Dios o el brazo de Dios refiere a veces específicamente al poder de Dios en la salvación. Muchos otros versículos de Escritura hablan de la diestra de Dios como una representación de la liberación y de la victoria que Dios da a su gente (Exodo 15:6; Salmo 44:3; Salmo 98:1). Isaías 59:16 dice, "lo salvó su brazo." Parece, por lo tanto, que la descripción de Jesús a la diestra de Dios significa que Jesús es la expresión del poder salvador de Dios. Este concepto armoniza con la asociación de la posición de Jesús a la diestra de Dios con Su papel de mediador, particularmente Su trabajo como nuestro intercesor y sumo sacerdote (Romanos 8:34; Hebreos 8:1).

Con esta comprensión de la diestra de Dios, quizás nos preguntaremos por qué la Biblia a veces dice que Jesús "se ha sentado" a la diestra de Dios (como en Hebreos 10:12) en vez de decir simplemente que El está a la diestra de Dios (como en Romanos 8:34). Es probable que esta fraseología particular indica que Jesús recibió la glorificación completa, el poder completo, y la autoridad completa en un cierto punto de tiempo. Esta exaltación comenzó con Su resurrección y terminó en Su ascensión. En aquel momento El se libró a Sí Mismo de todas las limitaciones y restricciones humanas. Este es el opuesto a la autolimitación a la cual Jesús se sometió en la Encarnación según lo descrito en Filipenses 2:6-8. El terminó Su papel como un ser humano caminando en esta tierra.

Jesús ya no se somete a la fragilidad y la debilidad humanas. El ahora no es el siervo sufrido. Su gloria, Su majestad, y Sus otros atributos divinos ya no se ocultan de la vista del observador casual. El ahora demuestra Su poder como Dios por medio de un cuerpo humano glorificado. El ahora se demuestra y se demostrará a Sí Mismo como el Señor de todos, el Juez Justo, y el Rey de toda la tierra. Por eso Esteban no le vio a Jesucristo como el hombre ordinario que se pensaba que era mientras que el estaba en la tierra, sino le vio con la gloria de Dios y el poder de Dios. De igual modo, Juan le vio a Jesús revelado como Dios en toda Su gloria y poder (Apocalípsis 1). La exaltación, la glorificación, y la revelación de Cristo se culminaron en Su ascensión. Marcos 16:19 dice, "Y el Señor, después que les habló, fue recibido arriba en el cielo, y se sentó a la diestra de Dios."

La frase "se sentó" indica que la obra sacrificatoria de Cristo no se continua sino es completa. "El cual, siendo el resplandor de su gloria, y la imagen misma de su sustancia, y quien sustenta todas las cosas con la palabra de su poder, habiendo efectuado la purificación de nuestros pecados por medio de sí mismo, se sentó a la diestra de la Majestad en las alturas" (Hebreos 1:3). "Y ciertamente todo sacerdote está día tras día ministrando y ofreciendo muchas veces los mismos sacrificios, que nunca pueden quitar los pecados; pero Cristo habiendo ofrecido una vez para siempre un solo sacrificio por los pecados, se ha sentado a la diestra de Dios" (Hebreos 10:11-13).

En resumen, encontraríamos muchas inconsistencias sí interpretáramos la descripción de Jesús a la diestra de Dios para significar una colocación física entre dos Dioses con cuerpos distintos. Sí la entendemos como simbólica del poder, la fuerza, la autoridad, la preeminencia, la victoria, la exaltación, y el poder salvador de Jesús manifestado en carne, entonces eliminamos los conceptos que están en conflicto. Además, esta interpretación está conforme con el uso de la frase "la diestra de Dios" a través de la Biblia. "La diestra" revela la omnipotencia y la deidad absoluta de Jesús y justifica el mensaje de un solo Dios en Cristo.

Volviendo a nuestra pregunta original, ¿qué vio Esteban en realidad? Es evidente que él vio a Jesús. Isaías 40:5 dice referente a la venida del Mesías, "Y se manifestará la gloria de Jehová, y toda carne juntamente la verá; porque la boca de Jehová ha hablado." Jesús es la gloria revelada de Dios. Esteban vio la gloria de Dios cuando él vio a Jesús. El vio a Jesús irradiando la gloria que El poseía como Dios y con todo el poder y autoridad de Dios. En breve, él vio al Cristo exaltado. El vio a Jesús no simplemente como a un hombre sino como a Dios mismo, con toda Su gloria, Su poder, y Su autoridad. Por eso El clamó a Dios diciendo, "Señor Jesús, recibe mi espíritu" (Hechos 7:59).

Saludos En Las Epístolas

La mayoría de las Epístolas contienen un saludo que menciona a Dios Padre y al Señor Jesucristo. Por ejemplo, Pablo escribió, "Gracia y paz a vosotros, de Dios nuestro Padre y del Señor Jesucristo" (Romanos 1:7), y "Gracia y paz a vosotros, de Dios nuestro Padre y del Señor Jesucristo" (I Corintios 1:3). ¿Indica esta fraseología una distinción de personas? Sí así fuera interpretada, habría varios serios problemas con los cuales que contender.

Primeramente, ¿por qué no hay ninguna mención del Espíritu Santo en estos saludos? Aunque estos saludos fueren interpretados para enseñar una distinción de personas, no apoyan la doctrina de la trinidad. De esta interpretación, los saludos podrían enseñar el binitarismo; podrían también relegar al Espíritu Santo a un papel menor en la trinidad.

En segundo lugar, si interpretamos otros pasajes similares para indicar la existencia de personas distintas en la Deidad, podríamos tener fácilmente cuatro personas en la Deidad. Por ejemplo, Colosenses 2:2 habla de "el misterio de Dios el Padre, y de Cristo." Otros versículos de Escritura hablan de "Dios Padre" (Colosenses 3:17; Santiago 1:27) "Dios el Padre" (I Tesalonicenses 1:3). I Tesalonicenses 3:11 dice, "Dios y Padre nuestro, y nuestro Señor Jesucristo, dirijan nuestro camino a vosotros." Entonces si la palabra *y* separa a distintas personas, nosotros tenemos por lo menos cuatro personas: Dios, el Padre, el Señor Jesucristo, y el Espíritu Santo.

Si los saludos no indican una pluralidad de personas en la Deidad, ¿qué es entonces lo que significan? Por hacer referencia al Padre y al Señor Jesucristo, los escritores enfatizaban dos papeles de Dios y la importancia de aceptar a Dios en ambos papeles. Debemos no solamente creer en Dios como nuestro Creador y Padre, sino debemos aceptarle como El se manifestó en carne como Jesucristo. Cada uno debe reconocer que Jesús ha venido en carne y que El es Señor y Cristo (Mesías). Por lo tanto, los saludos enfatizan la creencia no solamente en Dios, lo que los judíos y muchos paganos aceptaban, sino también en Dios revelado en Cristo.

Esto explica por qué no era necesario mencionar al Espíritu Santo; el concepto de Dios como Espíritu era envuelto en el título de Dios Padre, especialmente a la mente judía. Debemos recordar, también, que la doctrina de la trinidad no se desarolló hasta mucho más tarde en la historia de la iglesia. (Véase el Capítulo 11.) Por lo tanto, estas frases no eran extrañas a los escritores o a los lectores.

Un estudio del griego es muy interesante en relación a estos pasajes con los saludos.[2] La palabra traducida "y" es de la palabra griega "*kai*." *Kai* puede ser traducida como "y" o como "aun" (en el sentido de "que es" o "que es igual que"). Por ejemplo, el KJV (inglés) traduce *kai* como "y" en II Corintios 1:2, pero como "aun" en el versículo 3. El versículo 2 dice, "de Dios nuestro Padre, y del Señor Jesucristo," mientras que el versículo 3 dice, "Dios, aun el Padre de nuestro Señor Jesucristo." El versículo 2 podría aparecer correctamente como, "de Dios nuestro Padre, aun del Señor Jesucristo." El KJV traduce *kai* como "aun" en varios otros lugares, incluyendo las frases "Dios, aun el Padre" (I Corintios 15:24; Santiago 3:9) y "Dios, aun nuestro Padre" (I Tesalonicenses 3:13). Entonces los saludos podrían leerse tan fácilmente, "de Dios nuestro Padre, aun el Señor Jesucristo." Para apoyar esto aun más, el griego no tiene el artículo definitivo ("el") antes de "Señor Jesucristo" en ninguno de los saludos. Entonces, aunque tradujéramos *kai* como "y," las frases se leen literalmente, "de Dios nuestro Padre y Señor Jesucristo."

Aun cuando las traducciones rinden *kai* como "y," ellas convienen a menudo que la frase denota solamente un solo ser o persona. Abajo hay algunos ejemplos que provienen de varias traducciones de la Biblia en el inglés:

El Uso de Kai

Referencias Bíblicas	Versión de Biblia	Traducción
1. Gálatas 1:4	KJV	Dios y nuestro Padre
	NIV	nuestro Dios y Padre
	TAB	nuestro Dios y Padre
2. Efesios 5:5	KJV	el reino de Cristo y de Dios
	NIV	el reino de Cristo y de Dios
	NIV	(nota al pie de la página) o 'reino del Cristo y Dios'
3. Colosenses 2:2	KJV	el misterio de Dios, y del Padre, y de Cristo
	NIV	el misterio de Dios, a saber, Cristo
	NIV	(nota al pie de la página) algunos manuscritos "Dios, aun al Padre, y de Cristo"
	TAB	Dios [que es] Cristo
4. II Tesalonicenseses 1:12	KJV	la gracia de nuestro Dios y el

		Señor Jesucristo
	NIV	la gracia de nuestro Dios y el Señor Jesucristo
	NIV	(nota al pie de la página) o "Dios y Señor, Jesucristo"
5. I Timoteo 5:21	KJV	delante de Dios, y del Señor Jesucristo
	NIV	en la vista de Dios y de Cristo Jesús
6. Tito 2:13	KJV	nuestro gran Dios y Salvador Jesucristo
	NIV	nuestro gran Dios y Salvador, Jesucristo
	TAB	nuestro gran Dios y Salvador, Jesucristo
7. II Pedro 1:1	KJV	Dios y nuestro Salvador Jesucristo
	NIV	nuestro Dios y Salvador Jesucristo
	TAB	nuestro Dios y Salvador Jesucristo
8. Judas 4	KJV	Dios el único soberano, ya nuestro Señor Jesucristo
	NIV	Jesucristo nuestro único Soberano y Señor
	TAB	nuestro único Señor y Maestro, Jesucristo

Esta tabla demuestra que el *kai* identifica a veces a Dios como el Padre, o aún a Jesús como Dios. De esto, es fácil ver que *kai* identifica a veces a Jesús como el Padre puesto que la construcción gramatical es similar en todos los tres casos.

Concluimos que los saludos no indican ninguna distinción de personas en Dios. En últimos términos, el uso de *kai* en estos casos denota una distinción de papeles, manifestaciones, o nombres por los cuales el hombre conoce a Dios. En por lo menos algunos casos el uso de *kai* identifica actualmente a Jesús como el mismo ser que Dios—el mismo ser que el Padre.

La "Bendición Apostólica"

II Corintios 13:14 dice, "La gracia del Señor Jesucristo, el amor de Dios, y la comunión del Espíritu Santo, sean con todos vosotros. Amen." Una vez más debemos recordar que Pablo escribió este versículo de Escritura en un tiempo en que el trinitarismo era todavía una doctrina del futuro, y por lo tanto el versículo no era raro ni inusual en ese entonces. Básicamente, el versículo proyecta tres aspectos o atributos de Dios que podemos conocer y tener. Primeramente, hay la gracia de Dios. Dios ha puesto Su gracia a disposición de la humanidad por medio de Su manifestación en carne, en Jesucristo. Es decir el favor no merecido, la ayuda divina, y la salvación nos vienen a nosotros a través de la obra expiadora de Jesús. Entonces Dios es amor, y el amor siempre ha sido parte de Su naturaleza básica. El nos amaba mucho antes que El se vistió a Sí mismo en carne como Cristo. Y finalmente, el bautismo del Espíritu Santo nos da comunión (confraternidad) con Dios y con nuestros concreyentes: "Porque por un solo Espíritu fuimos bautizados en un cuerpo"—el cuerpo de Cristo (I Corintios 12:13). Por medio del Espíritu de Dios que mora en nosotros, y no la presencia del cuerpo físico de Jesucristo tenemos una relación presente y continuando con Dios distinta a cualquier cosa que era disponible para los santos del Antiguo Testamento.

II Corintios 13:14 es lógico y comprensible cuando lo interpretamos como tres relaciones importantes que Dios ha compartido con nosotros o como tres diversas obras que un solo Espíritu logra. Hay diversidades de operaciones pero solamente un Dios que obra todas las cosas en todos (I Corintios 12:4-6).

Otras Referencias Triples En Las Epístolas Y En Apocalipsis

Varios otros versículos de Escritura identifican a Dios

por tres títulos o nombres. Sin embargo, muchos más versículos usan solamente dos designaciones para Dios, en particular Padre y Señor Jesucristo. Pero la mayoría de los versículos de escritura usan una sola designación para Dios. Parece que no hay ningún significado especial en cuanto a la Deidad en las referencias triples; ninguna de ellas requiere alguna distinción de personas. Analicémoslos uno por uno.

Efesios 3:14-17 utiliza los siguientes títulos para describir a Dios: "el Padre de nuestro Señor Jesucristo," "su Espíritu," y "Cristo." Interesantemente, este pasaje actualmente hace hincapié en un Dios sin distinción de personas, porque describe al Espíritu primeramente como el Espíritu del Padre y después como Cristo en nuestros corazones. Así pues, en este pasaje, el Padre, el Espíritu, y Cristo son todos identificados como el mismo ser. La única distinción restante descansa en la frase, "Padre de nuestro Señor Jesucristo," que hace distinción entre el Espíritu de Dios y su manifestación en carne.

Efesios 4:4-6 dice que hay un Espíritu, un Señor, y un Dios y Padre. Esto prueba otra vez la unicidad de Dios. El único Dios es Espíritu y El es el Señor de todo. La idea básica expresada en estos versículos es la unicidad de Dios, y no una trinidad. ¿Por qué se declaró este pensamiento en tres diversas maneras? El versículo 4 conecta al único Espíritu con la declaración de que hay un cuerpo, recordándonos que el único Espíritu de Dios nos bautiza en un solo cuerpo (I Corintios 12:13). El versículo 5 agrupa "un Señor" con "una fe" y "un bautismo," indicando que debemos condicionar nuestra fe y nuestro bautismo en la persona, el nombre, y la obra del Señor Jesús, no apenas en una creencia en Dios como Espíritu. El versículo 6 lo junta todo, diciendo, "un Dios y Padre de todos, el cual es sobre todos [por ejemplo, quien es el Espíritu en ustedes]." El único Dios es el único Señor y el único Espíritu.

Una interpretación trinitaria de Efesios 4:4-6 no es lógica porque separa a Jesús de Dios. Sí hay tres personas presentadas en estos versículos, serían: Dios y Padre, Señor, Espíritu. Esta interpretación implica que el Padre es Dios de una manera que Jesús no es. Está en contra de la teoría de la trinidad pensar de Jesús como distinta a Dios. Los trinitarios deben ser consistentes con su teoría y deben aceptar a Jesús como el único Dios de la Biblia o bien deben abandonar su teología de un solo Dios.

Según Hebreos 9:14, Cristo se ofreció a Sí mismo a Dios por medio del Espíritu eterno. El tema del versículo es la sangre de Cristo, entonces obviamente el versículo habla del papel humano y mediador de Cristo. ¿Cómo hizo Cristo Su gran sacrificio? Lo hizo a través de Su naturaleza divina—el Espíritu eterno—que es ningún otro que el Padre. Jesús oró al Padre en Getsemaní y recibió fuerza de El para aguantar la crucifixión. Este versículo enseña simplemente que Cristo era capaz de ofrecer Su cuerpo humano a Dios con la ayuda del Espíritu de Dios.

De igual manera, I Pedro 3:18 dice que Cristo fue muerto en la carne pero vivificado (hecho vivo) por el Espíritu de modo que El podría llevarnos a Dios. Sabemos que Jesús se resucitó a Sí mismo de los muertos por Su propio Espíritu divino (Juan 2:19-21; Romanos 8:9-11). En otras citas, la Biblia dice que Dios le resucitó a Jesús de los muertos (Hechos 2:32). Entonces, vemos que el hombre Cristo fue levantado de los muertos por el Espíritu de Dios—la naturaleza divina de Cristo—para reconciliar a la humanidad con Dios.

I Pedro 1:2 menciona la precognición de Dios Padre, la santificación del Espíritu, y la sangre de Jesús. Este versículo simplemente describe los diversos aspectos de Dios en lo referente a nuestra salvación. Primeramente, la precognición es parte de la omnisciencia de Dios, y El la tenía antes de la Encarnación y antes del derramamiento del Espíritu en nuestro día. Entonces, es natural que nosotros la asociemos con el papel de Dios como Padre. En segundo lugar, Dios no tiene sangre excepto a través del hombre Jesús, entonces es más natural decir la sangre de Jesús en lugar de decir la sangre de Dios o la sangre del Espíritu. Finalmente, nosotros somos santificados, o puestos aparte del pecado, por el poder de la presencia de Dios que mora en nosotros, entonces Pedro naturalmente habló de la santificación del Espíritu. Como en II Corintios 13:14, la Biblia utiliza la manera más lógica para describir estos atributos u obras de Dios, es decir por asociarlos con los papeles, los nombres, o los títulos que Dios tiene.

Judas 20-21 es otro pasaje de Escritura como esto. Habla de orar en el Espíritu Santo, el amor de Dios, y la misericordia de Jesús. Tal como antes, podemos entender fácilmente esto como algo que denota diversas funciones de Dios si usamos los papeles que se asocian lo más cerca posible a ésas funciones.

Apocalipsis 1:4-5 dice, en parte, "Gracia y paz a vosotros, del que es, y que era, y que ha de venir; y de los siete espíritus que están delante su trono; y de Jesucristo." Según el versículo 8, Jesús es el "que es, y que era, y que ha de venir." El es el que está en el trono (Apocalipsis 4:2, 8). Los siete espíritus pertenecen a Jesús (Apocalipsis 3:1; 5:6). Este pasaje, por lo tanto, simplemente nos da varias maneras de mirar al único Dios, que es Jesucristo. La razón porque el versículo 5 menciona a Jesucristo además de la descripción precedente de Dios es para enfatizar Su humanidad, porque ese versículo llama a Jesús el primogénito de los muertos.

Si alguien está determinado a hacer que este pasaje signifique a tres personas, basado en el versículo 4, ¿qué lo prevendría dividir al Espíritu entre siete personas?

En resumen, varios versículos de Escritura utilizan tres títulos o nombres de Dios. En cada caso, la Biblia utiliza una manera muy natural y fácilmente comprensible para describir una pluralidad de papeles, atributos, o funciones de Dios. En muchos casos, estos versículos realmente proporcionan evidencia adicional de que hay un solo Dios sin distinción de personas.

La Plenitud De Dios

En este libro hemos enfatizado a Colosenses 2:9 varias veces porque enseña que toda la plenitud de la Deidad mora corporalmente en Jesucristo. Entendemos que esto significa que todo Dios—Sus atributos, Su poder, y Su carácter—están en Jesús. Padre, Hijo, Espíritu Santo, Jehová, Palabra, etcétera están todo en Jesús. Algunos trinitarios tratan de contradecir esta interpretación refiriéndose a Efesios 3:19, que nos dice que nosotros como cristianos podemos ser llenos de toda la plenitud de Dios. Por lo tanto, dicen, Colosenses 2:9 no indica la deidad completa de Jesús no más que Efesios 3:19 indica la deidad completa de los cristianos. Contestaremos este argumento por medio de un análisis de estos dos versículos de Escritura uno por uno.

Colosenses 2:9 se refiere a la plenitud de la deidad en una manera en que Efesios 3:19 no lo hace. Inmediatamente después de declarar que toda la plenitud de la Deidad mora corporalmente en Jesús, la Biblia agrega, "y vosotros estáis completos en él, que es la cabeza de todo principado y potestad." (Colosenses 2:10). En otras palabras, todo lo que necesitamos está en Jesús, y Jesús es omnipotente. Estas declaraciones se basan en el versículo 9, y por lo tanto el versículo 9 tiene que significar que todo Dios está en Jesús.

De hecho, ésta es la única conclusión lógica basada

en el tema del libro hasta ese punto. Los capítulos 1 y 2 presentan las siguientes declaraciones acerca de Jesús:

La Deidad Plena De Jesús Presentada En Colosenses

Versículo	Descripción de Jesús
1. 1:15	El es la imagen del Dios invisible
2. 1:16	El es el creador de todas las cosas
3. 1:17	El es antes de todas las cosas (eternas)
4. 1:17	en El todas las cosas subsisten
5. 1:18	El es la cabeza de la iglesia
6. 1:18	El es preeminente en todas las cosas
7. 1:19	toda la plenitud de Deidad habita en El
8. 1:20	El ha reconciliado todas las cosas a Dios
9. 2:3	El tiene todos los tesoros de la sabiduría y del conocimiento (omnisciencia)
10. 2:5	debemos tener nuestra fe en El
11. 2:6	debemos andar en El
12. 2:7	debemos ser arraigados y sobreedificados en El
13. 2:9	toda la plenitud de la Deidad mora corporalmente en El
14. 2:10	estamos completos en El
15. 2:10	El es la cabeza de todo principado y potestad (omnipotencia)

Debemos observar que en Colosenses 2:2, el tema es "el misterio de Dios el Padre, y de Cristo," o como el *NIV* lo pone, "el misterio de Dios, a saber, Cristo." El versículo 9 es simplemente una elaboración o explicación adicional de este misterio. El misterio de Dios (Cristo) es que mora toda la plenitud de la deidad en Cristo. Así entonces, vemos del contexto que Colosenses 2:9 es una explicación de la deidad completa de Cristo.

La palabra del griego para Deidad en Colosenses 2:9 es *Theotes*, que significa la Deidad. La palabra *corporalmente* nos recuerda de la palabra *encarnación*, que significa personificación de un espíritu en forma terrenal. Juntando esto, Colosenses 2:9 nos dice que Jesús es la encarnación de la plenitud de la Deidad—El es la manifestación corporal de todo lo que Dios es. *La Biblia Amplificada* traduce Colosenses 2:9 como, "Porque en El la plenitud entera de la Deidad sigue morando en forma corporal—dando una expresión completa de la naturaleza divina." Traduce Colosenses 1:19 así: "Porque le ha agradado [al Padre] que toda la plenitud divina—la suma total de la perfección divina, los poderes divinos y los atributos divinos—deben habitar en El permanentemente." El *NIV* traduce Colosenses 2:9 así: "Porque en Cristo toda la plenitud de la Deidad habita en forma corporal." Traduce Colosenses 1:19 así: "Porque le agradó a Dios que toda su plenitud habitara en él."

Volviendo a otras traducciones de Colosenses 2:9, el *Nuevo Testamento del Vigésimo Siglo* dice, "Porque en Cristo la Deidad en toda su plenitud habita encarnada"; *El Nuevo Testamento en Inglés Moderno* (J. B. Phillips) dice, "Más es en él que Dios da una plena y completa expresión de sí mismo (dentro de límites físicos que él fija a sí mismo en Cristo)"; y *Letras Vivas: Las Epístolas Parafraseadas* (Kenneth Taylor) dice, "Porque en Cristo existe todo Dios en un cuerpo humano."

Entonces está claro, que Colosenses 1:19 y 2:9 describen la deidad completa de Jesucristo. No podríamos aplicar las declaraciones en Colosenses 1 y 2 a nosotros mismos y tener la razón. No somos la encarnación de la plenitud de Dios. Ni somos omniscientes, omnipotentes, etcétera. No importa lo que significa Efesios 3:19, no puede significar la misma cosa que Colosenses 1:19 y 2:9.

¿Qué significa Efesios 3:19, entonces, cuando dice "para que seáis llenos de toda la plenitud de Dios"? Cuando miramos al contexto, vemos el énfasis en el pasaje: Los cristianos pueden tener la plenitud de Dios en ellos porque tienen a Cristo. Puesto que Cristo es la plenitud de Dios, cuando tenemos a Cristo en nosotros tenemos la plenitud de Dios en nosotros. El versículo 17 dice que Cristo mora en nuestros corazones, y el versículo 19 nos dice que podemos tener la plenitud de Dios al tener a Cristo. Lejos de destruir la deidad absoluta de Cristo, Efesios 3:19 establece de nuevo que todo Dios está en Cristo. Colosenses 2:10 apoya esta interpretación del pasaje en Efesios, diciendo, "y vosotros estáis completos en él [Cristo]." El *NIV* lo hace aun más claro: "Y a ustedes se les ha dado la plenitud en Cristo." Semejantemente, *TAB* dice, "Y ustedes están en él, hechos completos y han venido a la plenitud de vida—en Cristo ustedes están también llenos de la Deidad."

Esto puede dar lugar a otra pregunta; a saber, ¿en qué manera difiere un cristiano del hombre Cristo sí ambos tienen la plenitud de la deidad residente en ellos? La respuesta es que Jesucristo es Dios revelado en carne. El tenía Su naturaleza divina porque fue concebido por el Espíritu de Dios. Su naturaleza humana tiene la naturaleza divina morando en ella, pero Su naturaleza divina es Dios. Por lo tanto, nada jamás puede separar a Jesús de Su deidad. Nosotros podemos vivir sin el Espíritu de Dios en nosotros y el Espíritu puede salir de nosotros, pero no puede ser así con el hombre Jesús. Cristo tiene todos los atributos y el carácter de Dios como Su misma naturaleza, mientras que nosotros los tenemos solamente por medio de la vida de Cristo en nosotros. La naturaleza de Dios no es nuestra. Podemos dejarla que brille a través de nosotros y que nos controle (por andar en el Espíritu), pero podemos también apagarla y dejar que nuestras propias naturalezas humanas la dominen (por andar en la carne). Jesucristo tiene toda la plenitud de la Deidad corporalmente porque El es Dios mismo encarnado. Podemos tener la plenitud de Dios en nuestras vidas solamente mientras dejamos que Jesucristo viva en nosotros.

Hay un aspecto más que debemos tratar referente a Colosenses 2:9. Algunos precisan que el propósito de Pablo en escribir esto no era de oponerse al trinitarismo, sino al gnosticismo. Por supuesto, Pablo no dirige su discusión directamente al trinitarismo, ¡porque que no había emergido la doctrina todavía! Sin duda Pablo estaba oponiéndose a la creencia gnóstica de que Cristo era una emanación inferior del Dios supremo. Siempre existe el hecho, sin embargo, que el lenguaje de Pablo, que fue inspirado por el Espíritu Santo, excluye el trinitarismo. Colosenses es una clara afirmación de la creencia en la Unicidad de Dios. No importa cuáles fueran las creencias falsas que Pablo estaba oponiéndo; su doctrina positiva dura todavía. La doctrina de la Unicidad que él enseñaba dura ciertamente en contra del gnosticismo, pero ella también dura en contra del trinitarismo y cualquier otra creencia que niegue que toda la Deidad habita en Jesucristo.

Filipenses 2:6-8

Este pasaje describe a Jesucristo así: "El cual, siendo en forma de Dios, no estimó el ser igual a Dios como cosa a que aferrarse, sino que se despojó a sí mismo, tomando forma de siervo, hecho semejante a los hombres; y estando en la condición de hombre, se humilló a sí mismo, haciéndose obediente hasta la muerte, y muerte de cruz." El *NIV* dice, "Quien, siendo Dios en su misma naturaleza, no consideró la igualdad con Dios como algo para ser agarrado, sino hizo nada de sí mismo, tomando la misma naturaleza de un siervo, siendo hecho en la semejanza humana. Y siendo hallado en aspecto como un hombre él se humilló y llegó a ser obediente a la muerte— ¡aun la muerte en una cruz!"

Aparentemente, este versículo de Escritura está

diciendo que Jesús tenía la naturaleza de Dios, que El era Dios mismo. Dios no tiene igual (Isaías 40:25; 46:5, 9). La única manera en que Jesús puede ser igual a Dios es que El sea Dios. Entonces, El era igual a (lo mismo que) Dios en el sentido de que El era Dios. Sin embargo, El no consideraba la prerrogativa suya como Dios como algo de ser guardado o retenido a todo costo, sino que estaba dispuesto a poner éstos a un lado y a asumir la naturaleza humana para que pudiera salvar a la humanidad perdida. Voluntariamente El se hizo obediente a la muerte en una cruz.

Los trinitarios piensan que este versículo de Escritura describe a dos personas en la Deidad—Dios Padre y Dios Hijo. En su opinión, el Hijo tenía la misma naturaleza que el Padre pero no era el Padre. Ellos afirman que el Hijo divino se encarnó, no el Padre. Muchos trinitarios aun mantienen que en la encarnación este Hijo divino se sometió o se vació a Sí mismo de muchos de sus atributos como Dios, incluyendo la omnipresencia. Así entonces, ellos hablan del *kenosis* o el vaciarse de Cristo, de la palabra *kenoo* en el griego en la primera parte del versículo 7. Aunque esta palabra sí incluye en su significado el concepto "vaciarse," la mayoría de las versiones no escogen usar esta definición. Aquí hay tres definiciones del *kenoo* en Filipenses 2:7: "se hizo a sí mismo de ninguna reputación" (*KJV*), "se hizo nada" (*NIV*), y "se despojó [de todos sus privilegios y dignidad legítima]" (*TAB*).

Desde el punto de vista de la Unicidad, Jesús no es Dios Hijo, sino que El es todo Dios, incluyendo el Padre y el Hijo. Entonces, en Su divinidad, El es verdaderamente igual a, o idéntico a Dios. La palabra "*igual*" aquí significa que la naturaleza divina de Jesús era la misma naturaleza de Dios Padre. Jesús no se despojó de los atributos de la Deidad, pero en cambio se despojó a Sí mismo de su dignidad y de Sus prerrogativas legítimas como Dios mientras que El moraba entre los hombres como un ser humano. El Espíritu de Jesús, que es Dios mismo, nunca perdió nada de Su omnisciencia, de Su omnipresencia, ni de Su omnipotencia.

Este versículo se refiere solamente a las limitaciones que Jesús se impuso a Sí mismo en relación a Su vida como un ser humano. Como las tres traducciones citadas arriba indican, el *kenosis* de Cristo consistía de una entrega voluntaria de gloria y de dignidad, en lugar de una entrega de Su naturaleza como Dios. Como hombre, Cristo no recibió la honra que se le debía a El como Dios. En vez de actuar en Su papel legítimo como Rey de la humanidad, Se hizo un siervo que ministraba a la humanidad. Como hombre, El se sometió a la muerte en la cruz. No murió como Dios sino como un hombre. Entonces, este versículo expresa un pensamiento muy hermoso: aunque Jesús era Dios, El no insistía en la retención de todos sus derechos como Dios. Al contrario, se despojó voluntariamente de Su derecho a la gloria y a la honra en la tierra al tomar para Sí mismo la naturaleza de un hombre y al morir. El hizo todo esto de modo que El pudiera proporcionar la salvación para nosotros.

Como resultado de la humillación de Cristo, Dios (el Espíritu de Jesús) le ha exaltado altamente a Jesucristo (Dios manifestado en carne). Jesús tiene un nombre que es sobre todo nombre—un nombre que representa todo lo que es Dios. El Espíritu de Dios dio este nombre al Cristo (Mesías), porque Cristo era Dios manifestado en carne. También, Jesucristo tiene el dominio sobre todas las cosas en el cielo, en la tierra, y debajo de la tierra. Cada lengua confesará que Jesucristo es Señor, así entonces dando la gloria a Dios Padre puesto que el Padre está en Cristo. Filipenses 2:9-11 describe todo esto: "Por lo cual Dios también le exaltó hasta lo sumo, y le dio un nombre que es sobre todo nombre, para que en el nombre de Jesús se doble toda rodilla de los que están en los cielos, y en la tierra, y debajo de la tierra; y toda lengua confiese que Jesucristo es el Señor, para gloria de Dios Padre."

Muchos, y quizás la mayoría, de los eruditos trinitarios realmente ven al *kenosis* de Cristo de una manera consistente con la Unicidad. Por ejemplo, un erudito prominente dice que Cristo "no se vació realmente" a Sí mismo de los atributos de la Deidad, porque éso significaría una abdicación de la Deidad, así haciendo de Jesús un semidiós.[3] En cambio, él explica el pasaje como sigue: Jesús no renunció Su divinidad sino solamente renunció Su existencia en la forma de Dios. El no desechó Sus atributos divinos pero los ocultó en la debilidad de la carne humana. Estaban siempre disponibles, pero El escogió no utilizarlos o los utilizaba en una nueva manera. El se impuso limitaciones a Sí mismo. Su gloria celestial y Su majestad ya no eran inmediatamente evidentes. En breve, El ocultó Su divinidad en la humanidad, pero Su deidad era siempre evidente a los ojos de fé.[4]

Colosenses 1:15-17

Hemos explicado este versículo en el Capítulo V, lo cual incluye una discusión de la preexistencia de Jesús, Su papel como Creador, y Su título como el primogénito de los muertos.

Hebreos 1

Hemos hablado de muchas partes de este pasaje en el Capítulo V, particularmente los versículos 2-3, 6, y 8-10.

I Juan 5:7

El Capítulo VI explica este versículo.

Apocalipsis 1:1

"La revelación de Jesucristo, que Dios le dio." Aquí hallamos una distinción entre el Espíritu eterno de Dios y el hombre Cristo. Solamente el Espíritu podía dar la revelación de los acontecimientos del tiempo del fin. La humanidad de Cristo no podía saber aquellas cosas (Marcos 13:32), entonces Jesucristo las sabía solamente por medio del Espíritu. Además, la deidad de Cristo no era un producto de Su humanidad, sino de la unión divina—la humanidad era un producto de la deidad. El libro de Apocalipsis revela no solamente las cosas del porvenir, sino también revela la deidad de Jesucristo, y el conocimiento de ambos debe venir del Espíritu de Dios. Pronto aprendemos que el Apocalipsis revela a Jesús como Dios, porque en el capítulo I Juan vio una visión de Jesús en todo el poder y la gloria de Dios.

Los Siete Espíritus De Dios

Esta frase aparece en Apocalipsis 1:4, 3:1, y 5:6. ¿Describe a siete personas en la Deidad? No, pero si algunos aplicarían la misma lógica a esta frase que ellos usan con otras frases in las Escrituras, entonces ellos tendrían a siete personas del Espíritu. La Biblia nos deja saber, sin embargo, que hay solamente un Espíritu (I Corintios 12:13; Efesios 4:4).

¿Por qué, entonces, habla Apocalipsis de siete Espíritus? Debemos recordar que Apocalipsis es un libro lleno de simbolismo. Además, siete es un número muy simbólico en la Biblia, y representa con frecuencia la perfección, el cumplimiento, o la plenitud. Por ejemplo, Dios descansó de la creación en el séptimo día (Génesis 2:2), el Día de Descanso del Antiguo Testamento era en el séptimo día (Exodo 20:10), el candelero en el Tabernáculo tenía siete lámparas (Exodo 25:37), Noé llevó a siete pares de animales limpios adentro del arca (Génesis 7:2), Jesús les dijo a sus discípulos que deberían perdonar a un hermano siete veces al día (Lucas 17:4), y el libro de Apocalipsis contiene letras a siete iglesias (Apocalipsis 1:11). Entonces, los siete Espíritus de Dios simplemente indican la plenitud o la perfección del Espíritu de Dios. Es una manera de enfatizar la totalidad del Espíritu de Dios. La frase puede también referirse a los siete aspectos del Espíritu registrado en Isaías 11:2, especialmente puesto que Isaías y Apocalipsis describen a los siete Espíritus como perteneciendo a Jesús.

Esto levanta otro punto: la Biblia no identifica a los siete Espíritus como a siete personas distintas ni como a una persona distinta. En cambio, Juan nos dijo claramente que los siete Espíritus pertenecen a Cristo Jesús (Apocalipsis 3-1; 5:6). Más adelante en el libro él describió al Espíritu en términos singulares (Apocalipsis 22:17). Entonces, los siete Espíritus representan simbólicamente la plenitud y el poder del único Espíritu Santo, quien es nadie más que el Espíritu de Jesús.

El Cordero En Apocalipsis 5

Apocalipsis 5:1 describe a Uno en el trono en el cielo con un libro (rollo) en Su mano derecha. Entonces los versículos 6 y 7 representan un Cordero que viene y toma el libro de la mano derecha del que está sentado en el trono. ¿Significa esto que hay dos personas de Dios? No. De nuevo, debemos recordar que el libro de Apocalipsis es altamente simbólico. De hecho, sabemos que el mencionado pasaje es simbólico. Primeramente, Juan no vio al Espíritu invisible de Dios, porque Juan mismo dijo que ningún hombre había visto a Dios (Juan 1:18, I Juan 4:12). De hecho, ningún hombre puede ver a Dios (I Timoteo 6:16). Apocalipsis 5:5 dice que un "León" abriría el libro, pero en cambio en el versículo 6 Juan vio a un "Cordero." El versículo 6 dice que el Cordero había sido muerto pero con todo se movió. Tenía siete ojos, lo que simboliza los siete Espíritus o el Espíritu de siete manifestaciones de Dios (versículo 6) y la omnisciencia de Dios (Proverbios 15:3). El Cordero tenía siete cuernos, que significan la plenitud del poder de Dios o la omnipotencia de Dios, porque los cuernos en la Biblia simbolizan generalmente el poder. (Véase Zacarías 1:18-19; Apocalipsis 17:12-17.) Toda la descripción de esta escena demuestra la naturaleza simbólica del pasaje. Para poder comprenderlo tenemos que aprender quién es el que está en el trono y quién es el Cordero.

Apocalipsis 4:2 y 8 describen al que está en el trono como "el Señor Dios Todopoderoso, el que era, el que es, y el que ha de venir." Sin embargo, en Apocalipsis 1:8 Jesús se describe a Sí mismo como "el Señor, el que es, y que era, y que ha de venir, el Todopoderoso." (Véase 1:11-18 y 22:12-16 para unas pruebas adicionales de que Jesús es el que está hablando en 1:8.) También el que está en el trono es el Juez (Apocalipsis 20:11-12), y nosotros sabemos que Jesús será el Juez de todos (Juan 5:22, 27; Romanos 2:16; 14:10-11). Por lo tanto, podemos concluir que el que está en el trono es Jesús en todo Su poder y deidad.

El Cordero es el Hijo de Dios—Cristo Jesús en Su humanidad, particularmente en Su papel sacrificatorio. El Nuevo Testamento identifica a Jesús como el Cordero que ofreció Su sangre para nuestros pecados (Juan 1:36; I Pedro 1:19). Por eso Apocalipsis 5:6 describe al Cordero como muerto. Dios no podría morir y no murió; solamente la humanidad de Jesús murió. Entonces el Cordero representa a Jesús solamente en Su humanidad como el sacrificio para el pecado. El resto del capítulo 5 también prueba esto al describir al Cordero como nuestro Redentor.

Que este Cordero no es simplemente un ser humano ordinario es evidente puesto que El tiene la plenitud del Espíritu de Dios, incluyendo la omnisciencia y la omnipresencia (versículo 6). El tiene otros papeles como el León de la tribu de Judá y como la Raíz de David (versículo 5). El León denota el papel real de Cristo y Su geneología del Rey David. Jesús era de la tribu de Judá (Mateo 1:1-3; Lucas 3:33), lo cual era la tribu real a partir de la época de David. El león es el símbolo de Judá como gobernador (Génesis 49:9-10). La raíz de David se refiere al papel de Cristo como la fuente de David (Creador) y el Dios de David.

Otro hecho apoya nuestro punto que el Cordero representa a Jesús en Su humanidad más bien que como a una segunda persona en la Deidad. La razón que el Cordero aparece es para abrir el libro sostenido por Dios. Muchos piensan que este libro es el título de propiedad de la redención. Otros lo ven como simbólico de los misterios y de los planes de Dios. De cualquier modo, se requirió un ser humano para abrirlo, porque Dios no nos redimió ni se reveló a Sí mismo a nosotros en Su papel como el Dios transcendente. El utilizó Su manifestación en carne humana como el medio tanto para revelarse a Sí mismo a nosotros como para ser nuestro redentor. (Véase Levítico 25:25, 47-49.) El Cordero representa la humanidad de Cristo.

Muchos eruditos trinitarios prominentes convienen que Apocalipsis 5 es simbólico y no describe a Dios Padre en el trono y a Dios Hijo parado al lado del trono. *El Comentario Del Púlpito* identifica al que está en el trono como el Dios Trino,[5] y al Cordero como Cristo en Su capacidad humana. Dice, "el Hijo en Su capacidad humana, así indicado por Su forma sacrificatoria del

Cordero, puede tomar y revelar los misterios de la Deidad eterna en la cual El, como Dios, tiene parte."[6] Así, aun en los ojos de los eruditos trinitarios, ésta escena no es una indicación de una trinidad en la Deidad.

Podemos concluir que la visión en Apocalipsis 5 representa simbólicamente las dos naturalezas y los dos papeles de Cristo Jesús. Como Padre, Juez, Creador, y Rey, El se sienta sobre el trono; porque en Su deidad El es el Señor Dios Todopoderoso. Como el Hijo, El aparece como un Cordero muerto; porque en Su humanidad El es el sacrificio matado para nuestros pecados. Juan no vio al Espíritu invisible de Dios, pero él sí vio una visión que retrataba simbólicamente a Jesús en el trono en Su papel como Dios y como un Cordero en Su papel como el Hijo de Dios sacrificado para el pecado.

Si una persona insiste que es literal este pasaje que es tan demostrablemente simbólico, entonces tendría que concluir que Juan siempre no vio a dos personas de Dios, sino al contrario vio a un Dios en el trono y a un Cordero verdadero cerca del trono. Esto no es lógico, pero revela que son vanas las tentativas de los trinitarios de hacer del pasaje un texto de la prueba para una trinidad.

Otros versículos en Apocalipsis dicen claramente que que ese Cordero no es una persona distinta a Dios. En particular, Apocalipsis 22:1 y 3 dicen "del trono de Dios y del Cordero," refiriendose al único trono de 4:2 y 5:1. Después de mencionar "Dios y el Cordero," Apocalipsis 22:3 habla de "sus siervos," y el versículo 4 se refiere a "Su rostro" y a "Su nombre." El Cordero y la gloria de Dios alumbran la Nueva Jerusalén (Apocalipsis 21:23), sin embargo el Señor Dios es la luz (Apocalipsis 22:5). Entonces, "Dios y el Cordero" es un solo ser. La frase se refiere a Cristo Jesús y señala Su naturaleza dual.

Concluimos que Apocalipsis 5, que es simbólico en su naturaleza, revela la Unicidad de Dios. Describe uno en el trono, pero también describe a un león, a una raíz, y a un cordero. ¿Revela esta descripción a cuatro en la Deidad? Ciertamente no. En cambio, hay solamente Uno en el trono. El león, la raíz, y el cordero todos representan en forma simbólica las características y las cualidades del que es digno de abrir los sellos del libro. El león nos dice que El es el Rey de la tribu de Judá. La raíz nos dice que El es el Creador. El cordero nos dice que El es Dios encarnado y nuestro sacrificio. Solamente en este último papel puede El ser nuestro redentor y puede abrir el libro. Entonces, Apocalipsis 5 enseña que hay un solo Dios y que este único Dios vino en carne como el Cordero (el Hijo) para revelarse al hombre y para redimir al hombre del pecado.

¿Por Qué Permitió Dios El Uso De Los Versiculos "Confusos" En Las Escrituras?

Mucha gente hace la pregunta, "Si la doctrina de la Unicidad es correcta, ¿por qué permitió Dios el uso de algunos versículos que aparentemente confunden el tema?" Por ejemplo, si Dios quiso que nosotros bautizaramos en el nombre de Jesús, ¿por qué permitió que se escribiría Mateo 28:19 tal como está escrito? Aunque podemos entender este versículo para significar que debemos bautizar en el nombre de Jesucristo, ¿no es este versículo el origen de una confusión innecesaria?

Nuestra respuesta se da en dos partes. Primeramente, estos versículos de Escritura no son confusos cuando se leen en su contexto original. Dios no puede ser responsable de los errores de los hombres. El versículo tal como fue registrado por Mateo era perfectamente comprensible en la era apostólica, y Dios no tiene la culpa de que las doctrinas hechas por los hombres han pervertido el significado de las Escrituras fuera del contexto.

En segundo lugar, a veces Dios tiene un propósito en presentar la verdad en una manera parcialmente oscura. En Mateo 13:10, los discípulos preguntaron a Jesús por qué hablaba a la gente en parábolas. El explicó que los misterios del reino del cielo no fueron dados a la gente (versículo 11). ¿Por qué? "porque que viendo no ven, y oyendo no oyen, ni entienden. Porque el corazón de este pueblo se ha engrosado, Y con los oídos oyen pesadamente, Y han cerrado sus ojos; Para que no vean con los ojos, Y oigan con los oídos, Y con el corazón entiendan, Y se conviertan, Y yo los sane" (Mateo 13:13-15). En otras palabras, la gente realmente no deseaba oír, ni ver, ni comprender más acerca de Dios. Si El les hubiera hablado claramente, quizás podrían haber comprendido a pesar de su carencia de un deseo espiritual. Por lo tanto, Jesús habló en parábolas para que solamente los que tuvieren un hambre verdadero y una sed de justicia serían llenos (Mateo 5:6), y que solamente los buscadores sinceros y diligentes encontrarían la verdad (Hebreos 11:6). Después de dar esta respuesta, Jesús procedió a explicar a los discípulos una parábola que El apenas había dado a la multitud.

¿Podría ser que Dios permite que algunos versículos de Escritura sean un tropezadero a los que están contentos con las tradiciones de los hombres y a los que no buscan la verdad sincera y seriamente, y de todo corazón? ¿Podría ser que estos mismos versículos se convierten en grandes revelaciones a los que buscan sinceramente el pensamiento del Espíritu? Si es así, esto pone una responsabilidad pesada en los que fueron criados conociendo la verdad. Si ellos no tienen un hambre y un amor para la verdad igual a lo que Dios requiere de otros, ellos mismos eventualmente caerán de la verdad (II Tesalonicenses 2:10-12). Quizás esto explica por qué muchos en el cristianismo nunca aprenden la verdad, porque algunos la han perdido, y porque algunos que tienen por lo menos una parte de la verdad pierden lo que tienen.

Conclusión

Habiendo examinado la Biblia entera en los tres capítulos anteriores de este libro, concluimos que en ninguna parte de la Biblia se enseña una distinción de personas en la Deidad. Además, no hallamos ni la palabra *trinidad* ni la doctrina de la trinidad en ninguna parte de la Biblia. De hecho, la única vez que hallamos el número tres relacionado explícitamente a Dios es en el versículo dudoso de Escritura, I Juan 5:7. Incluso así pues, ese versículo describe las manifestaciones de Dios en los cielos y concluye que "estos tres son uno."

El Nuevo Testamento enseña la naturaleza dual de Jesucristo, y ésta es la clave para comprender la Deidad. Una vez que consigamos la revelación de quién realmente es Jesús—es decir, el Dios del Antiguo Testamento vestido en carne—todas las Escrituras caen en su lugar.

Es interesante observar dos cosas acerca de los versículos de Escritura usados por los trinitarios para enseñar una pluralidad de personas en la Deidad. Primeramente, muchos de estos versículos son en realidad textos fuertes que prueban la Unicidad. Algunos ejemplos son Mateo 28:18-19, Juan 1:1-14, 14:16-18, I Juan 2:33, y 5:7. En segundo lugar, muchos de estos versículos, si son interpretados desde un punto de vista trinitario, eventualmente conducen a una doctrina que no es trinitaria, tal como el arianismo, el binitarismo, o el triteísmo. Por ejemplo, muchos utilizan las oraciones de Cristo para probar que el Padre es una persona distinta al Hijo. Si esto significa que el Hijo oró en Su papel como Dios (una persona en la Deidad), conduce a la creencia de la subordinación o de la inferioridad de "Dios Hijo" a Dios Padre.

Esta interpretación derrota la doctrina trinitaria que dice que el Hijo es coigual con el Padre, y conduce a una forma de arianismo. Por otra parte, si el Hijo oró en Su papel como hombre, entonces esta explicación apoya la creencia de la Unicidad y no avanza el trinitarismo. Este mismo argumento demuele los argumentos trinitarios que se apoyan en los versículos de Escritura que dicen que el Padre es mayor que el Hijo, que el Hijo no tiene todo poder, y que el Hijo no tiene toda ciencia.

Asimismo, los argumentos trinitarios de que las conversaciones registradas, las comunicaciones de amor, y la comunicación de la ciencia indican que hay personas distintas en la Deidad conducirán a doctrinas erróneas. Sus argumentos establecerían la existencia de tres distintas inteligencias, voluntades, y personalidades. Ellos caen en el error del triteísmo (creencia en tres dioses)—algo en qué los trinitarios profesan que no creen. De igual modo, si contienden que Esteban vio a dos cuerpos literales de Dios en el cielo, no pueden evitar el concepto de una pluralidad de dioses.

Puesto que la mayoría de los textos trinitarios de prueba hablan de dos, no tres, parece que su interpretación establecería al binitarismo (creencia en dos personas solamente) o por lo menos una subordinación del Espíritu Santo al Padre y al Hijo. Sin embargo, cualquiera de estas doctrinas contradice el trinitarismo ortodoxo.

En resumen, la mayoría de los supuestos textos trinitarios de prueba deben ser explicadas de una manera consistente con la doctrina de la Unicidad o si no estos textos conducirán a doctrinas que los trinitarios mismos no creen. Por otra parte, el punto de vista de la Unicidad claramente explica y armoniza todo el conjunto de Escritura. Es consistente con el monoteísmo estricto del Antiguo Testamento y preserva la creencia cristiana en el

Hijo de Dios quien murió por nuestra redención y la doctrina del Espíritu Santo que actualiza la salvación en nuestras vidas.

NOTAS

CAPITULO IX

[1]Bernard Ramm, *Protestant Biblical Interpretation*, 3ra ed. (Grand Rapids: Baker, 1965), p. 150.

[2]Para la verificación del griego en estos pasajes, véase Alfred Marshall, *The Interlinear Greek-English New Testament* (Grand Rapids: Zondervan, 1958). Para una discusión detallada por un erudito griego en el uso de *kai*, véase Roberto Brent Graves, *The God of Two Testaments* (n.p., 1977).

[3]Donald Bloesch, *Essentials of Evangelical Theology* (San Francisco: Harper Y Row, 1978), I, 139.

[4]*Ibid*, p. 138.

[5]H.D.M. Spence y José Exell, eds., *The Pulpit Commentary* (rpt. Grand Rapids: Eerdmans, 1977), XXII (Apocalipsis), 162.

[6]*Ibid*, XXII (Apocalipsis), 165.

10

CREYENTES DE LA UNICIDAD EN LA HISTORIA DE LA IGLESIA

Tal como hemos visto en los capítulos anteriores, la Biblia enseña consistemente la Unicidad de Dios. Sin embargo, el mundo religioso de hoy quisiera que creyéramos que a través de la historia la iglesia cristiana ha aceptado la doctrina de la trinidad. ¿Es esto realmente la verdad? ¿Eran trinitarios los líderes de la iglesia en la época después del tiempo de los apóstoles? ¿Había algunos creyentes de la Unicidad en la historia de la iglesia?

De nuestra investigación acerca de este tema, hemos llegado a tres conclusiones que vamos a considerar en este capítulo. (1) De acuerdo a lo que sabemos los líderes cristianos primitivos en los días inmediatamente después de la época apostólica eran de la Unicidad. Es cierto que no enseñaban la doctrina de la trinidad como se desarrolló más tarde y como existe hoy. (2) Aun después de la aparición de la doctrina trinitaria en la última parte del segundo siglo, la doctrina de la trinidad no reemplazó la Unicidad como la creencia dominante hasta alrededor de 300 A.D., y no llegó a ser establecida universalmente hasta fines del cuarto siglo. (3) Aun después de que el trinitarismo llegara a ser dominante, los creyentes de la Unicidad continuaban en existiencia a través de la historia de la iglesia.

La Epoca Después Del Tiempo De Los Apóstoles

Los historiadores de la iglesia convienen que la doctrina de la trinidad no existía como la conocemos hoy en la época inmediatamente después del tiempo de los apóstoles. (Véase el Capítulo XI.) Los líderes cristianos que seguían a los apóstoles no hacían ninguna referencia a la trinidad, sino al contrario, ellos afirmaban su creencia en el monoteísmo del Antiguo Testamento y aceptaban sin cuestionarla la deidad y la humanidad de Jesucristo.[1] Puesto que estos líderes enfatizaban las doctrinas asociadas con la Unicidad, puede ser presumido que la iglesia después del tiempo de los apóstoles aceptó la Unicidad de Dios.

Los líderes más prominentes del tiempo después de los apóstoles eran Hermas, Clemente de Roma, Policarpio, e Ignacio. Sus ministerios abarcaban el tiempo desde cerca de 90 a 140 D.C.

Ireneo, un prominente líder cristiano que murió alrededor de 200 D.C., tenía una teología intensamente Cristocéntrica y una creencia firme que Jesús era Dios manifestado en carne. El sostenía que el Verbo que se encarnó en Jesucristo era la mente de Dios, y era el Padre mismo.[2]

Algunos eruditos clasifican a Ireneo como un creyente en la "trinidad económica." Esta idea sostiene que no hay trinidad eterna sino solamente una trinidad temporal. Es muy probable, por lo tanto, que Ireneo creía en una trinidad de las actividades o de las funciones de Dios más bien que en una trinidad de personas, y entonces él era un creyente de la Unicidad. Ciertamente él no era un creyente en la doctrina de la trinidad que se desarrolló más tarde.

No encontramos ninguna referencia a la trinidad como tal en las escrituras que fueron escritas en los tiempos inmediatamente después de los apóstoles; se refieren solamente a un solo Dios y a Jesús como Dios. Referencias que posiblemente hacen referencia a la doctrina trinitaria emergente, sin embargo, aparecen en algunos escritos del segundo siglo, principalmente en algunas pocas referencias que parecen apuntar hacía una fórmula bautismal trinitaria.

Hay varias posibles explicaciones para éstas pocas aparentes referencias a un concepto trinitario en aquellos escritos. (1). Los lectores y los eruditos trinitarios pueden interpretar mal estos pasajes debido a sus propios prejuicios, tal como interpretaron mal otros pasajes de la Biblia como por ejemplo Mateo 28:19. (2) Hay una posibilidad fuerte que copistas trinitarios más tarde agregaron pasajes propios—una práctica muy común en la historia de la iglesia. Esto es probable debido a que las únicas copias existentes de esos escritos fueron escritas siglos después que las originales fueron escritas. Por ejemplo, un escrito primitivo llamado el *Didaché* dice que la comunión debe ser administrada solamente a los que son bautizados en el nombre del Señor, pero ese escrito también menciona bautismo en el nombre del Padre, del Hijo, y del Espíritu Santo.[3] Sin embargo, la copia más primitiva que existe del *Didaché* tiene la fecha 1056 D.C.[4] (3). Sin duda la doctrina falsa había comenzado ya a inundar la iglesia en algunos casos. De hecho, las doctrinas falsas existían en los días apostólicos (Apocalipsis 2-3), aun la doctrina falsa acerca de Cristo (II Juan

7; Judas 4). En balance, sin embargo, concluimos de la evidencia histórica que los líderes de la iglesia en la época inmediatamente después de los días de los doce apóstoles de Cristo eran creyentes de la Unicidad.

La Unicidad Era La Creencia Dominante En Los Siglos Dos Y Tres

Hemos indicado que la Unicidad era la única creencia significativa en los principios del segundo siglo con respecto a la Deidad. Aun cuando algunas formas del binitarismo y del trinitarismo comenzaron a desarrollarse ellas no ganaron el dominio hasta la última parte de tercer siglo. Durante este tiempo había muchos líderes y profesores de la Unicidad que se oponían a este cambio en la doctrina. (Para ver el apoyo de nuestra aserción que la Unicidad era la creencia predominante durante el período inmediatamente después de los apóstoles, véase el escrito de investigación "El Monarquianismo Modalista: La Unicidad En La Historia De La Iglesia Primitiva" al fin de este capítulo. Este papel describe a los profesores principales de la Unicidad y su doctrina en este período en la historia de la iglesia.)

Monarquianismo Modalista

El monarquianismo modalista es el término usado lo más frecuentemente por los historiadores de la iglesia para referirse a la doctrina de la Unicidad. *La Enciclopedia Britannica* la define como sigue:

"El monarquianismo modalista, concibiendo que moraba toda la plenitud de la Deidad en Cristo, desaprobaba la 'subordinación' de algunos escritores de la iglesia, y mantenía que los nom-

232

bres Padre é Hijo eran solamente designaciones diferentes del mismo tema, el único Dios, quién 'referente a las relaciones en las cuales El se había presentado previamente al mundo se llama el Padre, pero referente a Su aparencia en la humanidad se llama el Hijo.'"[5]

Los líderes modalistas más prominentes eran Noeto de Esmirna, Praxeas, y Sabelio. Noeto era el profesor de Praxeas en Asia Menor, Praxeas predicaba en Roma cerca del año 190, y Sabelio predicaba en Roma cerca del año 215.[6] Puesto que Sabelio era el modalista más prominente, los historiadores a menudo llaman la doctrina el Sabelianismo. Sabelio confiaba mucho en la Escritura, especialmente los pasajes como Exodo 20:3, Deuteronomio 6:4, Isaías 44:6, y Juan 10:38.[7] El dijo que Dios se reveló a Sí mismo como el Padre en la creación, el Hijo en la encarnación, y el Espíritu Santo en la regeneración y la santificación. Algunos interpretan que esto significa que él creía que estas tres manifestaciones eran terminantemente sucesivas en tiempo. Si es así, El no refleja las creencias del modalismo primitivo ni de la Unicidad moderna.

La Enciclopedia Britannica describe la creencia de Sabelio de esta manera: "su propósito central era al efecto de que el Padre, el Hijo y el Espíritu Santo son la misma persona, los tres nombres siendo unidos así a uno y el mismo ser. Lo que pesaba más con Sabelio era el interés monoteísta."[8]

Conseguimos mucha de nuestra información acerca de los modalistas de Tertuiliano (quien murió cerca del año 225), quien escribió un papel en contra de Praxeas. En ese papel él indicó que durante su ministerio "la mayoría de los creyentes" se adherían a la doctrina de la Unicidad.

"Los sencillos, de hecho (no los llamaré

imprudentes y no preparados), que constituyen siempre la mayoría de los creyentes, están alarmados con la dispensación (de los tres en uno), sobre la misma base en que su misma Regla de Fé les saca a ellos de la pluralidad de dioses del mundo al único Dios verdadero; no entendiendo que, aunque El es el único Dios verdadero, uno tiene que creer en El con su propia economía. Ellos consideran que el orden numérico y la distribución de la Trinidad son divisiones de la Unicidad."[9]

Los Creyentes De La Unicidad Desde el Cuarto Siglo Hasta el Presente

Además de aquellos que hemos descrito en el manuscrito de investigación presentado en este capítulo, hemos hallado la evidencia de muchos otros creyentes de la Unicidad a través de la historia de la iglesia. Creemos que los creyentes que hemos descubierto representan solamente a una pequeña parte de la totalidad. Algunos escritores hallan evidencia que la doctrina de la Unicidad existía entre los priscilianistas (c. 350—c. 700), eucitas (c. 350—c. 900), y bogómiles (c. 900—c. 1400).[10] Parece que la mayoría de los creyentes de la Unicidad no dejaron un registro escrito. Las obras escritas por otros fueron destruidas por sus opositores victoriosos. Muchos fueron perseguidos y martirizados, y sus obras fueron destruidas por el cristianismo oficial. No sabemos cuántos creyentes de la Unicidad y sus obras no fueron registrados en la historia, ni cuántos supuestos herejes eran realmente creyentes de la Unicidad. Lo que hallamos, sin embargo, revela que la creencia de la Unicidad sobrevivió a pesar de su oposición violenta.

En la Edad Mediana, el erudito y teólogo prominente Abelardo (1079—1142) fue acusado de haber enseñado la doctrina de Sabelio (la Unicidad).[11] Eventualmente sus enemigos le forzaron a retirarse de su profesión de maestro. Él buscó refugio en un monasterio en Cluny, Francia, y allí murió.

La reforma produjo a muchos que se oponían a la doctrina de la trinidad a favor de la creencia de la Unicidad. Un antitrinitario prominente a la hora de la Reforma era Miguel Serveto (1511–1553), un médico notable de España. El tenía solamente unos pocos seguidores, aunque algunos historiadores consideran que era una fuerza motivadora para el desarrollo del unitarismo. Sin embargo, él definitivamente no era unitario, porque reconocía a Jesús como Dios. La siguiente descripción de él indica claramente que era un verdadero creyente en la Unicidad: "La negación por Serveto de la tripersonalidad de la Deidad y de la eternalidad del Hijo, juntamente con su anabautismo, hace que su sistema sea repugnante a católicos y a protestantes igualmente, a pesar de su intenso conocimiento bíblico, su devoción apasionada a la persona de Cristo, y su esquema cristocéntrica del universo."[12]

Serveto escribió, "No hay ninguna otra persona de Dios sino Cristo . . . la Deidad entera del Padre está en él."[13] Serveto llegó al extremo de llamar la doctrina de la trinidad un monstruo de tres cabezas. El creía que conducía necesariamente al politeísmo y que era un engaño del diablo. También creía que Dios permitió que la iglesia viniera bajo el dominio del papado y así perdiera a Cristo. El no podía entender por qué los Protestantes saldrían del catolicismo pero todavía insistirían en la retención de la doctrina de la trinidad que había sido ideada por los hombres y era extrabíblica.

Serveto fue quemado en la estaca en 1553 a causa de su creencia en la Unicidad, con la aprobación de Juan Calvino (aunque Calvino hubiera preferido que fuera decapitado.)[14]

Emanuel Swedenborg (1688–1772) era un filósofo Sueco y un escritor religioso que expresaba una buena comprensión de la Unicidad de Dios. El enseñaba un número de otras doctrinas que son muy diferentes de las que creemos, pero tenía una revelación de quién realmente es Jesús. El utilizó el término *trinidad* pero dijo que significaba solamente "tres modos de manifestación" y no una trinidad de personas eternas. Utilizaba Colosenses 2:9 para probar que toda la "trinidad" estaba en Cristo Jesús, y hacía referencia a Isaías 9:6 y Juan 10:30 para probar que Jesús era el Padre. El negó que el Hijo era engendrado desde la eternidad, manteniendo la opinión de que el Hijo de Dios era la humanidad por medio de la cual Dios se envió a Sí mismo al mundo. El también creía que Jesús era Jehová Dios quien asumió la humanidad para salvar a la humanidad. Swedenborg escribió:

> "Quienquiera que no se acerca al Dios verdadero del cielo y de la tierra, no puede tener entrada en el cielo, porque el cielo es el cielo de ese único Dios, y ése Dios es Cristo Jesús, quién es Jehová el Señor, desde la eternidad el Creador, en tiempo el Redentor, y a la eternidad el Regenerador: de consecuencia, que es a la vez el Padre, el Hijo, y el Espíritu Santo y éste es el Evangelio que debe ser predicado."[15]

El vio a Dios (Jesús) como compuesto por Padre, Hijo, y Espíritu tal como el hombre se compone de alma, cuerpo, y espíritu—una analogía no particularmente apropiada. Sin embargo, la explicación de Swedenborg de la Deidad es muy similar a la explicación de los creyentes modernos de la Unicidad.

El siglo décimonoveno vio la aparición de escritores

de la Unicidad. Un creyente de la Unicidad en América era un ministro Presbiteriano llamado John Miller. En su libro, *¿Es Dios Una Trinidad?* escrito en 1876, él utilizó una terminología levemente diferente de la de los escritores modernos de la Unicidad, pero las creencias que él expresó son básicamente idénticas a las de los creyentes de la Unicidad del día de hoy. Es asombroso leer su libro y ver cuan de cerca él paralela la enseñanza moderna de la Unicidad, incluyendo su tratamiento de Mateo 28:19. Miller creía que la doctrina de la trinidad no era bíblica y que obstaculizaba grandemente a la iglesia en alcanzar a los judíos y a los musulmanes. El enfáticamente declaraba la deidad plena de Cristo Jesús.

Los creyentes de la Unicidad existían también en la Inglaterra del siglo décimonoveno. David Campbell divulgó que había hallado un libro escrito en 1828 que enseñaba la Unicidad.[16] El autor era Juan Clowes, pastor de la iglesia de San Juan en Manchester.

En el vigésimo siglo, los pentecostales de la Unicidad han sido la fuerza de la Unicidad de más renombre, aunque algunos eruditos clasifican el conocido teólogo neo-ortodoxo Karl Barth como modalista (de la Unicidad).[17] Carlos Parham, el primer líder en el movimiento pentecostal del siglo vigésimo, comenzó a administrar el bautismo en agua en el nombre de Jesús, aunque él al parecer no ligó esta práctica a una negación explícita del trinitarismo.[18] Después de 1913, muchos pentecostales rechazanon al trinitarismo y la fórmula bautismal trinitaria, dando comienzo al movimiento moderno pentecostal de la Unicidad.

Un número de organizaciones pentecostales de la Unicidad existen hoy. Los principales con sede en Los Estados Unidos de América son: La Iglesia Pentecostal Unida Internacional (por mucho la más grande), Las Asambleas Pentecostales Del Mundo, Las Iglesias Mundiales Del

Camino Bíblico del Señor Jesucristo, Las Asambleas del Señor Jesucristo, La Iglesia Nuestro Señor Jesucristo De La Fe Apostólica, y La Iglesia Apostólica Vencedora Santa de Dios. Los grupos de la Unicidad con sede en otros países incluyen La Iglesia Pentecostal Unida de Colombia, una iglesia indígena y la iglesia más grande que no es Católica en el país; La Iglesia Apostólica De La Fe En Cristo Jesús, con sede en México; el movimiento Pentecostal de la Unicidad en Rusia; y La Iglesia Verdadera de Jesús, una iglesia indígena fundada por los creyentes Chinos en el continente pero cuya sede ahora está en Taiwán. Hay muchas organizaciones más pequeñas (aproximadamente 130 a nivel mundial), iglesias independientes, y confraternidades carismáticas que tienen la doctrina de la Unicidad Pentecostal.

Para documentar aun más algunas de las declaraciones hechas en este capítulo, hemos reproducido abajo un escrito de investigación que se preparó en 1978 para una clase de religión en la Universidad Rice en Houston, Tejas. En particular, observa dos conclusiones importantes en los primeros párrafos de este escrito: (1) El trinitarismo no se estableció sólidamente antes del fin del cuarto siglo; (2) La gran mayoría de todos los cristianos en la iglesia del período después de la iglesia primitiva abrazaron la Unicidad, y era la doctrina más poderosa para oponerse a las ideas del trinitarismo mientras que ganaba la aceptación entre los líderes de la iglesia.

Estas conclusiones y la información presentada en el escrito no son simplemente nuestras, sino las hemos tomado de los reconocidos historiadores y de otras fuentes reputables de la iglesia que se nombran en las notas al pie de la página y en la bibliografía.

EL MONARQUIANISMO MODALISTA: LA UNICIDAD EN LA HISTORIA DE LA IGLESIA PRIMITIVA

por David Bernard

¿Cuál es la naturaleza de Dios? ¿Cuál es relación de Jesucristo para con Dios? Estas dos preguntas son fundamentales al cristianismo. La respuesta tradicional del cristianismo se da por medio de su doctrina de la trinidad. Sin embargo, en los primeros siglos del cristianismo esta formulación de ninguna manera significaba la respuesta definitiva. De hecho, *La Nueva Enciclopedia Católica* dice que en el segundo siglo D. C. "una solución trinitaria todavía estaba en el futuro" y ése dogma trinitaria "no estaba sólidamente establecida . . . antes del fin del 4to siglo."[19]

Había muchas explicaciones de la naturaleza de Dios y de Cristo, varias de las cuales se gozaban de una extensa aceptación. Una de las más importantes de éstas era el *monarquianismo modalista*, la cual afirmaba tanto la Unicidad absoluta de la Deidad como la divinidad de Jesucristo.

Según el historiador eclesiástico Adolfo Harnack, el monarquianismo modalista era el rival más peligroso al trinitarismo en el período de 180 D.C. a 300 D.C. De algunos pasajes de Hipólito, Tertuliano, y Origen él concluye que el modalismo era la teoría oficial en Roma por casi una generación, y que en una fecha era "abrazada por la gran mayoría de todos los cristianos."[20]

A pesar de su evidente importancia, es difícil llegar a una descripción completa de lo que el monarquianismo modalista realmente era. Algunos de los más prominentes modalistas eran Noeto, Praxeas, Sabelio, Epígono, Cleómenes, Marcelo de Ancira, y Comodiano. Por lo menos dos obispos Romanos (más tarde clasificados como papas), Calisto y Zeferino, fueron acusados de ser modalistas por sus opositores. Es difícil obtener la información exacta acerca de estos hombres y sus creencias porque las fuentes históricas existentes eran todas escritas por sus opositores trinitarios que tenían el propósito de refutar la doctrina de sus antagonistas.

Indudablemente, la doctrina de los modalistas fue mal interpretada, tergiversada, y torcida en el proceso. Es imposible, por lo tanto, hallar una descripción precisa de las creencias de un cierto modalista. Sin embargo, juntando diversas declaraciones acerca de estos varios hombres, es posible llegar a una comprensión bastante buena del modalismo. Por ejemplo, posiblemente había algunas diferencias entre las teologías de Noeto, Praxeas, Sabelio, y Marcelo; es difícil de determinar cuán serias eran aquellas diferencias. Sin embargo, es cierto que cada uno mantenía una creencia en la deidad plena de Jesucristo mientras que admitía ninguna distinción de personas en la Deidad.

La doctrina modalista generalmente se explica simplemente como la creencia que el Padre, el Hijo, y el Espíritu Santo son solamente manifestaciones, o *modos*, del único Dios (*monarquía*), y que no son tres personas distintas (*hypostases*). Debe ser distinguida del monarquianismo dinámico que también mantenía la Unicidad de Dios. El monarquianismo dinámico declaraba que Jesús era un ser inferior y subordinado a Dios. Más precisamente, el monarquianismo modalista es la creencia que considera a "Jesús como la encarnación de la Deidad" y como "el Padre encarnado."[21]

Esta idea tiene la ventaja obvia de mantener la fuerte tradición monoteísta judía mientras que también afirma la antigua creencia cristiana en Jesús como Dios. A la misma vez evita las paradojas y los misterios del dogma trinitaria. Sin embargo, los trinitarios mantenían que no explicaba adecuadamente el Logos, el Cristo preexistente, ni la distinción bíblica entre el Padre y el Hijo. Un análisis del modalismo revela cómo esa doctrina contesta aquellas objeciones.

Los monarquianos modalistas tenían no solamente un concepto de Dios diferente al concepto de los trinitarios, sino también tenían diversas definiciones del Logos y del Hijo. Su posición básica era que el Logos (Verbo) no es un ser personal distinto sino que está unido con Dios en casi la misma manera que un hombre y su palabra. Es un poder "indivisible e inseparable del Padre," tal como Justino Mártir describió aquella creencia.[22] Para Marcelo, el Logos es Dios mismo, particularmente en cuanto a la actividad.[23] Así entonces, el concepto trinitario del Logos como un ser distinto (basado en la filosofía de Filo) fue rechazado. Los modalistas aceptaban la encarnación del Logos en Cristo, pero para ellos eso significaba simplemente la extensión del Padre en forma humana.

La idea modalista de la definición del Hijo es muy parecida a su concepto del Verbo. Ellos mantenían que el Hijo se refiere al Padre manifestado en carne. Praxeas negó la preexistencia del Hijo, usando el término *Hijo* para referirse solamente a la encarnación.[24] La distinción entre el Padre y el Hijo es que *Padre* se refiere a Dios en Sí mismo en espíritu, pero *Hijo* se refiere al Padre como manifestado en carne (en Jesús). El Espíritu en Jesús era el Padre, pero *Hijo* se refiere específicamente a la humanidad de Jesús y también a la deidad. Claramente entonces, los modalistas no querían decir que *Padre* es intercambiable con *Hijo* en terminología. En cambio, ellos querían decir que las dos palabras no implican las hipóstasis distintas (personas) de Dios sino solamente diversos modos del único Dios.

Juntando los dos conceptos del Logos y del Hijo,

vemos cómo los modalistas pensaban acerca de Jesús. Noeto dijo que Jesús era el Hijo por causa de Su nacimiento, pero que también era el Padre.[25] La doctrina modalista del Logos identificaba al Espíritu de Cristo como el Padre. La encarnación era como una teofanía final en la cual se revela el Padre completamente. Sin embargo, esto no era el docetismo (la creencia que Jesús era solamente un ser espiritual), porque Praxeas y Noeto enfatizaban la naturaleza humana de Jesús, especialmente sus debilidades y sus sufrimientos humanos. Como en el trinitarismo, Jesús era "hombre verdadero y Dios verdadero"; para los modalistas, Jesús era la encarnación de la plenitud de la Deidad y no apenas la encarnación de una persona distinta llamada el Hijo o el Verbo.

La objeción más común hecha en contra del monarquianismo modalista era que esa doctrina era Patripasiana; es decir, ella implicaba que el Padre sufrió y murió. Tertuliano era el primero de acusar a los modalistas. El interpretaba el modalismo a significar que el Padre es el mismo que el Hijo. Pero esto significaría que el Padre murió, una imposibilidad clara. De esta manera, Tertuliano buscaba ridiculizar y refutar al modalismo.

Más tarde los historiadores, aceptando la discusión de Tertuliano como la verdad, han identificado a la doctrina del modalismo como Patripasianismo. Sin embargo, Praxeas explicó que mientras que Jesús era el Padre encarnado, Jesús murió solamente en cuanto a su humanidad, como el Hijo. Evidentemente Sabelio negó la acusación de que el modalismo era lo mismo que el Patripasianismo.[26]

El debate entero puede ser resuelto fácilmente si se reconoce que el modalismo no enseñaba, tal como Tertuliano concluía, que el Padre es el Hijo, sino que el Padre está en el Hijo. Como Comodiano dijo, "el Padre entró en el Hijo, un Dios por todas partes."[27] De igual manera,

Sabelio explicó que el Logos no era el Hijo sino que era vestido por el Hijo.[28] Respondiendo a la carga, otros modalistas explicaban que el Hijo sufrió, mientras que se compadeció el Padre o "sufrió con el Hijo."[29] Al decir esto ellos querían decir que el Hijo, el hombre Jesús, sufrió y murió. El Padre, el Espíritu de Dios dentro de Jesús, no podría haber sufrido ni haber muerto en ningún sentido físico pero, sin embargo, El debe haber sido afectado o haber participado en el sufrimiento de la carne. Por consiguiente, Zeferino dijo, "Conozco a un solo Dios, Jesucristo, y aparte de El no conozco a ningún otro quien nacio o podría sufrir . . . No era el Padre quien murió sino el Hijo."[30]

De estas declaraciones, parece ser claro que los modalistas mantenían que el Padre no era carne sino que se vistió o se manifestó en carne. Murió la carne pero el Espíritu eterno no murió. Por lo tanto, el Patripasianismo es un término engañoso e inexacto que no se puede usar para definir al monarquianismo modalista.

Básicamente, entonces, el monarquianismo modalista enseñaba que Dios no tiene ninguna distinción de número sino solamente de nombre o de modo. El término *Hijo* se refiere a la encarnación. Esto significa que el Hijo no es una naturaleza eterna, sino es un modo de la actividad de Dios hecho especialmente con el propósito de la salvación de la humanidad. No hay Hijo preexistente, pero uno puede hablar del Cristo preexistente puesto que el Espíritu de Cristo es Dios mismo. El Logos se ve como algo que se refiere a la actividad de Dios. Entonces, Jesús es el verbo o la actividad del Padre vestido en carne. El Espíritu Santo no es un ser distinto no más que el Logos. El término *Espíritu Santo* describe lo que Dios es, y se refiere al poder de Dios y a Su acción en el mundo. Entonces, los términos *Logos* y *Espíritu Santo* se refieren a Dios mismo, en modos específicos de actividad.

El efecto del monarquianismo modalista es de reafirmar el concepto del Antiguo Testamento de un Dios indivisible que puede manifestarse y se manifiesta a Sí mismo y a Su poder en muchas diversas maneras. Además, Jesucristo se identifica como el único Dios que se ha manifestado a Sí mismo por medio de la encarnación en un cuerpo humano. Así entonces el modalismo reconoce la deidad plena de Jesús, mucho más que el trinitarismo la reconoce, lo cual es exactamente lo que los modalistas decían.[31] La plenitud y la perfección de Dios está en Jesús.

En resumen, el monarquianismo modalista puede ser definido como la creencia que Padre, Hijo, y Espíritu Santo son las manifestaciones de un solo Dios sin posibles distinciones de personas. Además, el único Dios se expresa completamente en la persona de Jesucristo.

NOTAS

CAPITULO X

[1]Heick, 1, 46-48.

[2]Kenneth Latourette, *A History of Christianity* (Nueva York: Harper y Row, 1953), p. 143.

[3]"Baptism (Early Christian) (Bautismo [Cristiano Primitivo])," *Encyclopedia of Religion and Ethics* (Nueva York: Charles Scribner e Hijos, 1951), p. 385.

[4]Klotsche, E. H., *The History of Christian Doctrine* (Grand Rapids: Baker Book House, 1979), p. 18.

[5]"Monarchianism (Monarquianismo)," *Encyclopedia Britannica*, XV, 686.

[6]Heick, 1, 150.

[7]"Sabellius (Sabelio)," *Encyclopedia Britannica*, XIX, 791.

[8]*Loc. cit.*

[9]Tertuliano, *Against Praxeas*, 3, rpt. en Alexander Roberts y Santiago Donaldson, editores, *Los Padres Ante-Nicenses* (rpt. Grand Rapids: Eerdmans, 1977), III, 598-599.

[10]Thomas Weisser, *After the Way Called Heresy* (n.p., 1981), p. 115.

[11]Heick, I, 268.

[12]"Servetus, Michael (Miguel Serveto)," *Encylopedia Britannica*, XX, 371-372.

[13]"Unitarianism (Unitarianismo)," *Encyclopedia of Religion and Ethics*, XII, 520.

[14]Walter Nigg, *The Heretics* (Nueva York: Alfred A. Knopf, 1962), pp. 324-328.

[15]Emmanuel Swedenborg, *The Mystery of God?* (1771; rpt. Portland, Or.: Apostolic Book Publishers, n.d.), p. 29. Véase Emmanuel Swedenborg, *The True Christian Religion.* (Nueva York: Houghton, Mifflin, 1907), I, 42.

[16]David Campbell, *All the Fulness* (Hazelwood, Mo: Word Aflame Press, 1975), pp. 167-173.

[17]Buswell, 1, 123.

[18]Fred Foster, *Their Story: 20th Century Pentecostals* (Hazelwood, MO: Word Aflame Press, 1981), pp. 120-122, citando Parham, *A Voice Crying in the Wilderness*, pp. 23-24.

[19]"Trinity, Holy (Trinidad, Santa)," *The New Catholic Encyclopedia*, XIV, 295-305.

[20]Adolph Harnack, *History of Dogma* (Londres; Williams y Norgate, 1897), III, 51-54.

[21]"Monarchianism (Monarquianismo)," *The New Schaff-Herzog Encyclopedia of Religious Knowledge*, VII, 454-458.

[22]H. A. Wolfson, *The Philosophy of the Church Fathers* (Cambridge, Massachusetts: Prensa De la Universidad De Harvard, 1970), I, 581-584.

[23]J.A, Dorner, *Doctrine of the Person of Christ* (Edinburgo: T. y T. Clark, 1870), II, 273.

[24]*Ibid*, II, 20.

[25]Wolfson, I, 591.

[26]"Monarchianism (Monarquianismo)," *The Encyclopedia of Religion and Ethics*, VIII, 780.

[27]Wolfson, I, 583-584.

[28]Dorner, II, 164.

[29]Harnack, III, 68.

[30]Jules Lebreton y Jacques Zeiller, *Heresy and Orthodoxy*, Vol. IV de *A History of the Early Church* (Nueva York: Collier, 1962), p. 155.

[31]Harnack, III, 63.

11

EL TRINITARISMO: SU DEFINICION Y DESARROLLO HISTORICO

Hemos tratado de presentar la enseñanza positiva de la Escritura sin prestar atención a las tradiciones humanas. Sin embargo, no podemos cubrir el tema de la Deidad sin describir el desarrollo histórico de la idea más aceptada en el Cristianismo, la doctrina de la trinidad. En este capítulo definiremos el trinitarismo, brevemente trazaremos su desarrollo histórico, y exploraremos algunas de las ambigüedades inherentes en aquella doctrina y algunos problemas relacionados con ella. En el capítulo XII, llegaremos a unas conclusiones sobre el trinitarismo, comparando esta doctrina con las enseñanzas de la Biblia, precisando algunos de los serios problemas con ella a la luz de los pasajes bíblicos, y comparándola con la creencia de la Unicidad.

Definición de la Doctrina de la Trinidad

El trinitarismo es la creencia que hay tres personas en un Dios. Esto se ha dicho en varias maneras, tales como "un Dios en tres Personas"[1] y "tres personas en una sustancia."[2] Esto mantiene que en Dios hay tres distinciones de la esencia, y no solamente de la actividad.[3] Los nombres dados a estas tres personas son Dios Padre, Dios Hijo, y Dios Espíritu Santo.

La doctrina trinitaria ortodoxa, como se ha desarrollado a través de los siglos, también mantiene que estas tres personas son coiguales en poder y autoridad, que ellas son coeternas en el pasado, el presente, y el futuro, y que en cada una la misma naturaleza divina se contiene completamente.[4] Sin embargo, a cada persona se le da una característica única cuando se ve en referencia a las otras: el Padre no es engendrado, el Hijo es engendrado o generado, y el Espíritu es procedente.[5] Los trinitarios dicen a veces que la unicidad del Padre se exhibe en la creación, la del Hijo en la redención, y la del Espíritu en la santificación, pero todos los tres comparten activamente en cada obra, con varios niveles de funciones.[6] Puesto que cada uno participa en las obras de los otros, no hay ninguna clara distinción sobre esa base.

Los trinitarios llaman a estas tres personas la trinidad o el Dios trino. Un erudito trinitario describe a la trinidad como sigue: "Hay que pensar de la Trinidad ni como un Dios en tres manifestaciones ni como una tríada simétrica de personas con funciones separables; al contrario la Trinidad significa un Dios en tres modos de existencia— Padre, Hijo, y Espíritu, y cada uno de éstos participa en la actividad del otro."[7] Los trinitarios utilizan con frecuencia el diagrama de un triángulo para explicar su doctrina. Las tres esquinas representan a los tres miembros de la trinidad, mientras que el triángulo completo representa a Dios como la trinidad entera. Entonces, el Padre no es el Hijo y no es el Espíritu Santo. Además, ni el Padre, ni el Hijo ni el Espíritu es Dios completamente fuera de los otros. (Véase el Capítulo XII para una tabla que enumera los principios esenciales del trinitarismo y que los compara con los principios esenciales de la Unicidad.)

Problemas con el Triteísmo

Los trinitarios ortodoxos niegan al triteísmo, que es la creencia en tres dioses. Sin embargo, cuando se les pide una explicación de cómo puede haber tres distintas personas y todavía haber un solo Dios, ellos explican que la Trinidad es un misterio que nuestras mentes humanas finitas no pueden comprender completamente.[8]

Puesto que los trinitarios procuran rechazar el concepto de tres dioses, ellos generalmente muestran una aversión de describir a Dios en términos de tres seres, personalidades, o individuos. Un trinitario dijo, "Ningún teólogo cristiano importante ha razonado que hay tres seres conscientes en sí mismos en la Deidad."[9] Otro escritor trinitario rechaza la idea de que la trinidad se compone de tres individuos, pero sí denuncia que se ponga demasiado énfasis en la Unicidad, lo cual (él dice) conduce a un concepto judío de Dios.[10]

Esta repugnancia de utilizar los términos que dividen agudamente a Dios es loable; sin embargo, *persona* es en sí misma una palabra que tiene el mismo efecto. El diccionario Webster define la palabra *persona* así: "un ser humano individual" y "la personalidad individual de un ser humano."[11]

Esto no es solamente una mera sutileza acerca de terminología; porque a través de la historia del trinitarianismo, el concepto de la palabra persona ha sido interpretado práctica y teológicamente por muchos trinitarios para significar tres seres. Por ejemplo, los tres Capadocios del cuarto siglo (Gregorio de Nissa, Gregorio Nacianzo, y Basilio de Cesarea) enfatizaban el concepto de tres en la trinidad hasta el punto que ellos tenían tres personalidades.[12] Boetio (c. 480-c. 524) definió a *persona* como "una sustancia individual con un naturaleza racional."[13] Muchas veces, de los tiempos medievales al presente, los trinitarios han representado a la trinidad por un cuadro de tres hombres, o por un cuadro de un hombre anciano, un hombre joven, y una paloma.

Hoy en los círculos trinitarios pentecostales hay un concepto de la Deidad que implica el triteismo absoluto. Esto es evidente de las declaraciones siguientes hechas por tres trinitarios pentecostales—un comentarista prominente, un evangelista prominente, y un autor.

"Lo que significamos por Trinidad Divina es que hay tres personas separadas y distintas en la Deidad, cada una teniendo su propio cuerpo personal y espiritual, su alma personal, y su espíritu personal en el mismo sentido de que cada ser humano, cada ángel o cualquier otro ser tiene su propio cuerpo, alma, y espíritu. . . Entonces hay tres personas distintas en individualidad divina y en pluralidad divina. . . . La palabra *Dios* se usa como palabra singular o como palabra plural."[14]

"Entonces hay tres personas distintas en la individualidad divina y en la pluralidad divina. . . . Individualmente cada uno se llama Dios; colectivamente se puede hablar de ellos como de un Dios debido a su unidad perfecta. . . .Todo lo que podría pertenecer a Dios colectivamente también podría pertenecer igualmente a cada miembro de la Deidad como individuo. *Sin embargo, hay algunos detalles que pertenecen a cada persona individual de la Deidad en cuanto a posición, oficio, y obra que no podrían ser atribuidos a cualquiera de los demás miembros de la Deidad.*"[15]

El tercer trinitario pentecostal, un autor, cotiza una definición de la palabra *persona* del *Diccionario Webster*: "un individuo particular." Entonces el da su propia definición: "Una persona es alguien que tiene intelecto, sensibilidad, y voluntad." El procura justificar la usanza trinitaria de la palabra *persona*.

"Cuando se aplica la palabra *persona* a un ser creado, esto representa a un individuo absolutamente distinto a todos los demás; pero cuando se aplica al Padre, al Hijo, y al Espíritu Santo, *persona* debe ser calificada para excluir una existencia aparte, porque mientras que los tres son distintos, ellos son inseparables—un Dios. Sin embargo, con esta calificación, *persona* sigue siendo el término que declara más precisamente el modo permanente de la existencia dentro de la Deidad.[16]

Es evidente que muchos trinitarios interpretan su doctrina para significar tres personalidades, tres seres, tres mentes, tres voluntades, o tres cuerpos en la Deidad. Niegan que cuando ellos usan *persona* quieren decir solamente manifestaciones, misiones, o relaciones con el hombre. En cambio, defienden una calidad eterna de tres de esencia mientras que dicen que es un misterio incomprensible. Reducen el concepto de la unicidad de Dios a una unidad de personas plurales. Por su definición, convierten al monoteísmo en una forma de politeísmo, diferenciandolo del politeísmo pagano solamente en que hay harmonía perfecta y unidad entre los dioses. A pesar de las negaciones de los trinitarios, ésto *es* politeísmo—triteísmo para ser exacto—y no el monoteísmo enseñado por la Biblia y mantenido por el judaísmo.

Problemas con el Subordinacionismo

También los trinitarios niegan cualquier forma de subordinación de una persona a otra en poder o en eternalidad. Sin embargo, dicen a menudo que Dios Padre es la cabeza de la trinidad, Dios Hijo es engendrado por el Padre, y el Espíritu procede del Padre o del Hijo o de ambos. Una vez más insisten que no hay contradicción, porque nuestras mentes finitas simplemente no pueden comprender la plenitud del significado descrito por estas relaciones.

Sin embargo, sabemos que a través de la historia los trinitarios prominentes han interpretado su propia doctrina de una manera que subordina a Jesucristo o le hace inferior. Tertuliano, el primer prominente exponente del trinitarismo, enseñó que el Hijo estaba subordinado al Padre y que la trinidad no es eterna.[17] El enseñaba que el Hijo no existía como una persona distinta en el principio, sino más bien fue engendrado por el Padre para llevar a cabo la creación del mundo. Además, Tertuliano creía que la distinción de personas cesaría en el futuro. Origen, el primer gran propositor del trinitarismo en el Oriente, también vio el Hijo como subordinado al Padre en existencia y que él incluso mantenía que la oración debería ser dirigida solamente al Padre.[18] Cuando ellos usaban el término Hijo, ambos hombres querían decir la Deidad de Cristo. Por lo tanto, puede decirse que el trinitarismo comenzó como una doctrina que subordinó a Jesús a Dios.

En los círculos trinitarios modernos, se ve una forma de subordinacionismo cuando los trinitarios utilizan las limitaciones humanas de Cristo para probar una distinción entre Dios Padre y "Dios Hijo" en vez de una simple distinción entre la naturaleza divina de Cristo (Padre) y su naturaleza humana (Hijo). Por ejemplo, uno debe observar su uso de las oraciones de Cristo, su falta de conocimiento, y su falta de poder para probar que "Dios Hijo" es diferente de Dios Padre. Incluso mientras que ellos afirman la coigualdad del Hijo y del Padre, muchas veces la niegan en una manera práctica y confiesan que no entienden lo que realmente significa.

Los creyentes de la Unicidad dicen que el Hijo estaba subordinado al Padre. Sin embargo, ellos no creen que Jesús está subordinado al Padre en el mismo sentido que los trinitarios creen. En cambio, ellos creen que Jesús en su papel humano del Hijo estaba subordinado y limitado, pero Jesús en su papel divino del Padre no estaba subordinado o limitado. En otras palabras, la naturaleza humana de Jesús estaba subordinado a la naturaleza divina de Jesús. Al separar al Padre del Hijo en personas distintas, los trinitarios niegan que Jesús es el Padre, así entonces detrayendo inevitablemente de la Deidad plena de Jesús. A pesar de sus negaciones, en efecto su doctrina le subordina a Jesús al Padre en la Deidad.

Terminología Extrabíblica

Hay unos serios problemas con la terminología trinitaria. En primer lugar, la Biblia en ninguna parte usa la palabra *trinidad*. La palabra *tres* no aparece en lo referente a Dios en ningún versículo de la Biblia con la excepción del versículo dudoso de I Juan 5:7. Incluso este pasaje se lee, "estos tres son uno."

La palabra *persona* tampoco aparece en lo referente a Dios. La Biblia nunca usa la palabra plural *persona*s para describir a Dios.

En breve, tal como muchos eruditos trinitarios admiten, la Biblia no expresa explícitamente la doctrina de la trinidad. *La Nueva Enciclopedia Católica* dice: "Existe el reconocimiento de parte de los exégetas y los teólogos bíblicos . . . que uno no debe hablar del trinitarismo en el

Nuevo Testamento sin serias calificaciones. . . . ahora la exégisis del Nuevo Testamento está aceptada como habiendo demostrado que no solo el idioma verbal sino también los patrones del pensamiento características del desarrollo patrístico [de los padres de la iglesia] y conciliano [de los consejos de la iglesia] habrían sido absolutamente extrañas a la mente y a la cultura de los escritores neotestamentarios."[19]

El teólogo trinitario protestante Emil Brunner ha dicho, "La doctrina de la trinidad misma, sin embargo, no es una doctrina bíblica y ésto no es por accidente sino es de necesidad. Es el producto de reflexión teológica acerca del problema. . . . La doctrina eclesiástica de la trinidad no es solamente el producto del pensamiento bíblico genuino, también es el producto de especulación filosófica, que está alejada del pensamiento bíblico."[20]

Desarrollo Histórico del Trinitarismo

Si el trinitarismo no viene de la Biblia, ¿dónde originó? No hay duda que el trinitarismo cristiano se desarrolló a través de varios siglos después de que fuera escrito el Nuevo Testamento. Según *La Nueva Enciclopedia Católica*, los historiadores del dogma y los teólogos sistemáticos reconocen "que cuando uno habla de un trinitarismo absoluto, uno ha avanzado, por ejemplo, desde el período de los orígenes Cristianos hasta el último cuadrante del 4to siglo. . . . De lo que se ha visto hasta el momento, la impresión podría presentarse que el dogma trinitario es en el último análisis una invención de fines del 4to siglo. En un sentido, ésta es la verdad pero implica una interpretación extremadamente estricta de las palabras claves "trinitario" y "dogma" . . . La formulación 'un Dios en tres personas' no se estableció sólidamente y ciertamente no estaba asimilado completamente en la vida cristiana y su profesión de fe, antes del fin del 4th siglo. Pero es precisamente esta formulación que tiene la primera demanda al título *el dogma trinitario*.[21]

Trazaremos brevemente el desarrollo histórico de esta doctrina en el cristianismo, pero primeramente déjenos explorar algunos orígenes y paralelos paganos del trinitarismo.

Orígenes y Paralelos Paganos

El erudito trinitario Alexander Hislop afirma que los babilonios adoraban a un Dios en tres personas y usaban el triángulo equilátero como símbolo de aquella trinidad. En su libro, Hislop muestra los cuadros usados en Asiria antiguo y en Siberia para representar las divinidades trinitarias. Él también traza las ideas trinitarias al culto babilónico del padre, de la madre, y del hijo, diciendo que la trinidad babilónica era "el Padre Eterno, el Espíritu de Dios encarnado en una madre humana, y un Hijo Divino, el fruto de aquella encarnación."[22]

El historiador Will Durant describe la trinidad en Egipto antiguo. El "Ra, Amon, y otro dios, Ptah, eran combinados como tres encarnaciones o aspectos de una deidad suprema y trina."[23] Egipto también tenían una trinidad divina de padre, madre, e hijo en los dioses Osiris, Isis, y Horus.[24]

Existen trinidades en otras importantes religiones paganas tales como el hinduismo, el budismo, y el taoísmo. El hinduismo ha tenido una trinidad suprema desde las épocas antiguas: Brahma el Creador, Shiva el Destructor, y Vishnu el Preservador. Un erudito describió la creencia: "Brahman-Atman, la última realidad impersonal alcanza una triple manifestación religiosamente significante o un tríada [de dioses] por medio de las tres deidades personales que representan las funciones divinas de la creación, la destrucción, y la preservación respectivamente."[25] Esta trinidad es representada a veces por una estatua de un dios con tres cabezas.

El budismo también tiene cierta clase de una trinidad. La escuela (norteña) de Mahayana del budismo tiene la doctrina de un "cuerpo triple" o de Trikaya.[26] Según esta creencia hay tres "cuerpos" de "la realidad budista." El primero es la realidad eterna, cósmica, el segundo es la manifestación celestial del primero, y el tercero es la manifestación terrenal del segundo. Además, muchos budistas adoran a estatuas de tres cabezas de Buda.[27]

El Taoísmo, la antigua religión mística de la China, tiene una trinidad oficial de dioses supremos—el emperador Jade, Lao Tzu, y Ling Pao—a quienes se llaman las tres Purezas.[28]

Una trinidad filosófica aparece en Platón y se hace muy significativa en el neoplatonismo.[29] Por supuesto, la filosofía griega, particularmente la platónica y el pensamiento neoplatónico, ejercían una influencia mayor en la teología de la iglesia antigua. Por ejemplo, la doctrina trinitaria del Logos proviene del filósofo *neoplatónico* Filo. (Véase el Capítulo IV.) Entonces, podemos ver que la idea de una trinidad no originó con el cristianismo, sino que era una característica significativa de muchas religiones y filosofías paganas antes de la era cristiana y a causa de su existencia hoy en tantas distintas formas se sugiere un antiguo origen pagano.

Desarrollos Después de los Apóstoles

Las Escrituras no enseñan la doctrina de la trinidad, sino más bien, el trinitarismo tiene sus raíces en el paganismo. ¿Cómo, entonces, se metió esta doctrina pagana adentro del cristianismo? Para una respuesta a esta pregunta, hemos confiado primariamente en los profesores del Seminario Luterano Otto Heick y E. H. Klotsche, en Roland Bainton, un profesor de la Universidad de Yale que enseña la historia de la iglesia, en Juan Noss, un profesor de la universidad, en Will Durant, el conocido filósofo e historiador, y en *La Enciclopedia de Religión y de Etica.*

En el Capítulo X, observamos que los líderes del tiempo post-apostólico (90–140 D. C.) no abrazaban la idea de una trinidad. Al contrario, ellos enfatizaban el monoteísmo del Antiguo Testamento, la deidad de Cristo, y la humanidad de Cristo. Los apologistas griegos (de 130–180 D. C.) también enfatizaban la Deidad de Dios. Sin embargo, algunos se movían hacia el trinitarianismo.

Esta tendencia hacia el trinitarismo comenzó al hacer al Logos (Verbo) una persona distinta. Siguiendo un pensamiento de la filosofía griega, particularmente en las enseñanzas de Filo, algunos de los apologistas griegos comenzaron a pensar del Logos como una persona distinta al Padre. Sin embargo, esto no era el trinitarismo sino una forma de binitarismo que subordinaba al Logos al Padre. A ellos el Padre unicamente era el Dios verdadero y el Logos era un ser divino creado de menor rango. Eventualmente, el Logos se compararaba con el Hijo. Al parecer, la fórmula trinitaria del bautismo llegó a ser una práctica entre algunas iglesias cristianas, aunque las pocas referencias a ella pueden ser o recitaciones de Mateo 28:19 o interpolaciones agregadas por copistas posteriores. Además, durante este tiempo, un apologista llamado Teófilo usaba la palabra *tríada (triados)* para describir a Dios. Sin embargo, él probablemente no la usaba para significar una trinidad de personas sino un tríada de las actividades de Dios.

A menudo Ireneo (muerto cerca del año 200) es considerdo como el primer teólogo verdadero de ese período.[30] El enfatizaba la manifestación de Dios en Cristo para el motivo de la redención. Algunos eruditos han caracterizado las creencias de Ireneo como "el trinitarismo económico." Al decir eso ellos significan que él no creía en una trinidad eterna ni en una trinidad de la esencia sino solamente en una trinidad que es temporal de naturaleza—probablemente una trinidad de las actividades ú operaciones de Dios. Ireneo, quien no utilizaba la doctrina griega del Logos, identificaba al Logos con el Padre. Su teología tenía tres características dominantes: un fuerte énfasis bíblico, una reverencia para la tradición apostólica, y un fuerte énfasis cristocéntrico. Parece que él no era un trinitario sino un creyente de la Unicidad.

En resumen, en el primer siglo después de los apóstoles, la doctrina de la trinidad ni se había desarrollado. Sin embargo, en algunos círculos una forma del binitarianismo subordinacionístico emergió basada en ideas filosóficas griegas, una doctrina denunciada en el primer capítulo del Evangelio de Juan. (Véase el Capítulo IV.) *La Nueva Enciclopedia Católica* dice lo siguiente acerca del trinitarismo en ese tiempo en la historia de la iglesia: "Entre los Padres Apostólicos, no había existido nada que aun se acercaba remotamente a tal mentalidad o perspectiva; entre los Apologistas del segundo siglo, poco más que enfocarse en el problema como el de la pluralidad dentro de la Deidad única. . . . En el análisis final, el logro teológico del segundo siglo era limitado . . . Una solución trinitaria estaba todavía en el futuro."[31]

Tertuliano—el Padre Del Trinitarismo Cristiano

Tertuliano (c. 150–c. 225 D. C.) era la primera persona registrada por la historia que utilizaba las palabras *trinidad* (Latín: *trinitas*), *sustancia*, y *persona* en lo referente a Dios.[32] El era la primera persona que hablara de tres personas en una sustancia (Latín: *una substantia et tres personae*). Tertuiliano adhiría a la concepción económica de la trinidad. Es decir, él creía que la trinidad existía con el fin de revelación solamente, y después de que esto se hubiera logrado, las distinciones entre las personas cesarían. Sin embargo, él definitivamente no estaba de acuerdo con Ireneo en que él utilizaba la doctrina del Logos de los apologistas griegos. Tertuliano igualaba al Logos con el Hijo. El creía que el Padre creó al Logos para la creación del mundo y que el Logos estaba subordinado al Padre. La doctrina de la trinidad no planteó ningún problema para Tertuliano, porque su teología entera se basaba en el pensamiento que cuanto más imposible el objeto de la fe es, más cierta es. El ha sido caracterizado por la declaración, "Yo lo creo porque es absurdo."

Hay una cierta cuestión acerca de lo que Tertuliano actualmente significaba por su formulación trinitaria, especialmente su uso de la palabra latina *persona*. Según un manual de términos teológicos, en la ley Romana la palabra persona significaba una entidad legal o un partido.[33] En el drama la palabra persona significaba una máscara usada por un actor o, por extensión, un papel desempeñado por un actor. Ninguno de los dos usos indica necesariamente el significado moderno de la palabra persona como un ser consciente de sí mismo. Por ejemplo, un actor podría desempeñar varios papeles (*personae*) y una corporación legal (*persona*) podría consistir de varios individuos. Por otra parte, la palabra probablemente podría señalar también a seres humanos individuales.

En el cuarto siglo, la palabra griega *hipóstasis* se usaba en la formulación oficial de la doctrina trinitaria. Según Noss, el *hipóstasis* era una palabra abstracta que significaba subsistencia o manifestación individualizada. El dice, "Cuando esa formulación fue traducida al latín, el significado algo abstracto en el griego para la *mani-*

festación individualizada llegó a ser la palabra algo concreta *persona*, y connotaciones de una personalidad distinta y autónoma fueron sugeridas de una manera no prevista por la fraseología griega original."[34] Sin embargo, esta palabra latina concreta era precisamente lo que Tertuliano había utilizado anteriormente. Otro erudito dice que cuando *hipóstasis* fue traducida a *persona* las dos palabras eran básicamente iguales, ambos significaban "ser individual."[35]

Es evidente que mucha gente en el tiempo de Tertuliano se oponía a su nueva formulación. Por su propia admisión, la mayoría de los creyentes en su día rechazaban su doctrina por dos causas: primeramente su Regla de Fe (credo antiguo o declaración de su creencia) prohibía el politeísmo, y en segundo lugar la doctrina de Tertuliano dividía la unicidad de Dios.[36] Nuestro conocimiento de los primeros creyentes modalistas (unicidad), Noeto y Praxeas, viene de su fuerte oposición a Tertuliano y su fuerte oposición a ellos. Si Tertuliano quería decir solamente que Dios tenía tres papeles, máscaras, o manifestaciones, no habría ningún conflicto con el modalismo, especialmente puesto que Tertuliano no creía en una trinidad eterna. Por lo tanto, concluimos que Tertuliano sí quería decir tres diferencias esenciales en Dios y que *persona* sí connotaba o implicaba a una personalidad distinta, tal como Noss sugerió. En cualquier caso, está claro que en el día de Tertuliano los creyentes de la Unicidad veían a su doctrina como agudamente opuesta a su propia doctrina, la cual era la creencia de la mayoría de aquel tiempo.

Aquí hay una nota final acerca de Tertuliano. El se convirtió en un seguidor de Montano, un antiguo hereje que decía que era el Paracleto (Consolador) prometido en Juan 14 y que era el último profeta antes del fin del mundo. Eventualmente Tertuliano comenzó a elogiar al celibato y a condenar al matrimonio. Por fin, fue excomulgado juntamente con los demás Montanistas.

Otros Antiguos Trinitarios

Tertuliano introdujo la terminología del trinitarismo y se hizo su primer gran proponente del occidente pero Origen (muerto 254 D.C.) se convirtió en su primer gran proponente en el oriente.[37] Origen procuró fundir la filosofía griega y el cristianismo en un sistema de conocimiento más alto y que los historiadores describen a menudo como el gnosticismo cristiano. El aceptaba la doctrina griega del Logos (es decir que el Logos era una persona distinta al Padre), pero de él agregó una característica única no propuesta hasta su tiempo. Esta era la doctrina del Hijo eterno. El enseñaba que el Hijo o el Logos era una persona distinta desde toda la eternidad. Además, él dijo que el Hijo fue engendrado desde toda la eternidad y está siendo engendrado eternamente. El conservaba una subordinación del Hijo al Padre en existencia u origen, pero se acercaba más a la doctrina posterior de su igualdad con el Padre.

Origen tenía muchas creencias herejes debido a su aceptación de doctrinas de la filosofía griega, su énfasis en el conocimiento místico en vez de la fé, y su interpretación extremadamente alegórica de las Escrituras. Por ejemplo, él creía en la preexistencia de las almas de los hombres, negaba la necesidad de la obra redentora de Cristo, y creía en la última salvación de los impíos, incluyendo al diablo. Por ésas y otras doctrinas heréticas, fue excomulgado de la iglesia. Los concilios eclesiásticos formalmente condenaron muchas de sus doctrinas en los años 543 y 553.

Otros prominentes trinitarios en la historia de la iglesia primitiva eran Hipólito y Novaciano. Hipólito era el opositor trinitario de Sabelio. El se opuso a Calisto, el obispo de Roma, y dirigió un grupo cismático en contra de él. A pesar de eso, la Iglesia Católica más adelante le canonizó.

Novaciano era uno de los primeros en enfatizar al Espíritu Santo como una tercera persona. El enseñaba la subordinación del Hijo al Padre, diciendo que el Hijo era una distinta persona, pero que él tenía un principio y que salió de Padre. Cornelio, obispo de Roma, excomulgó a Novaciano porque Novaciano creía que había un número de pecados serios que no podrían ser perdonados si hubieran sido cometidos después de la conversión.

El Concilio de Nicea

Al fin del tercer siglo, el trinitarismo había reemplazado al modalismo (Unicidad) como la creencia sostenida por la mayoría de los cristianos, aunque las ideas emergentes del trinitarismo no estaban todavía en la forma de la doctrina moderna.

Durante la primera parte del cuarto siglo, una gran controversia sobre la Deidad llegó a una culminación—el choque entre las enseñanzas de Atanasio y Ario. Ario deseaba preservar la Unicidad de Dios pero a la vez proclamar la personalidad independiente del Logos. Como los trinitarios, él igualaba al Logos con el Hijo y con Cristo. El enseñaba que Cristo es un ser creado—un ser divino pero no de la misma esencia del Padre y no igual al Padre. En otras palabras, a él Cristo era un semidiós.

Actualmente, Ario enseñó una nueva forma de politeísmo. Ario no era un creyente de la Unicidad en ningún modo, y el movimiento moderno de la Unicidad rechaza fuertemente cualquier forma de arianismo.

En oposición a Ario, Atanasio tomó la posición de que

el Hijo es coigual y coeterno con el Padre y de la misma esencia del Padre. Esta ahora es la creencia del trinitarianismo moderno. Por lo tanto, mientras que Tertuliano introdujo muchos conceptos y términos trinitarios al Cristianismo, se puede considerar a Atanasio como el verdadero padre del trinitarismo moderno.

Cuando la polémica entre Ario y Atanasio comenzó a inundar al imperio romano, el emperador Constantino decidió intervenir. Porque él hacía poco se había convertido al cristianismo y lo había establecido como la religión oficial, sentía la necesidad de proteger la unidad del cristianismo para el bienestar del imperio. Según la tradición su conversión se hizo como resultado de una visión que él vio justo antes de una batalla crucial. Supuestamente, él vio una cruz en el cielo con el refrán, "Vence en esta señal." El procedió a ganar la batalla, llegando a ser el coemperador en 312 D.C. y el emperador pleno en 324 D.C. Cuando la gran controversia entre Ario y Atanasio amenazó a dividir su imperio que él había ganado hacía poco y a destruir su plan para usar el cristianismo para consolidar y mantener su poder político, él convocó el primer concilio ecuménico de la iglesia, la cual tomó lugar en Nicea en 325 D.C.

Constantino no era ningún modelo del cristianismo. En 326 D.C. él mató a su hijo, a su sobrino, y a su esposa. A propósito él postergó su bautismo hasta un poco antes de su muerte, diciendo que así él sería limpiado de todos los pecados de su vida. Durant dice de él, "el cristianismo era para él un medio, pero no un fin . . . Mientras que el cristianismo convertía al mundo, el mundo convertía al cristianismo y exhibía el paganismo natural de la humanidad."[38]

Al establecer al cristianismo como la religión preferida del imperio romano (así obligando a los oficiales romanos a ser cristianos), Constantino alteró radicalmente a la iglesia y aceleró su aceptación de los ritos paganos y las doctrinas heréticas. Como el historiador eclesiástico Walter Nigg dice, "Tan pronto como el emperador Constantino bajó las barreras y las masas de la gente llenaron la iglesia debido al puro oportunismo, la integridad de la ética cristiana fue derrotada."[39]

Cuando se convocó el Concilio de Nicea, Constantino no tenía interés en ningún resultado particular, siempre en cuanto que los participantes llegaran a un acuerdo. Una vez que eso se cumplió, Constantino apoyó el resultado.

> "Constantino, quien trataba a las cuestiones religiosas solamente desde un punto de vista político, aseguraba la unanimidad por excomulgar a todos los obispos quiénes no firmarían las nuevas profesiones de fe. De esta manera la unidad fue alcanzada. Que un credo universal sería instituido basado únicamente en la autoridad de un emperador era una cosa totalmente nueva . . . Ningún obispo dijo una sola palabra en contra de esta cosa monstruosa."[40]

Heick divide a los participantes de Nicea entre tres grupos: una minoría de arianos, una minoría de atanasianos, y una mayoría que no entendía el conflicto pero deseaba tener la paz.[41] El Concilio finalmente adoptó un credo que denunció claramente al arianismo pero que dijo poco en cuanto a una enseñanza positiva de la trinidad. La frase clave dijo que Cristo era de la misma esencia (griego: *homoousios*) como el Padre y no apenas de una esencia semejante (*homoiousios*). Es bastante interesante que los modalistas (creyentes de la Unicidad) habían utilizado la palabra escogida (*homoousios*) para expresar la identidad de Jesús con el Padre. Muchos que abogaban sin éxito el uso del último término (*homoiousios*) realmente no querían decir que Jesús era diferente al Padre en sustancia, pero, en cambio, ellos deseaban evitar las implicaciones de la Unicidad del término anterior. Entonces el credo que resultaba era un claro rechazamiento del arianismo, pero también era un rechazamiento no tan claro del modalismo (la Unicidad).

La versión original del Credo de Nicea que fue formulada por el Concilio de Nicea en lo referente a la Deidad es como sigue:

> "Creemos en un solo Dios, el Padre Omnipotente, hacedor de todas las cosas visibles e invisibles. Y en un solo Señor Jesucristo, el Hijo de Dios, engendrado del Padre, el único engendrado, es decir, de la naturaleza del Padre. Dios de Dios, Luz de Luz, verdadero Dios de verdadero Dios, engendrado, no hecho, de una sola sustancia con el Padre, por quien todas las cosas fueron hechas, tanto las cosas en el cielo como las cosas en la tierra; quien por nosotros los hombres y por nuestra salvación descendió y fue hecho carne y asumió la naturaleza humana, sufrió y resucitó el tercer día, ascendió al cielo, (y) vendrá otra vez para juzgar a los vivos y a los muertos. Y en el Espíritu Santo. Pero la iglesia santa y apostólica anatematiza a aquellos que dicen que había un tiempo cuando él no existía, y que él se hizo de cosas no existentes, o de otra persona o ser, diciendo que el Hijo de Dios es mudable, o cambiable."[42]

No hay una declaración clara de la trinidad en este credo, sino asevera que Jesús es de una sustancia con el Padre en oposición al arianismo. No hay referencia al Espíritu Santo como una persona distinta en la Deidad, sino meramente expresa una creencia en el Espíritu Santo. Este original Credo de Nicea indica una distinción personal entre el Padre y el Hijo y afirma que el Hijo no es mudable o cambiable. Esta última frase es una salida de la doctrina bíblica del Hijo y apoya al trinitarismo moderno puesto que enseña a un Hijo eterno. Básicamente, entonces, el Concilio de Nicea tiene una importancia triple: es un rechazamiento del arianismo; es la primera declaración oficial incompatible con el modalismo (la Unicidad); y es la primera declaración oficial que apoya al trinitarismo.

Después de Nicea

Sin embargo, la victoria trinitaria de Nicea no fue completa. Los próximos sesenta años vieron una constante polémica entre los arianos y los atanasianos. Aun algunos participantes en el Concilio tal como Marcelo, el obispo de Ancira, salían a favor del Sabelianismo (la Unicidad).[43] Ario envió una carta conciliatoria a Constantino que lo ocasionó a reabrir el asunto. Un Concilio convocado en Tira en 335 realmente invirtió la doctrina Nicense a favor del Arianismo. Atanasio se fue al exilio, y Ario habría sido reincorporado como obispo si él no hubiera muerto la noche anterior.[44]

Atanasio fue desterrado cinco o seis veces durante este período. Mucho del conflicto se debía a circunstancias políticas. Por ejemplo, cuando Constancio, el hijo de Constantino, llegó al poder, él respaldó a los arianos, deponiendo a los obispos de Atanasio y nombrando a los arianos en su lugar. La controversia producía unas violentas luchas políticas internas y mucha matanza.

El Profesor Heick acredita el éxito definitivo del Atanasianismo a la elocuencia y la perseverancia de Atanasio mismo. "El factor decisivo en la victoria . . . era la determinación resuelta de Atanasio durante una vida larga de persecución y opresión."[45] Sin embargo, no era hasta el segundo Concilio ecuménico, llamado por el Emperador Teodosio y convocado en Constantinopla en 381, que el asunto se resolvió. Este Concilio, celebrado después de la muerte de Atanasio, ratificó el Credo de Nicea. También resolvió otro gran asunto que se había discutido fervientemente después de Nicea, es decir, la relación del Espíritu Santo a Dios. ¿Era el Espíritu Santo una persona distinta en la Deidad, o no? Muchos pensaban que el Espíritu era una energía, una criatura, o un ser angélico. El Concilio agregó unas declaraciones al original Credo de Nicea para enseñar que el Espíritu Santo era una persona distinta tal como el Padre y el Hijo.

No era hasta el Concilio de Constantinopla en 381, entonces, que la doctrina moderna de la trinidad ganó la victoria permanente. Ese concilio era el primero en afirmar inequívocamente que Padre, Hijo, y Espíritu Santo eran tres personas distintas de Dios, coiguales, coeternos, y de coesencia. Un enmendado Credo de Nicea salió del Concilio en 381. La forma actual del Credo de Nicea, que probablemente apareció alrededor el año 500,[46] es por lo tanto más fuertemente trinitaria que el original Credo de Nicea.

Había otra gran amenaza al atanasianismo. El imperio romano había comenzado a desmoronarse frente a los ataques bárbaros, y las tribus bárbaras que estaban ganando el dominio eran arianos. Plausiblemente, el arianismo podría haber salido victorioso mediante las conquistas bárbaras. Esta amenaza finalmente terminó, sin embargo, cuando los Francos se convirteiron al atanasianismo en 496.

Durante esta época, otro credo importante surgió—el Credo de Atanasio, un credo que actualmente no vino de Atanasio. Ese credo probablemente representa la doctrina trinitaria de Agustín (354-430), porque se desarrolló durante o después del tiempo de Agustín. Este credo es la declaración más comprensiva del trinitarismo en la historia de la iglesia antigua. Solo la parte occidental del cristianismo lo reconoció oficialmente.

Los principales puntos de diferencia entre el oriente y el occidente en cuanto a la doctrina de la trinidad eran así como se indica a continuación. En primer lugar, el oriente tendía a enfatizar la trinidad de Dios. Por ejemplo, a los capadocianos el gran misterio era como las tres personas podrían ser un solo Dios. En el occidente había un poco más énfasis en la unidad de Dios. En segundo lugar, el occidente creía que el Espíritu procedía del Padre y del Hijo (*la doctrina Filioque*), mientras que el oriente sostenía que el Espíritu procedió únicamente del Padre. Esto por fin llegó a ser un importante asunto doctrinal detrás del cisma entre el catolicismo romano y la ortodoxia oriental en 1054.

El Credo de Atanasio

A fin de dar al lector una vista más completa de la doctrina de la trinidad, una parte del Credo de Atanasio se da más adelante:

"Quienquiera que será salvo: antes de todas las cosas es necesario que él retenga la fe católica. Cual Fe si todos no guarden completa y sin mancha: sin duda perecerá eternamente. Y La Fe Católica es esta: que nosotros adoramos a un Dios en Trinidad, y Trinidad en Unidad. Ni confundiendo las Personas: ni dividiendo la Sustancia. Porque hay una Persona del Padre, otra del Hijo, otra del Espíritu Santo. Pero la Deidad del Padre, del Hijo, y del Espíritu Santo, es todo uno:

268

La Gloria coigual, la Majestad coeterna. Tal como el Padre es, así es el Hijo, y así es el Espíritu Santo: El Padre no es creado, el Hijo no es creado, Y el Espíritu Santo no es creado. El Padre es incomprensible, el Hijo es incomprensible, y el Espíritu Santo es incomprensible. El Padre es eterno, el Hijo es eterno, y el Espíritu Santo es eterno. Y aún ellos no son tres eternos: sino un Eterno. También no hay tres incomprensibles, ni tres no creados: sino uno no creado y uno Incomprensible. Así también el Padre es omnipotente, el Hijo es omnipotente, y el Espíritu Santo es omnipotente. Y aún ellos no son tres omnipotentes: sino un Omnipotente. Así también el Padre es Dios, el Hijo es Dios, y el Espíritu Santo es Dios. Y aún ellos no son tres dioses: sino un Dios. Así también el Padre es Señor, el Hijo es Señor y el Espíritu Santo es Señor. Pero no hay tres Señores: sino un Señor. Porque tal como nosotros somos obligados por la veracidad cristiana a reconocer que cada Persona por Sí misma es Dios y Señor: así también nosotros somos prohibidos por la religión católica a decir que hay tres dioses, o tres señores. El Padre se ha hecho de ninguno: ni es creado, ni es engendrado. El Hijo es del Padre solo, no hecho, ni creado, sino engendrado. El Espíritu Santo es del Padre y del Hijo, ni hecho ni creado, ni engendrado, sino procediente. Entonces hay un Padre, no tres Padres, un Hijo, no tres Hijos, y un Espíritu Santo, no tres Espíritus Santos. Y en esta Trinidad ninguno es antes, o después que otro: ninguno es mayor ni menor que otro. Pero las tres Personas son coeternas juntas, y coiguales. Para que en todas las cosas, como se dijo antes, la Unidad en Trinidad, y la Trinidad en

Unidad debe ser adorada. Por tanto, el que se salvará debe pensar así de la Trinidad. . . ."[47]

El Credo de Los Apóstoles

Antes que concluimos este capítulo, debemos contestar algunas preguntas acerca de lo que se llama el Credo de los Apóstoles. ¿Originó con los apóstoles? ¿Enseña el trinitarismo? La respuesta a ambas preguntas es no. Este credo tenía sus comienzos en una antigua confesión de fe usada en la iglesia Romana. Se llamaba el Antiguo Símbolo Romano (o Credo). Diversos eruditos han fechado el Antiguo Símbolo Romano de 100 a 200 años D.C. Este credo dice:

> "Creo en Dios el Padre Omnipotente. Y en Jesucristo, Su Hijo unigénito, nuestro Señor; Quien nació por el Espíritu Santo de la Vírgen María; Fue crucificado bajo Poncio Pilato y fue enterrado; El tercer día El resucitó de la muerte; El ascendió al cielo; y se sienta a la diestra del Padre; Desde allí El vendrá para juzgar a los vivos y a los muertos. Y en el Espíritu Santo; El perdón de pecados; La resurrección del cuerpo (la carne)."[48]

Este credo se enmendó para enfrentarse con el desafío de nuevos puntos doctrinales, hasta que por fin logró su forma actual cerca del fin del quinto siglo. Los cambios más importantes eran las adiciones que afirman lo siguiente: Dios es el hacedor del cielo y de la tierra; Jesús fue engendrado por el Espíritu Santo; Jesús sufrió y murió; Jesús descendió al infierno (la sepultura); la creencia en la santa iglesia católica (general); la creencia en la comunión de los santos; y la creencia en la vida eterna.

Hay dos cosas importantes acerca de la versión original y otras que venían después. En primer lugar, ninguna versión tiene un nexo histórico directo con los doce apóstoles, por lo tanto aquellas versiones ni son más sagradas ni más confiables que cualquier otra escritura de los primeros pocos siglos después del tiempo de los Apóstoles. En segundo lugar, ellas no enseñan la doctrina trinitaria. Mayormente ellas siguen muy estrechamente el lenguaje bíblico. Ellas describen al Hijo de Dios solamente en términos de la Encarnación, en ninguna parte indicando que el Hijo es una persona distinta en la Deidad o que el Hijo es eterno. Ellas afirman una creencia en el Espíritu Santo, pero no como una persona distinta en la Deidad. En cambio ellas colocan esta afirmación junta con otras declaraciones que se relacionan con la salvación, haciéndonos creer que ellas hablan del don o bautismo del Espíritu Santo y de la obra del Espíritu Santo en la iglesia. Así, no hay nada realmente objetable en el lenguaje si nosotros definimos los términos del mismo modo que la Biblia los usa.

Sin embargo, los trinitarios han reinterpretado el Credo de los Apóstoles, sosteniendo que el credo apoya su doctrina. Los protestantes y los católicos romanos ambos lo usan hoy para declarar su creencia trinitaria. Ellos lo han asociado con el trinitarismo de tal grado que los que no son trinitarios no lo usan porque temen que serán malentendidos.

Nosotros no abogamos por el uso del Credo de los Apóstoles por las siguientes razones. (1) El credo no originó con los apóstoles como su nombre implica. Nosotros no queremos crear una impresión falsa entre la gente por usar ese título. (2) El credo no enfatiza todos los temas importantes del Nuevo Testamento, especialmente algunos aspectos que se deben enfatizar hoy en vista de doctrinas falsas desarrolladas a través de los siglos. (3) En vez de tratar de formular un credo que afirma comprensiblemente una doctrina en una manera obligatoria, nosotros preferimos usar la Biblia misma para declaraciones sumarias de doctrina. (4) El uso de este credo hoy nos asociaría con el trinitarismo. Aunque los escritores no tuvieron esa doctrina en mente, la mayoría de la gente ordinaria hoy lo consideraría una declaración trinitaria. Para evitar una identificación con el trinitarismo y el catolicismo romano, nosotros no usamos el Credo de los Apóstoles.

Conclusión

En conclusión, vemos que la doctrina de la trinidad no es bíblica ni en su terminología ni en su origen histórico. Tiene sus raíces en el politeísmo, la religión pagana, y la filosofía pagana. La doctrina misma no existía en la historia de la iglesia antes del tercer siglo. Aún en ese entonces, los trinitarios antiguos no aceptaban muchas doctrinas básicas del trinitarismo moderno tal como la coigualdad y la coeternalidad del Padre y del Hijo. El trinitarismo no logró el predominio sobre la creencia de la Unicidad hasta alrededor de 300 D.C.. No logró la victoria sobre el arianismo hasta fines del cuarto siglo.

El primer reconocimiento oficial de las doctrinas trinitarias se hizo en el Concilio de Nicea en 325, pero aún ese no era completo. El establecimiento pleno de la doctrina no se hizo hasta el Concilio de Constantinopla en 381. En breve, el trinitarismo no logró su forma actual hasta el fin del cuarto siglo, y sus credos definitivos no tomaron su forma final hasta el quinto siglo.

NOTAS

CAPITULO XI

[1]"La Santa Trinidad," p. 295.

[2]Van Harvey, *A Handbook of Theological Terms* (Nueva York: MacMillan, 1964), p. 244.

[3]*Ibid*; William Stevens, *Doctrines of the Christian Religion* (Nashville: Broadman, 1967), p. 119.

[4]Harvey, p. 245.

[5]Heick, 1, 160; "La Trinidad," pp. 459-460.

[6]"La Trinidad," p. 460.

[7]Bloesch, I, 35.

[8]Heick, I, 160; Stevens, p. 119; "La Santa Trinidad," p. 295.

[9]Harvey, p. 246. Vea también, "La Trinidad," p. 460.

[10]Stevens, p. 119.

[11]*Webster´s* p. 1686.

[12]Heick, I, 161.

[13]Harvey, p. 182.

[14]Finis Dake, *Dake's Annotated Reference Bible* (Lawrenceville, Ga.: Dake's Bible Sales, 1963), NT, 280. El énfasis está en el original.

[15]Jimmy Swaggart, "The Error of the 'Jesus Only' Doctrine," *The Evangelist*, Abril, 1981, p. 6. El énfasis está en el original.

[16]Carl Brumback, *God in Three Persons* (Cleveland, Tenn.: Pathway Press, 1959), pp. 60-63.

[17]Heick, I, 127.

[18]Heick, I, 117-118.

[19]"La Santa Trinidad" pp. 295-305.

[20]Emil Brunner, *The Christian Doctrine of God* (Filadelfia: Westminster Press, 1949), pp. 236-239.

[21]"La Santa Trinidad" pp. 295-305.

[22]Alexander Hislop, *The Two Babylons*, 2da ed. (Neptune, N.J.: Loizeaux Bros., 1959), pp. 16-19.

[23]Will y Ariel Durant, *The Story of Civilization* (Nueva York: Simon & Schuster, 1935), I, 201.

[24]"La Trinidad" p. 458.

[25]Juan Noss, *Man's Religions*, 5ta ed. (Nueva York; MacMillan, 1969), p. 202.

[26]*Ibid*, p. 163.

[27]Hislop, p. 18.

[28]Noss, p. 268.

[29]"La Trinidad," p. 458.

[30]Heick, 1, 107-110.

[31]"La Santa Trinidad" pp. 295-305.

[32]Heick, I, 123-129.

[33]Harvey, pp. 181-182.

[34]Noss, p. 453.

[35]Harvey, p. 123.

[36]Tertuiliano, *Against Praxeas*, 3.

[37]Heick, I, 112-123.

[38]Durant, III (1944), 653-664.

[39]Nigg, p. 102.

[40]*Ibid*, pp. 126-127.

[41]Heick, I, 156.

[42]Reinhold Seeburg, *Textbook of the History of Doctrines*, trad. Charles Hay (Grand Rapids: Baker, 1954), I, 216-217.

[43]Klotsche, p. 67.

[44]Roland Bainton, *Early Christianity* (Princeton, N.J.: Van Nostrand, 1960), pp. 68-70.

[45]Heick, I, 157.

[46]*Ibid*, I, 163.

[47]*Véase*, Anne Fremantle, ed., *A Treasury of Early Christianity* (Nueva York: Mentor Books, 1953); Seeburg, 1, 240-243.

[48]Heick, I, 88. *Véase*, Tim Dowley, et al., eds., *Eerdman's Handbook to the History of the Church* (Grand Rapids: Eerdmans, 1977), p. 145.

12

EL TRINITARISMO: UNA EVALUACION

En el capítulo pasado tratamos de dar una presentación honesta de la doctrina de la trinidad y un relato objetivo de su desarrollo histórico. También hablamos de algunos problemas inherentes en aquella doctrina. Concluimos que el trinitarismo usa términos extrabíblicos y que logró su predominio y fórmula actual en el cuarto siglo. A pesar de esto, uno puede preguntar si el trinitarismo está por lo menos consistente con la Biblia. En este capítulo afirmamos que la doctrina de la trinidad está en conflicto con la doctrina bíblica de un solo Dios.

Terminología Extrabíblica

Como se habló en el Capítulo XI, la terminología del trinitarismo no es bíblico. La Biblia no menciona la palabra *trinidad* ni hace mención de la palabra *personas* en referencia a Dios. La Biblia ni siquiera liga las palabras *persona* y *tres* con Dios en ninguna manera significante.

La terminología extrabíblica de por sí no significa que una doctrina descrita por ella es necesariamente falsa, pero deja una duda considerable sobre la materia. Esto es especialmente cierto cuando la terminología extrabíblica no es meramente un sustituto para la terminología bíblica, pero en cambio enseña conceptos nuevos. En breve, la terminología extrabíblica es peligrosa si conduce a maneras extrabíblicas de pensar y eventualmente a doctrinas extrabíblicas. El trinitarismo seguramente tiene aquel problema.

Persona y Personas

Hablando de Dios como una persona no le hace justicia a El. La palabra *persona* implica la existencia de un ser humano con una personalidad humana—un individuo con cuerpo, alma, y espíritu. De esa manera, nosotros limitamos nuestro concepto de Dios si le describimos como una persona. Por esa razón, este libro nunca ha dicho que hay una persona en la Deidad o que Dios es una persona. Lo más que nosotros hemos dicho es que Jesucristo es una persona, porque Jesús era Dios manifestado en la carne como una persona humana.

Hablando de Dios como una pluralidad de personas viola aun más el concepto bíblico de Dios. No importa lo que personas significaban en la historia antigua de la iglesia, hoy la palabra definitivamente implica una pluralidad de individuos, personalidades, mentes, voluntades y cuerpos. Tal como hemos mostrado, aun en la historia antigua de la iglesia la gran mayoría de los creyentes la veían como un desvió del monoteísmo bíblico.

Tres

El uso del número tres en relación a Dios también es peligroso. Si se usa para designar distinciones eternas en Dios, conduce al triteísmo, que es un tipo del politeísmo. Si se usa para designar los únicos papeles o manifestaciones que Dios tiene, limita la actividad de Dios en una forma no hallada en las Escrituras. Dios se ha manifestado a Sí mismo en numerosas maneras. y nosotros no podemos siquiera limitarlas a tres. (Véase el Capítulo VI.) El uso de *tres* va en contra del énfasis claro que ambos testamentos ponen sobre el número uno en relación a Dios.

El Triteísmo

A pesar de las protestaciones de los trinitarios, su doctrina inevitablemente conduce a una forma práctica del triteísmo. (Véase el Capítulo XI.) Los judíos y los musulmánes se dan cuenta de esto, porque esta es una de las razones porque ellos han rechazado tan vigorosamente al cristianismo tradicional. A través de la historia, muchos cristianos también han reconocido este problema. Como resultado, algunos han rechazado el trinitarismo en favor de la doctrina de la Unicidad. (Véase el Capítulo X.) Otros han visto los errores del trinitarismo, pero, en un intento de conservar la unicidad de Dios, han caído en el error mayor de negar la deidad de Jesucristo (por ejemplo, los unitarios y los testigos de Jehová). En breve, el trinitarismo enfatiza la calidad de tres en Dios mientras que la Biblia enfatiza la unicidad de Dios. (Véase el Capítulo I.)

Un Misterio

Los trinitarios universalmente describen su doctrina como un misterio. Sin embargo, tal como se habló en el

Capítulo IV el único misterio relacionado a la Deidad es la manifestación de Dios en carne, y aún esto se ha dado a conocer a los que creen. Un misterio en las Escrituras es una verdad divina que ha sido desconocida anteriormente pero ahora se ha dado a conocer a los hombres.

Ciertamente nuestras mentes finitas no pueden comprender todo lo que se debe saber acerca de Dios, pero podemos comprender la sencilla verdad que hay un solo Dios. Dios puede trascender la lógica humana, pero El nunca contradice la lógica verdadera, ni tampoco es ilógico El mismo. El enfatiza Su unicidad tan fuertemente en la Biblia que El ha disipado cualquier misterio o turbación posible sobre este punto.

La Biblia nunca dice que la Deidad es un misterio no revelado o que la cuestión de una pluralidad en la Deidad es un misterio. En cambio, afirma en los términos más fuertes que Dios es uno. ¿Por qué se debe recurrir entonces a una explicación que la Deidad es un misterio incomprensible a fin de proteger una doctrina hecha por los hombres con una terminología extrabíblica cuando las Escrituras claramente nos dan un mensaje sencillo e inequívoco que Dios es absolutamente uno? Es un agravio afirmar que la Deidad es un misterio cuando la Biblia claramente afirma que Dios nos ha dado a conocer el misterio. (Véase el Capítulo IV.)

La Deidad de Jesucristo

El trinitarismo afirma la deidad de Cristo. Sin embargo, quita valor de la plenitud de la Deidad de Cristo tal como la Biblia la describe. Actualmente, el trinitarismo niega que la plenitud de la Deidad está en Jesús porque niega que Jesús es el Padre y el Espíritu Santo. (Véase el Capítulo XI.) No exalta el nombre y la persona de Jesús suficientemente ni le da el reconocimiento pleno que la Biblia le da.

Contradicciones

El problema básico es que el trinitarismo es una doctrina extrabíblica que contradice un número de enseñanzas bíblicas y muchos versículos específicos de las Escrituras. Además, la doctrina contiene un número de contradicciones internas. Por supuesto, la contradicción interna más obvia se trata de como puede haber tres personas de Dios en algún sentido significativo y aún puede existir El como un solo Dios.

Más adelante nosotros hemos compilado una lista de otras contradicciones y de los problemas asociados con el el trinitarismo. Esta no es una lista completa pero sí da una idea de cuánto aquella doctrina se ha apartado de la Biblia.

1. ¿Tuvo Jesucristo dos padres? El Padre es el Padre del Hijo (I Juan 1:3), pero el niño que nació de María fue engendrado por el Espíritu Santo (Mateo 1:18, 20; Lucas 1:35). ¿Cuál de ellos es el verdadero padre? Algunos trinitarios dicen que el Espíritu Santo era meramente el agente del Padre en el proceso de la concepción—un proceso que ellos comparan a la siembra artificial.[1]

2. ¿Cuántos Espíritus hay? Dios Padre es Espíritu (Juan 4:24), el Señor Jesús es Espíritu (II Corintios 3:17), y el Espíritu Santo es un Espíritu por definición. Sin embargo, hay un solo Espíritu (I Corintios 12:13; Efesios 4:4).

3. Si el Padre y el Hijo son personas coiguales, ¿por qué oró Jesús al Padre? (Mateo 11:25). ¿Puede Dios orar a Dios ?

4. De igual modo, ¿cómo puede el Hijo saber tanto como el Padre? (Mateo 24:36; Marcos 13:32).

5. De igual modo, ¿cómo puede ser que el Hijo no tenga poder si el Padre no se lo da? (Juan 5:19, 30; 6:38).

6. De igual modo, ¿qué de los otros versículos de

Escritura que indican la desigualdad entre el Hijo y el Padre? (Juan 8:42; 14:28; I Corintios 11:3).

7. ¿Murió "Dios Hijo"? La Biblia dice el Hijo murió (Romanos 5:10). Si es así, ¿puede morir Dios? ¿Puede morir una parte de Dios?

8. ¿Cómo puede haber un Hijo eterno cuando la Biblia habla del Hijo *engendrado*, así claramente indicando que el Hijo tuvo un comienzo? (Juan 3:16; Hebreos 1:5-6).

9. Si el Hijo es eterno y si El existía cuando se hizo la creación, ¿quién era Su madre entonces? Sabemos que el Hijo nació de una mujer (Gálatas 4:4).

10. ¿Renunció "Dios Hijo" Su omnipresencia mientras que estaba en la tierra? Si es así, ¿cómo podría ser El Dios todavía?

11. ¿Si el Hijo es eterno e inmutable (invariable), ¿cómo puede el reino del Hijo tener un fin? (I Corintios 15:24-28).

12. Si al responder a las preguntas 3 a 11 decimos que solo el hijo humano de Dios era limitado en conocimiento y en poder, y que El murió, entonces ¿cómo podemos hablar de "Dios Hijo"? ¿Hay dos Hijos?

13. ¿A quién adoramos y a quién oramos? Jesús dijo que debemos adorar al Padre (Juan 4:21-24), pero Esteban oró a Jesús (Hechos 7:59-60).

14. ¿Puede haber más de tres personas en la Deidad? Ciertamente el Antiguo Testamento no enseña tres sino enfatiza la Unicidad. Si el Nuevo Testamento agrega al mensaje del Antiguo Testamento y enseña tres personas, entonces ¿qué hay para evitar unas revelaciones subsiguientes de personas adicionales? De igual modo podríamos interpretar algunos versículos de Escritura para significar seis personas adicionales (Apocalipsis 3:1; 5:6).

15. ¿Hay tres Espíritus en el corazón de un cristiano?

El Padre, Jesús, y el Espíritu todos moran dentro de un Cristiano (Juan 14:17, 23; Romanos 8:9; Efesios 3:14-17). Pero hay un solo Espíritu (I Corintios 12:13; Efesios 4:4).

16. Hay un solo trono en el cielo (Apocalipsis 4:2). ¿Quién se sienta en ello? Sabemos que Jesús se sienta allí (Apocalipsis 1:8, 18; 4:8). ¿Dónde se sientan el Padre y el Espíritu Santo?

17. Si Jesús se sienta en el trono, ¿cómo puede sentarse a la diestra de Dios? (Marcos 16:19). ¿Se sienta o se para a la diestra de Dios? (Hechos 7:55), o ¿está El en el seno del Padre? (Juan 1:18).

18. ¿Está Jesús en la Deidad? o ¿está la Deidad en Jesús? Colosenses 2:9 dice que la Deidad está en Jesús.

19. A la luz de Mateo 28:19, ¿por qué siempre bautizaban los apóstoles tanto a los judíos como a los gentiles en el nombre de Jesús, aún cuando los bautizaban de nuevo? (Hechos 2:38; 8:16; 10:48; 19:5; 22:16; I Corintios 1:13).

20. ¿Quien le levantó a Jesús de la muerte? ¿El Padre (Efesios 1:20)?, o ¿Jesús (Juan 2:19-21)?, o ¿el Espíritu (Romanos 8:11)?

21. Si el Hijo y el Espíritu Santo son personas coiguales en la Deidad, ¿por qué no es perdonable la blasfemia contra el Espíritu Santo pero sí es perdonable la blasfemia contra el Hijo? (Lucas 12:10).

22. Si el Espíritu Santo es un miembro coigual de la trinidad, ¿por qué siempre habla la Biblia de El como enviado del Padre o de Jesús? (Juan 14:26; 15:26).

23. ¿Sabe el Padre algo que el Espíritu Santo no sabe? Si así es, ¿como pueden ellos ser coiguales? Solo el Padre sabe el día y la hora de la segunda venida de Cristo (Marcos 13:32).

24. ¿Hizo la trinidad el Antiguo y el Nuevo Pacto? Sabemos que Jehová lo hizo (Jeremías 31:31-34; Hebreos

8:7-13). Si Jehová es una trinidad, entonces el Padre, el Hijo, y el Espíritu todos tuvieron que morir para hacer eficaz el nuevo pacto (Hebreos 9:16-17).

25. Si el Espíritu procede del Padre, ¿es el Espíritu también un hijo del Padre? Si no, ¿por qué no?

26. Si el Espíritu procede del Hijo, ¿es el Espíritu el nieto del Padre? Si no, ¿por qué no?

Evaluación del Trinitarismo

Nosotros creemos que el trinitarismo no es una doctrina bíblica y que contradice la Biblia en muchas maneras. Las Escrituras no enseñan una trinidad de personas. La doctrina de la trinidad usa una terminología no usada en el la Escritura. Enseña y enfatiza la pluralidad en la Deidad mientras que la Biblia enfatiza la Unicidad de Dios. Quita valor de la plenitud de la Deidad de Jesucristo. Contradice muchos versículos específicos de la Escritura. No es lógica. Nadie puede comprenderla ni explicarla racionalmente, ni siquiera los que la abogan. En breve, el trinitarismo es una doctrina que no pertenece al cristianismo.

La Doctrina de la Trinidad
Contrastada con la Unicidad

Para poder comprender claramente cómo el trinitarismo difiere de la enseñanza biblica acerca de la Deidad, hemos preparado una lista contrastante. El lado izquierdo enumera las enseñanzas esenciales del trinitarismo. La lista a la derecha enumera las enseñanzas del monoteísmo, es decir, la Unicidad cristiana. Nosotros creemos que el lado derecho refleja las enseñanzas de la Biblia, y este es el sistema de creencia que nosotros hemos tratado de presentar a lo largo del libro.

El Trinitarismo y La Unicidad Comparados

El Trinitarismo

1. Hay tres personas en un Dios. Es decir, que hay tres distinciones esenciales en la naturaleza de Dios. Dios es la Santa Trinidad.

2. El Padre, el Hijo, y el Espíritu Santo son las tres personas de la Deidad. Ellas son distintas personas, y ellas son coiguales, coeternas, y de la misma coesencia. Sin embargo, Dios Padre es cabeza de la Trinidad en algún sentido, y el Hijo y el Espíritu proceden del Padre en algún sentido.

3. Jesucristo es la encarnación de *Dios Hijo*. Jesús no es ni el Padre ni el Espíritu Santo.

4. El Hijo es eterno. Dios Hijo ha existidor por toda la eternidad. El Hijo es eternamente engendrado del Padre.

5. *El Verbo* de Juan 1 (el Logos), es la segunda persona en la Deidad, específicamente Dios Hijo.

6. Jesús es el nombre humano dado a Dios Hijo como El se ha manifestado en carne.

La Unicidad

1. Hay un solo Dios sin ningunas divisiones esenciales en Su naturaleza. El no es una pluralidad de personas, pero El sí tiene una pluralidad de manifestaciones, papeles, títulos, atributos, o relaciones para con el hombre. Además, estos no se limitan solamenta a tres.

2. Padre, Hijo, y Espíritu Santo son diferentes designaciones para el único Dios. Dios es el Padre. Dios es el Espíritu Santo. El Hijo es Dios manifestado en carne. El término *Hijo* siempre se refiere a la Encarnación, y nunca a alguna deidad aparte de la humanidad.

3. Jesucristo es el *Hijo de Dios*. El es la encarnación de la plenitud de Dios. En su deidad, Jesús es el Padre y el Espíritu Santo.

4. El Hijo es engendrado y no es eterno. El Hijo de Dios existía desde toda la eternidad pero solamente como un plan en la mente de Dios. El Hijo de Dios llegó a la existencia actual (substancial) en la Encarnación, al mismo tiempo en que el Hijo fue engendrado por el Espíritu de Dios.

5. *El Verbo* de Juan 1 (el Logos) no es una persona distinta, sino es el pensamiento, el plan, la actividad, o la expresión de Dios. El Verbo se expresó en carne como el Hijo de Dios.

6. Jesús (que significa Jehová-Salvador) es el nombre de Dios que se ha revelado en el Nuevo

7. El bautismo en agua se administra correctamente con las palabras "en el nombre del Padre, y del Hijo, y del Espíritu Santo."

8. Nosotros veremos a la Trinidad o el Dios Trino en el cielo. (Muchos trinitarios dicen que veremos a tres cuerpos, y eso es el triteísmo absoluto. Otros dejan abierta la posibilidad de que veamos a un solo Ser espiritual con un solo cuerpo. La mayoría de los trinitarios no saben lo que ellos creen acerca de esto, y lo confiesan abiertamente.[2])

9. La Deidad es un misterio. Debemos aceptar por la fe el misterio de la Trinidad a pesar de sus aparentes contradicciones.

Testamento. Jesús es el nombre del Padre, del Hijo, y del Espíritu Santo.

7. El bautismo en agua se administra correctamente con las palabras "en el nombre de Jesús." El nombre de Jesús se acompaña comunmente con los títulos Señor o Cristo o ambos.

8. Nosotros veremos a Jesucristo en cielo. El es el Único que está en el trono y el único Dios que veremos.

9. La Deidad no es un misterio, especialmente a la iglesia. No podemos comprender todo lo que hay que saber acerca de Dios, pero la Biblia enseña claramente que Dios es uno en número y que Jesucristo es el único Dios manifestado en carne.

"¿Qué Cree El Individuo Típico en las Iglesias?"

Al inspeccionar los contrastes entre el trinitarismo y la Unicidad, podemos preguntar ¿qué es lo que el individuo típico quién se denomina cristiano realmente cree? Por supuesto, la mayoría de las denominaciones cristianas oficialmente aceptan el trinitarismo. Sin embargo, la mayoría de los eruditos trinitarios se distancian cuidadosamente del triteísmo y muchos usan una terminología que suena casi como la Unicidad.

Muchos miembros de las iglesias no comprenden realmente la doctrina del trinitarismo y de hecho están más cerca de la creencia de la Unicidad. Algunas preguntas que indican una tendencia hacia la Unicidad o una aceptación funcional si se contestan en el afirmativo son:

1. Por lo normal ¿Ora usted directamente a Jesús? Cuando usted ora al Padre, ¿cambia usted a un lenguaje que indica que realmente está usted pensando acerca de Jesús (por ejemplo, usando "Señor," "en Su nombre," o "Jesús")?

2. ¿Espera usted ver a un solo Dios en el cielo, y específicamente a Jesucristo?

3. ¿Es correcto decir que usted raramente o nunca ora directamente al Espíritu Santo como a una persona distinta?

4. ¿Es la doctrina de la trinidad confusa o misteriosa para usted?

Basada en las respuestas a estas preguntas y a otras como ellas, creemos que la mayoría de los creyentes en la Biblia instintivamente piensan en términos de la Unicidad y no en términos trinitarios. Además, parece que cuando alguien recibe el bautismo del Espíritu Santo él instintivamente piensa desde el punto de vista de la Unicidad.

La mayoría de los católicos y de los protestantes no tienen un concepto muy bien desarrollado acerca de la trinidad, no saben en forma detallada lo que el trinitarianismo enseña, y no pueden explicar pasajes bíblicos en términos trinitarios. Hoy hallamos un énfasis fuerte en el trinitarismo y formas sumamente triteísticas del trinitarianismo primariamente en algunos grupos trinitarios pentecostales. La razón evidente para esto es que ellos se han enfrentado con la doctrina de la Unicidad, la han rechazado a propósito, y consecuentemente han entrado en un trinitarismo radical.

Una sencilla pregunta ayudará al miembro de una iglesia trinitaria a aclarar sus propias creencias. La pregunta es: "Cuando veamos a Dios en el cielo, ¿qué es lo que veremos?" Si ese creyente contesta que veremos a tres personas con tres cuerpos, entonces él es un trinitario radical. Su respuesta indica un triteísmo pagano, y no el fuerte monoteísmo de la Biblia. (Véase el Capítulo 1.) Si él responde que veremos a un solo Dios con un solo cuerpo, entonces él está cerca de la Unicidad. Dada esta respuesta, es fácil demostrar desde Apocalipsis que el Unico que veremos es realmente Jesucristo, porque en El habita toda la plenitud de la Deidad corporalmente.

Conclusión

La Biblia no enseña la doctrina de la trinidad, y el trinitarismo actualmente contradice la Biblia. No agrega ningún beneficio positivo al mensaje Cristiano. Sin la doctrina de la trinidad que fue hecha por el hombre todavía podemos afirmar la deidad de Jesús, la humanidad de Jesús, el nacimiento virginal, la muerte, la sepultura y la resurrección de Cristo, la expiación, la justificación por la fe, la autoridad única de la Escritura, y cualquier otra doctrina que es esencial al verdadero cristianismo. De hecho, nosotros acrecentamos estas doctrinas cuando adherimos estrictamente al mensaje bíblico que Jesús es el único Dios manifestado en carne. La adherencia a la Unicidad no significa una negación de que Dios vino en carne como el Hijo o una negación de que Dios cumple los papeles de Padre y Espíritu Santo. Por otra parte, la doctrina de la trinidad quita valor de los importantes temas bíblicos de la Unicidad de Dios y la Deidad absoluta de Jesucristo. Por lo tanto, el cristianismo debería dejar de usar la terminología trinitaria y debería volver a poner énfasis en el mensaje básico de Biblia. La mayoría de los que creen en la Biblia no piensan en fuertes términos trinitarios, entonces una transición del trinitarismo no sería muy difícil, por lo menos en un nivel individual.

Por otro lado, la adherencia estricta a la creencia en la Unicidad trae muchas bendiciones. Pone el énfasis donde se debe ponerlo—sobre la importancia de la terminología bíblica, el pensamiento bíblico, y los temas bíblicos. Establece al cristianismo como el verdadero heredero del judaísmo y como una creencia verdaderamente monoteísta. Nos recuerda que Dios nuestro Padre y Creador nos amaba tanto que El se vistió a Sí mismo en carne para venir como nuestro Redentor. Nos recuerda que nosotros podemos recibir a este mismo Creador y Redentor en nuestros corazones por medio de Su propio Espíritu.

La Unicidad magnifica a Jesucristo, exalta Su nombre, reconoce quién realmente es El, y reconoce Su deidad plena. Exaltando a Jesús y a Su nombre en la predicación y en la adoración trae un movimiento poderoso de Su poder por medio de bendiciones, liberaciones, oraciones contestadas, milagros, sanidades, y la salvación. Cosas maravillosas suceden cuando alguien predica un mensaje acerca de la deidad de Jesús, el nombre de Jesús, y la Unicidad de Dios, pero es una rara vez que alguien se inspire sobre un mensaje acerca de la trinidad.

Una creencia fuerte en la Unicidad de Dios y la Deidad absoluta de Jesucristo es un elemento crucial en la restauración de la iglesia a la verdadera creencia bíblica y el poder apostólico.

LAS NOTAS

CAPITULO XII

[1]Brumback, p. 79.

[2]Ramm, p. 171.

13

CONCLUSION

En resumen, ¿qué podemos decir acerca de Dios? Sabemos que hay un solo Dios indivisible (Deuteronomio 6:4). Dios es Espíritu (Juan 4:24) y por lo tanto es invisible al hombre (Juan 1:18; I Timoteo 6:16). El es omnisciente, omnipresente, y omnipotente (Salmo 139; Apocalipsis 19:6). En el Antiguo Testamento, Dios se manifestó a Sí mismo muchas veces en maneras visibles (Génesis 18:1; Exodo 33:22-23). Estas manifestaciones visibles y temporales se llaman teofanías. En el Nuevo Testamento, Dios se manifestó a Sí mismo en carne humana como Jesucristo, el Hijo de Dios (Juan 1:1, 14; I Timoteo 3:16).

En el Antiguo Testamento Dios se reveló a Sí mismo por el nombre Jehová o Yahvé, que significa el que Existe por Sí mismo o el Eterno.

El Nuevo Testamento frecuentemente describe a Dios como el Padre. Este título enfatiza Su papel como Creador y Padre de todos (Malaquías 2:10), como el Padre de los creyentes que han nacido de nuevo

(Romanos 8:14-16), y como Padre del Hijo unigénito (Juan 3:16).

Además, la Biblia usa el término *Espíritu Santo* para referirse al único Dios. Esto describe lo que Dios es y enfatiza a Dios en Su actividad (Génesis 1:2), particularmente en Su actividad relativa al hombre tal como regenerando, bautizando, llenando, y ungiendo (Hechos 1:4-8; 2:1-4).

La Biblia también usa el término *Verbo* para referirse al único Dios, particularmente al pensamiento, el plan, o la expresión de Dios (Juan 1:1, 14).

En el Nuevo Testamento, Dios se manifestó a Sí mismo en carne en la persona de Jesucristo. Esta manifestación de Dios se llama el Hijo de Dios (no Dios Hijo) porque El fue concebido literalmente en la matriz de una mujer por la operación milagrosa del Espíritu de Dios (Mateo 1:18-20; Lucas 1:35). Así que la palabra Hijo nunca denota solamente la Deidad, sino siempre describe a Dios como manifestado en carne, en Cristo (Mateo 25:31), y a veces describe solamente la humanidad de Cristo (Romanos 5:10). Nosotros no decimos que el Padre es el Hijo, sino que el Padre está en el Hijo. Nosotros no podemos separar al Hijo de la Encarnación (Gálatas 4:4). Por lo tanto, el Hijo preexistía la Encarnación solamente en la forma de un plan en la mente de Dios, específicamente como el Verbo.

Jesucristo es el Hijo de Dios—Dios en carne (Mateo 1:21-23). El tiene una naturaleza dual—humana y divina, o carne y Espíritu. En otras palabras, dos naturalezas completas se unen inseparablemente en la persona de Jesucristo. En Su naturaleza humana Jesús es el hijo de María. En Su naturaleza divina Jesús es Dios mismo (II Corintios 5:19; Colosenses 2:9; II Timoteo 3:16). Jesús es el Padre (Isaías 9:6; Juan 10:30; 14:6-11), Jehová (Jeremías 23:6), el Verbo (Juan 1:14), y el Espíritu Santo

(II Corintios 3:17; Gálatas 4:6; Efesios 3:16-17).

La Biblia claramente enseña la doctrina de la Unicidad de Dios y la Deidad absoluta de Jesucristo. Los primeros Cristianos creían esta grande verdad, y mucha gente la ha creído a través de la historia. Aunque en el curso de la historia el trinitarismo llegó a ser la doctrina predominante en el cristianismo, las Escrituras no la enseñan. De hecho, la Biblia en ninguna parte menciona o alude a la palabra *trinidad,* a la frase "tres personas en una sola sustancia," o a la frase "tres personas en un Dios." Podemos explicar todas las Escrituras en ambos testamentos adecuadamente sin la necesidad de recurrir a la doctrina de la trinidad.

El trinitarismo contradice y disminuye las enseñanzas bíblicas importantes. Disminuye el énfasis de la Biblia en la Unicidad absoluta de Dios, y disminuye la Deidad plena de Jesucristo. La doctrina trinitaria como existe hoy no se desarrolló totalmente y la mayoría del cristianismo no la aceptó totalmente hasta el cuarto siglo después de Cristo.

Aquí hay cinco maneras específicas en que la doctrina bíblica del monoteísmo Cristiano difiere de la doctrina actualmente existente del trinitarismo. (1) La Biblia no habla de un eterno existente "Dios Hijo;" porque el Hijo se refiere únicamente a la Encarnación. (2) La frase "tres personas en un Dios" es incorrecta porque no hay distinción de personas en Dios. Si "personas" indica una pluralidad de personalidades, voluntades, seres, o cuerpos visibles, entonces es incorrecta porque Dios es un solo ser con una personalidad, una voluntad, y una mente. El tiene un cuerpo visible—el cuerpo humano glorificado de Jesucristo. (3) El término "tres personas" es incorrecto porque no hay una esencial necesidad de tres en Dios. El número único que es pertinente a Dios es uno. El tiene muchos papeles, títulos, manifestaciones, o atributos diferentes, y nosotros no los podemos limitar a tres. (4) Jesús es el nombre del Padre, del Hijo, y del Espíritu Santo, porque Jesús es el nombre de Dios que ha sido revelado en el Nuevo Testamento (Juan 5:43; Mateo 1:21; Juan 14:26). Por lo tanto, administramos correctamente el bautismo en agua usando el nombre de Jesús (Hechos 2:38). (5) Jesús es la encarnación de la plenitud de Dios. El es la encarnación del Padre (el Verbo, el Espíritu, Jehová) y no simplemente la encarnación de una persona llamada "Dios Hijo."

¿Qué es la esencia de la doctrina de Dios tal como la Biblia la enseña—la doctrina que hemos nombrado la Unicidad? En primer lugar, hay un Dios indivisible sin distinción de personas. En segundo lugar, Jesucristo es la plenitud de la Deidad en carne. El es Dios Padre—el Jehová del Antiguo Testamento—vestido en carne. Todo Dios está en Jesucristo, y nosotros encontramos todo lo que necesitamos en El. El único Dios a quién nosotros jamás veremos en el cielo es Jesucristo.

Habiendo dicho todo esto, ¿por qué es una comprensión correcta de y creencia en esta doctrina tan importante? Aquí hay cuatro razones. (1) Es importante porque la Biblia entera la enseña y la enfatiza. (2) Jesús enfatizaba la importancia de comprender quién es El realmente—el Jehová del Antiguo Testamento: "Si no creéis que yo soy, en vuestros pecados moriréis." (Juan 8:24). Entonces Jesús se llamó a Sí mismo el "YO SOY," el nombre que Jehová usó en Exodo 3:14-15. Jesús estaba deciendo, "Si ustedes no creen que YO SOY, morirán en sus pecados." No es mandatorio que alguien tenga una comprensión completa de todas las preguntas que se relacionan a la Deidad para ser salvo, pero él debe creer que hay un solo Dios y que Jesús es Dios. (3) El mensaje de la Unicidad determina la fórmula para el bautismo en agua—en el nombre de Jesús (Hechos 2:38). (4) La Unicidad nos enseña realmente cuán importante es el bautismo del Espíritu Santo. Puesto que hay un solo Espíritu de Dios, y puesto que el Espíritu Santo es el Espíritu de Cristo, la Unicidad nos enseña que recibimos a Cristo en nuestras vidas cuando somos llenados o bautizados con el Espíritu Santo (Romanos 8:9).

Puesto que la Biblia enseña tan claramente la Unicidad de Dios y la Deidad plena de Jesucristo, ¿por qué está oscura a tanta gente, especialmente a aquellos en el Cristianismo? La respuesta es que el entendimiento no viene meramente por medio del estudio intelectual sino mediante la iluminación divina de las Escrituras. Viene por medio del estudio devoto, la búsqueda diligente, y un deseo intensivo para conocer la verdad. Cuando Pedro hizo su gran confesión de la Deidad de Jesús, Jesús dijo, "no te lo reveló carne ni sangre, sino mi Padre que está en los cielos" (Mateo 16:16-17). Por lo tanto, si queremos comprender al Dios Todopoderoso en Cristo, debemos desechar las doctrinas, las tradiciones, las filosofías, y las teorías de los hombres. En su lugar debemos poner la pura palabra de Dios. Debemos pedir que Dios nos revele esta gran verdad a nosotros por medio de Su palabra. Debemos buscar que Su Espíritu ilumine Su palabra y nos guie en toda la verdad (Juan 14:26; 16:13). No es suficiente confiar en los dogmas de la iglesia, porque los dogmas de la iglesia son válidos únicamente si ellos son enseñados en las Escrituras. Debemos acudir a la Biblia misma, debemos estudiarla, y debemos pedir que Dios la ilumine por Su Espíritu.

Es apropiado que concluyamos este libro con Colosenses 2:8-10, un gran pasaje de advertencia, instrucción, e inspiración con respecto a las verdades preciosas de la Unicidad de Dios y la Deidad de Jesucristo.

"Mirad que nadie os engañe por medio de

filosofías y huecas sutilezas, según las tradiciones de los hombres, conforme a los rudimentos del mundo, y no según Cristo. Porque en él habita corporalmente toda la plenitud de la Deidad, y vosotros estáis completos en él, que es la cabeza de todo principado y potestad."

¡Amén!

BIBLIOGRAFIA

La Biblia Amplificada, Grand Rapids: Zondervan, 1965.

Anderson, Señor Normando (ed.). *Las Religiones Del Mundo*, 4th ed. Grand Rapids: Eerdmans, 1975.

"El Bautismo (Cristiano Primitivo)," *La Enciclopedia de Religión y Etica*. James Hastings, et al. (eds.).Nueva York: Charles Scribner's Sons, 1951.

Bainton, Roland. *La Cristiandad Primitiva*. Princeton, N.J.: Van Nostrand, 1960.

Bethune—Baker, J.F. *Una Introducción a la Historia Primitiva de la Doctrina Cristiana*. Londres: Methuen y Compañía Limitada, 1933.

Bloesch, Donald. *Esenciales de la Teología Evangélica*, San Francisco: Harper y Row, 1978.

Brumback, Carl. *Dios en Tres Personas*. Cleveland, Tenn.: Editorial El Sendero, 1959.

Brunner, Emil. *La Doctrina Cristiana de Dios*. Filadelfia: Editorial Westminster, 1949.

Buswell, James, Jr. *Una Teología Sistemática de La Religión Cristiana*. Grand Rapids: Zondervan, 1980.

Campbell, David. *Toda la Plenitud*. Hazelwood, Mo.: Editorial La Palabra Encendida, 1975 .

Campbell, David. *La Filiación Eterna (Una refutación según Adán Clarke)*. Hazelwood, Mo.: Editorial Word Aflame, 1978.

Chalfant, William. *Los Campeones Antiguos de La Unicidad*. 1979; rpt. Hazelwood, Missouri: Editorial Word Aflame, 1982.

Dake, Finis. *La Biblia Anotada de Referencia de Dake*, La Versión del Rey Santiago. Lawrenceville, Georgia: Dakés Ventas de la Biblia, 1963.

Derk, Francis. *Los Nombres de Cristo*, 2da ed. Minneapolis:

Confraternidad Betania, 1969.

Dorner, J.A. *La Doctrina de la Persona de Cristo*. Edimburgo: T. y T. Clark, 1870.

Dowley, Tim, et al. (eds.). *El Manual a la Historia de la Iglesia de Eerdman*. Grand Rapids: Eerdmans, 1977.

Durant, y Ariel. *La Historia de la Civilización*. Nueva York: Simon y Schuster, 1935-1967.

Dyrness, William. *Los Temas en la Teología del Antiguo Testamento*. Downers Grove, Ill.: Editorial InterVarsity, 1979.

Ferguson, Paul. *Dios en Cristo Jesús*. Stockton, Calif: La Prensa Apostólica, n.d.

Flanders, Henry Jr. y Cresson, Bruce. *Introducción a la Biblia*. Nueva York: Juan Wiley & Sons, 1973.

Foster, Fred *Su Historia: Los Pentecostales del Siglo Veinte*. Hazelwood, Mo.: Editorial Word Aflame, 1981.

Fremantle, Anne (ed.). *Una Tesorería del Cristianismo Primitivo*. Nueva York: El Mentor Reserva, 1953.

Geisler, Normando y Nix, William. *Una Introducción General a la Biblia*. Chicago: Editorial Moody, 1968.

Graves, Robert Brent. *El Dios de los Dos Testamentos*, 1977; n.p., 1982.

Harnack, Adolph. *La Historia del Dogma*. Londres: Williams y Norgate, 1897.

Harvey, Van. *Un Manual de Términos Teológicos*. Nueva York: MacMillan, 1964.

Heick, Otto. *Una Historia del Pensamiento Cristiano*. Filadelfia: Editorial La Fortaleza, 1965.

Hipólito. *Contra la Herejía de Un Tal Noeto*, y *La Refutación de Todas las Herejías*, rpt. en *Los Padres Ante-Nicenses*, Vol. V, Alejandro Roberts y Santiago Donaldson (eds.). Rpt. Grand Rapids: Eerdmans, 1977.

Hislop, Alexander. *Las Dos Babilonias*, 2da ed. Neptuno, N.J.: Loizeaux Bros., 1959.

La Santa Biblia, Nueva Versión Internacional. Grand Rapids: Zondervan, 1978.

Klotsche, E. H. *La Historia de la Doctrina Cristiana*, rev. ed. Grand Rapids: Casa de Libros Baker, 1979.

Latourette, Kenneth. *Una Historia de la Cristiandad*. Nueva York: Harper y Row, 1953.

Lebreton, Juls y Zeille, Jacques, *Herejía y la Ortodoxia*, Vol. IV de *Una Historia de la Iglesia Primitiva*. Nueva York: Collier, 1962.

Magee, Gordon. *¿Está Jesús en la Deidad? o ¿Está la Deidad en Jesús?* N.P., n.d.

Marshall, Alfred. *El Nuevo Testamento Interlinear Griego—Inglés*. Grand Rapids: Zondervan, 1958.

Miller, Juan. *¿Es Dios una Trinidad?* 1922; rpt.. Hazelwood, Mo.: Editorial Word Aflame, 1975.

"Monarquianismo," *La Enciclopedia Britannica*. Chicago: William Benton, 1964.

"Monarquianismo," *La Enciclopedia de Religión y Etica*, 1962.

"Monarquianismo," *La Nueva Enciclopedia Schaff-Herzog del Conocimiento Religioso*, Samuel Jackson (ed.). Grand Rapids: Baker, 1963.

Nigg, Walter. *Los Herejes*. Nueva York: Alfred A. Knopf, 1962.

Noss, Juan. *Las Religiones del Hombre*, 5ta ed. Nueva York: MacMillan, 1969.

Paterson, Juan. *Dios en Cristo Jesús*. Hazelwood, Mo.: Editorial Word Aflame, 1966.

Paterson, Juan, *La Verdad Actual Acerca del Bautismo en el Nombre de Jesús*. Hazelwood, Mo.: Editorial Word Aflame, 1953.

Ramm, Bernard. *La Interpretación Bíblica Protestante*. Grand Rapids: Baker, 1965.

Reeves, Kenneth. *La Deidad*. Granite City, Ill.: Por el autor, 1971.

"Sabelio," *La Enciclopedia Britannica*, 1964.

Seeburg, Reinhold. *El Libro de Historia de las Doctrinas*, Charles Hay, traductor. Grand Rapids: Baker, 1954.

"Serveto, Miguel," *La Enciclopedia Britannica*, 1964.

Serveto, Miguel. *Acerca de los Errores de la Trinidad* (1531) y *Unos Diálogos Acerca de la Trinidad* (1532), rpt. en James Ropes y Kirsopp Lake (eds.), *Los Dos Tratados de Serveto Acerca de la Trinidad*, Earl Morse Wilburn, traductor. 1932; rpt. Nueva York: Kraus Reimprime, 1969.

Spence, H.D.M. y Exell, Joseph (eds.). *El Comentario del Púlpito*. Rpt. Grand Rapids: Eerdmans, 1977.

Stevens, William. *Doctrinas de la Religión Cristiana*. Nashville: Broadman, 1967.

Strong, James. *La Concordancia Exhaustiva de la Biblia*. Nashville: Abingdon, 1890.

Swaggart, Jimmy. "El Error de la Doctrina de 'Solo Jesús'" *El Evangelista*, Abril, 1981.

Swedenborg, Emanuel. *¿El Misterio de Dios?* 1771; rpt. Portland, O.: Editoriales Apostólicas, n.d.

Swedenborg, Emanuel. *La Verdadera Religión Cristiana*. Nueva York: Houghton, Mifflin, 1907.

Tertuliano. *En Contra de Praxeas*, rpt. en *Los Padres Ante-Nicenses*, Alexander Roberts y James Donaldson (eds.). Rpt. Grand Rapids: Eerdmans, 1977.

"La Trinidad," *La Enciclopedia de Religión y Etica*, 1951.

"La Santa Trinidad," *La Nueva Enciclopedia Católica*. Nueva York: McGraw Hill, 1967.

"La Santa Trinidad (En la Biblia)," *La Nueva Enciclopedia Católica*, 1967.

"Unitarismo," *La Enciclopedia de Religión y Etica*, 1962.

Urshan, Andrew. *El Dios Omnipotente en el Señor Jesucristo*. Portland, O.: El Rincón del Libro Apostólico, 1919.

Vaughn, Curtis (ed.). *El Nuevo Testamento de 26 Traducciones*. Grand Rapids: Zondervan, 1967.

Vincent, Marvin. *Estudios de las Palabras en el Nuevo Testamento*. 1887: rpt. Grand Rapids: Ferdmans, 1975.

Vine, W.E. *Un Diccionario Expositorio de las Palabras del Nuevo Testamento*. Old Tappan, N.J.: Fleming H. Revell, 1940.

El Tercer Nuevo Diccionario de Webster del Idioma Inglés, Integro, Philip Gove, et al. (eds.). Springfield, MA: G. y C. Merriam, 1976.

Weisser, Thomas. *Según el Camino Llamado Herejía*. N.p., 1981.

Wolfson, H.A. *La Filosofía de los Padres de la Iglesia*. Cambridge, MA: Editorial de la Universidad de Harvard, 1970.

GLOSARIO

Adopcionismo. Técnicamente, una doctrina del octavo siglo que originó con los teólogos españoles quienes enseñaban que el hombre Jesús fue adoptado a la filiación por una acción de Dios. En general, cualquier creencia que Jesús era un hombre quien se elevó a la divinidad en algún punto de su vida.

Agnosticismo. La negación de cualquier conocimiento relacionado a la existencia de Dios. Generalmente, el agnóstico también niega la posibilidad de saber si Dios existe o no.

Antropomorfismo. El uso de características humanas para describir a Dios; por ejemplo, la atribución de emociones humanas y partes del cuerpo humano a Dios. Generalmente esto se considera como un lenguaje simbólico o figurativo para ayudar al hombre a comprender la naturaleza de Dios.

Apolinarianismo. La posición cristológica de Apolinario, obispo de Laodicea (murió en 390). En general, él creía que Cristo tenía una incompleta naturaleza humana—específicamente, que Cristo tenía un alma y un cuerpo humano, pero que no tenía un espíritu humano. En lugar de un espíritu humano El tenía el Espíritu divino o el Logos. El Concilio de Constantinopla en 381 condenó al apolinarianismo.

Apologista. Uno que defiende al cristianismo de las objeciones intelectuales. En la historia primitiva de la iglesia, los apologistas griegos eran los líderes cristianos desde aproximadamente 130 a 180 D.C. quienes escribieron tratados en el griego defendiendo al cristianismo de los ataques de los filósofos paganos.

Arianismo. Las creencias cristológicas de Ario (280—336), un sacerdote de Alejandría. Ario mantenía

301

que había un solo Dios, y que el Hijo o el Logos era un ser divino como Dios pero creado por Dios. Así entonces, Jesús era un semidiós. Esta creencia llegó muy cerca de inundar al cristianismo en el cuarto siglo, pero fue condenada por el Concilio de Nicea en 325 y luego por el Concilio de Constantinopla en 381.

Atanasianismo. La doctrina trinitaria de Atanasio (293-373), obispo de Alejandría. El Concilio de Nicea en 325 dio la primera aprobación oficial a esta doctrina y el Concilio de Constantinopla en 381 la estableció aun más firmemente. Es la creencia ortodoxa tanto de los Protestantes como de los católicos romanos. Básicamente, mantiene que hay tres personas eternas en la Deidad: Dios Padre, Dios Hijo, y Dios Santo Espíritu. Estas tres personas son coiguales, coeternas, y de una coesencia.

Atanasio, Credo de. Un antiguo credo trinitario que no fue formulado por Atanasio. Fue desarrollado en el quinto siglo y probablemente refleja la teología de Agustín. La parte occidental del cristianismo (la Iglesia Católica Romana) lo adoptó oficialmente y generalmente los Protestantes lo han retenido, pero la ortodoxia oriental nunca lo ha aceptado porque afirma que el Espíritu Santo procede del Padre y del Hijo en vez de proceder únicamente del Padre. Es la declaración más completa en la historia antigua de la iglesia de la doctrina de la trinidad. Véase el Capítulo XI para parte del texto de este credo.

Ateísmo. La afirmación o creencia que no hay Dios.

Binitarismo. La creencia en dos personas en la Deidad: Dios Padre y Dios Hijo. Una forma de esta doctrina era prevalente entre los apologistas griegos. Siempre existe en el día de hoy.

Cerintianismo. Una doctrina gnóstica del primer siglo que fue nombrada por un proponente antiguo, Cerintio, quien mantenía que Jesús y Cristo eran dos seres distintos. Según esta creencia, Jesús era un humano que nació naturalmente (no de una virgen), mientras que Cristo era un espíritu que vino sobre Jesús en Su bautismo y que le dejó antes de Su crucificción.

Cristocéntrico. Un sistema de teología en que la persona y la obra de Cristo son la base y el enfoque de todo se llama cristocéntrico.

Cristología. La doctrina de Jesucristo y de la Encarnación. El Concilio de Calcedón en el año 451 expresó lo que es la fórmula cristiana tradicional acerca de este tema cuando aseveró que Jesucristo era una persona con dos naturalezas—humana y divina.

Deidad. Se refiere al estado de ser Dios, y a toda la naturaleza de Dios.

Diteísmo. La creencia en dos dioses distintos.

Docetismo. Una creencia gnóstica del primer siglo que Cristo solamente era un ser espiritual. Según esta creencia, Cristo parecía tener un cuerpo humano actual, pero realmente no lo tenía.

Ebionitismo. Una herejía del primer siglo que originó con los Cristianos judíos. Los ebionitas rechazaban las enseñanzas de Pablo y enfatizaban la importancia de la ley de Moisés. Generalmente, ellos veían a Jesús como un profeta divinamente inspirado pero no como Dios.

Gnosticismo. Un término que cubre una gama amplia del pensamiento religioso en los primeros pocos siglos después de Cristo. Se originó en el paganismo, pero adoptaba muchos elementos cristianos, y llegó a ser una amenaza importante al cristianismo. En general, el gnosticismo mantenía que el espíritu es bueno, la materia es perversa, la salvación consiste en la liberación del espíritu de la materia, y que la salvación se consigue por medio de un conocimiento oculto o más alto (el griego, *gnosis*). El gnosticismo tal como fue aplicado a la Deidad y a la cristología mantenía lo siguiente: El Dios Supremo era trascendente e inaccesible, pero de El vino una serie de emanaciones progresivamente más inferiores (llamadas eones). El más bajo de estos eones era Jehová. Cristo es uno de los eones más altos. Puesto que toda materia es perversa, Cristo era solamente un ser espiritual y tenía lo que parecía un cuerpo (la doctrina de docetismo). Algunos enseñaban que Cristo era un ser espiritual que estaba temporalmente asociado con un hombre Jesús quien murió (la doctrina de Cerintianismo). Juan en sus escrituras y Pablo en Colosenses escribían en contra de estas creencias gnósticas acerca de la Deidad.

Hipóstasis. La palabra griega que significa subsistencia o manifestación individualizada, y comúnmente se traduce como "persona." Según la doctrina de la trinidad, Dios existe como tres hipóstases. Según la cristología tradicional, Jesucristo tiene dos naturalezas pero es un solo hipóstasis. Hebreos 1:3 dice que el Hijo es la imagen expresa del hipóstasis de Dios, no una segunda hipóstasis.

Homoiousios. La palabra griega traducida "parecido en naturaleza" o "similar en naturaleza." Los arianos lo usaban para describir la relación de Jesús a Dios. Muchos de ellos que abogaban por su uso en el Concilio de Nicea aparentemente no eran arianos, pero estaban opuestos a las conotaciones de Sabelio de la palabra griega alternativa, homoousios. El Concilio de Nicea rechazó al arianismo y el uso de homoiousios.

Homoousios. La palabra griega traducida "lo mismo en naturaleza." Atanasio abogaba a favor de su uso y el Concilio de Nicea adoptó esta palabra para describir la relación de Jesús a Dios aunque algunos la oponían a causa de su uso anterior por los sabelianas. Así entonces, comenzó como una palabra de la Unicidad, pero fue adoptada por los trinitarios.

Immutable. Eternamente incambiable. Una calidad que pertenece solamente a Dios.

Encarnación. En general, la personificación de un espíritu en forma humana. Específicamente, el hecho de Dios haciéndose carne; que es, la unión de divinidad y humanidad en Jesucristo.

Judaísmo. La religión monoteísta basada en el Tora (la ley de Moisés), o el Antiguo Testamento Cristiano. El judaísmo enseña que Dios es absolutamente uno en el valor numérico, acepta la ley de Moisés como la Palabra de Dios para hoy, y totalmente rechaza la deidad o el papel mesiánico de Jesús de Nazaret.

Kenosis. Derivado de la palabra griega kenoo, que aparece en Filipenses 2:7 y significa "hacer nada de algo, vaciarse, o despojarse." Describe como Dios escogió despojarse a Sí mismo de Sus prerrogativas y dignidad como Dios a fin de aparecerse en la carne como un hombre. Algunos trinitarios tienen una teoría que dice que "Dios Hijo" se vació a Sí mismo o puso a un lado Sus atributos divinos cuando El se encarnó.

Logos. El griego para "Verbo." Así se traduce en Juan 1:1. En ese pasaje el Verbo significa el pensamiento, el plan, la actividad, la declaración, o la expresión de Dios. Es decir, puede referirse al pensamiento en la mente de Dios o al pensamiento expreso de Dios, particularmente como se expresó en carne por medio de Jesucristo, el Hijo de Dios. En la antigua filosofía griega significaba la razón como el principio controlador del universo. La filosofía neoplatónica, particularmente la del filósofo greco-judío Filo de Alejandría, personificaba el Verbo y lo describía como una deidad secundaria creada por Dios o emanando desde Dios en el tiempo. Algunos de los apologistas griegos adoptaron esta creencia e hicieron iguales el Verbo y el Hijo. El trinitarismo incorporó esta creencia, haciendo iguales el Verbo y "Dios Hijo" pero eventualmente mantenía que el Logos era coigual y coeterno con Dios Padre. Las escrituras de Juan fueron particularmente diseñadas para refutar estos conceptos falsos acerca del Logos y del Hijo.

Mahometismo. Una religión monoteísta fundada por Mahoma en el séptimo siglo en Arabia. Los seguidores se llaman musulmanes. La confesión islámica de fe es, "No hay Dios sino Alá, y Mahoma es el profeta de Dios." El mahometismo identifica a Alá como el Dios de Abraham y acepta la Biblia como la palabra de Dios. Sin embargo, reconoce a Jesús meramente como un buen profeta, afirmando que Mahoma es el más grande de todos los profetas. Mantiene también que el libro de Mahoma, el Corán o Qur'an, es la última revelación de la Palabra de Dios para la humanidad en el día de hoy. El mahometismo es la religión dominante en el Medio Oriente, Africa del Norte, y un número de países Asiáticos.

Manifestación. Manifestar algo significa "mostrar, revelar, estrenar, hacer evidente, o hacer claro." Una manifestación es un hecho o un ejemplo de manifestar. Primera de Timoteo 3:16 dice, "Dios fue manifestado en carne." Este libro usa la palabra *manifestación* para describir cualquier método, modo, papel, o relación por lo cual Dios se revela a Sí mismo al hombre. Así entonces, el Padre, el Hijo, y el Espíritu Santo son manifestaciones de Dios más bien que personas, porque la palabra personas contiene connotaciones extrabíblicas de personalidades individualizadas que la palabra manifiestación no contiene.

Modalismo. El término usado para describir una creencia en la historia antigua de la iglesia que Padre, Hijo, y Espíritu no son distinciones eternas dentro de la naturaleza de Dios sino simplemente modos (métodos o manifestaciones) de actividad de Dios. En otras palabras, Dios es un ser individual, y los diversos términos usados para describirle (tal como Padre, Hijo, y Espíritu Santo) son las designaciones aplicadas a diferentes formas de Su acción o diferentes relaciones que El tiene para con el hombre. Véase el Capítulo X para más discusión histórica. Este término también se llama monarquianismo modalístico, patripasianismo, y sabelianismo. Básicamente, el modalismo es lo mismo que la doctrina moderna de la Unicidad.

Modo. Una forma o manera de expresión; una manifestación; no una distinción esencial o eterna en la naturaleza de Dios.

Monarquianismo. El término usado para describir una creencia en la historia primitiva de la iglesia que enfatizaba la Unicidad no dividida y la soberanía (*monarquía*) de Dios. Esta creencia rechazaba todas las distinciones esenciales en el ser de Dios, así entonces negando la doctrina de la trinidad. Los historiadores usan el término para describir a dos creencias agudamente diferentes—el monarquianisrno dinámico y el monarquianismo modalístico—pero esto no implica ninguna asociación histórica entre los dos grupos o doctrinas. El monarquianismo dinámico mantenía que Jesús era un ser humano quien llegó a ser el Hijo de Dios a causa de la sabiduría divina o el Logos que habitaba en El. Aparentemente, los monarquianos dinámicos rehusaban considerar a Jesús como Dios en el sentido mas estricto de la palabra y no le adoraban como Dios. Mucho más influyente históricamente que el monarquianismo dinámico era el monarquianismo modalístico (modalismo). El monarquianismo modalístico mantenía que Dios era un ser individual y que Padre, Hijo, y Espíritu Santo son términos que se aplican a modos diferentes de acción del único Dios. A diferencia del monarquianismo dinámico, el monarquianismo modalístico identificaba a Jesucristo como Dios mismo (el Padre) manifestado en carne.

Monofisitismo. La doctrina cristológica que apareció después del Concilio de Calcedón en el año 451 y se opuso a la declaración de Calcedón de dos naturalezas en Cristo. Los monofísitas mantenían que Cristo tenía solamente una naturaleza dominante la cual era la naturaleza divina.

Monoteísmo. La creencia en un solo Dios, de las palabras griegas significando "un Dios." La Biblia enseña el monoteísmo estricto. Solo tres religiones importantes del mundo son monoteistas: el judaísmo, el cristianismo, e islam. Los judíos y los musulmánes ven la doctrina de la trinidad como un rechazamiento del verdadero monoteísmo. Los creyentes de la Unicidad también rechazan al trinitarismo como un abandono del monoteísmo bíblico.

Monotelitismo. La doctrina cristológica en el séptimo siglo que mantenía que Cristo tenía una sola voluntad. La creencia mayoritaria en el cristianismo es que Cristo tenía dos voluntades colaborantes—humana y divina—pero los monotelitas creían que Cristo tenía una voluntad compuesta: divina-humana.

Naturaleza. "El carácter inherente o la constitución básica de una persona o de una cosa" (El Diccionario Webster). Este libro usa esta palabra para describir la humanidad y la divinidad de Cristo. Nosotros expresamos esto diciendo que Cristo tenía una naturaleza dual o diciendo que Cristo tenía dos naturalezas. Cristo tenía una naturaleza humana completa (Véase el Capítulo V) y también la naturaleza divina completa (Véase el Capítulo IV). Tanto la humanidad como la deidad son los componentes esenciales del ser de Jesucristo.

Nestorianismo. La Cristología de Nestorio (el Patriarca de Constantinopla, 428-431). Nestorio mantenía que Cristo tenía dos naturalezas completas—humana y divina. El enseñaba que uno no podría llamar a María "la Madre de Dios" porque ella era la madre solamente de la naturaleza humana. El Concilio de Efeso en 431 le condenó a

Nestorio por haber dividido a Cristo entre dos personas, pero Nestorio negó el cargo. Posiblemente, él enseñaba que las dos naturalezas de Cristo se unieron únicamente en el sentido moral o en propósito más bien que esencialmente o físicamente. Sin embargo, muchos historiadores concluyen que Nestorio realmente enseñaba que había dos naturalezas en una sola persona, pero llegó a ser la víctima de un malentedido y de la oposición porque él enfatizaba las distinciones entre las dos naturalezas y rehusaba llamar a María la madre de Dios.

Nicea, Credo de. El producto del Concilio de Nicea en 325. La versión actual incluye adiciones hechas en el Concilio de Constantinopla en 381 y en el quinto siglo. El credo original condenó al arianismo diciendo que el Hijo era de la misma naturaleza (homoouslos) que el Padre. Dijo también que el Hijo era eterno e implicaba que era eterna la existencia del Padre y del Hijo como personas distintas en la Deidad. El Concilio de Constantinopla agregaba unas frases estableciendo que el Espíritu Santo también era una persona eternamente distinta en la Deidad. Así entonces, por tres razones el Credo de Nicea es importante: rechazaba al arianismo, era el primer pronunciamiento oficial de expresar una creencia trinitaria de Dios, y era el primer pronunciamiento oficial de rechazar (aunque por la implicación) al modalismo.

Omnipotencia. Un atributo que sólo Dios posee. Significa que El tiene todo poder.

Omnipresencia. Un atributo que sólo Dios posee. Significa que El está presente en todas partes a la vez. Debemos notar que esto es más de simplemente la capacidad de aparecer dondequiera en cualquier momento o la capacidad de estar en muchos lugares al mismo tiempo.

Omnisciencia. Un atributo que sólo Dios posee. Significa que El tiene todo conocimiento de todas las cosas, incluyendo la preciencia.

Ousia. Una palabra griega que significa sustancia, naturaleza, o ser. Traducida "sustancia" en la fórmula trinitaria "tres personas en una sustancia."

Padres Post-Apostólicos. Los líderes de la iglesia Cristiana en los días después de los doce apóstoles. En este libro, el término se refiere específicamente a los líderes de aproximadamente 90 a 140 D.C., los más destacados de quienes eran Policarpio, Hermas, Clemente de Roma, e Ignacio.

Panteísmo. Una creencia que iguala a Dios con la naturaleza o la sustancia y las fuerzas del universo. Así entonces, niega la existencia de un Dios racional e inteligente. En cambio, afirma que Dios es todo y que todo es Dios.

Patripasianismo. El nombre dado al modalismo, al monarquianismo modalístico, o al sabelianismo. Vino de las palabras latinas que significan "el Padre sufrió." Algunos historiadores lo usan para describir al modalismo porque Tertuliano acusó a los modalistas de creer que el Padre sufrió y murió. Sin embargo, los modalistas aparentemente negaban la acusación de Tertuliano. Entonces la palabra representa una interpretación mala hecha por los trinitarios del modalismo, porque el modalismo no enseñaba que el Padre es el Hijo, sino que el Padre está en el Hijo. La carne no era el Padre, sino que el Padre estaba en la carne. Así entonces, el modalismo no enseñaba que el Padre sufrió o murió físicamente.

Persona. El significado primario de la palabra es de un ser humano individual, o la personalidad individual de un ser humano. En la cristología, el término describe la unión de las dos naturalezas de Cristo; específicamente, hay dos naturalezas en la persona de Cristo. Los trinitarios usan el término para representar tres distinciones eternas de esencia en Dios (Padre, Hijo, y Santo Espíritu). Así entonces, tenemos la fórmula trinitaria, "tres personas en una sustancia" o "un Dios en tres personas." Aunque los trinitarios comúnmente dicen que Dios no tiene tres mentes o tres personalidades distintas, la palabra *persona* lleva las connotaciones fuertes de individualidad de personalidad, de mente y de voluntad. Para una discusión de las palabras griegas y latinas traducidas como "persona," véase *Hipóstasis* y *Persona* respectivamente.

Persona. (Plural: *personae*.) La palabra latina traducida "persona." Tertuliano usaba esta palabra en su fórmula trinitaria, "una substantia et tres personae" ("tres personas en una sustancia"). La antigua usanza latina no restringía la palabra a su significado moderno de un ser consciente de sí mismo. En ese entonces, la palabra podría significar una máscara usada por un actor, un papel en un drama, o un partido legal de un contrato. Sin embargo, aparentemente podría aplicarse también a personas individuales. Tenía connotaciones de una personalidad individualizada que la palabra griega *hipóstasis* no tenía originalmente. (Véase el Capítulo XI.) Aunque que el Credo Nicense usaba la palabra *hipóstasis*, que se tradujo luego como "persona," Tertuliano ya hace mucho había usado la palabra *persona* para describir a los miembros de la trinidad.

Politeísmo. La creencia que hay más de un dios, de las palabras griegas que significan "muchos dioses." El diteísmo y el triteísmo son formas del politeísmo. La Biblia rechaza fuertemente al politeísmo. La mayoría de las religiones antiguas eran politeístas, incluyendo las de Mesopotamia, Egipto, Canaan, Grecia, y Roma.

Sabelianismo. Otro término para el modalismo o el monarquianismo modalístico. Se deriva de Sabelio, el exponente más destacado de la doctrina en la historia antigua de la iglesia. Sabelio predicaba en Roma alrededor de 215 D.C. La doctrina es básicamente equivalente a la Unicidad moderna.

Subordinacionismo. La creencia que hay una persona en la Deidad que está subordinada a otra persona en la Deidad o que fue creada por otra persona en la Deidad. Por supuesto, esto presupone una creencia en una pluralidad de personas en la Deidad. En el trinitarismo antiguo, esta doctrina emergió como la creencia que el Logos es el Hijo divino y que está subordinado al Padre. Esta era la creencia de algunos apologistas griegos, de Tertuliano, y de Origen. El arianismo es un desarrollo extremo de esta doctrina. También, el término se aplica a cualquier creencia que el Espíritu Santo está subordinado al Padre o al Hijo. El trinitarismo ortodoxo tal como expresado por los nicenses y por el Credo de Atanasio teóricamente rechaza cualquier forma de subordinacionismo, pero la tendencia hacia esa doctrina persiste. (Véase el Capítulo XI.)

Substantia. La palabra latina que significa sustancia, y usada por Tertuliano en su fórmula trinitaria, "Tres personas en una sustancia."

Teofanía. Una manifestación visible de Dios, comúnmente considerada como temporal en naturaleza. Las apariencias de Dios en el Antiguo Testamento en la forma humana o angélica eran teofanías. Jesucristo es más que una teofanía; porque El no es meramente Dios apareciendo en forma humana sino es realmente Dios vistiéndose a Sí mismo en una verdadera persona humana (cuerpo, alma, y espíritu).

Trinidad. La Deidad en la creencia trinitaria; específicamente, Dios Padre, Dios Hijo, y Dios Santo Espíritu.

Trinitarismo. La creencia que hay tres personas en el único Dios. La historia dice que Tertuliano (murió 225) es el padre del trinitarismo Cristiano, porque él era la primera persona de usar la palabra Latina *trinitas* (trinidad) para Dios. El era también la primera de usar la fórmula, "una substantia et tres personae" ("tres personas en una sustancia"). El trinitarismo moderno afirma que hay tres personas en el único Dios—Dios Padre, Dios Hijo, y Dios Espíritu Santo—y que estas tres personas son coiguales, coeternas, y de una coesencia. Así entonces, el trinitarismo enseña que hay tres distinciones eternas en la naturaleza de Dios pero niega que hay tres dioses distintos. El Concilio de Nicea en 325 D.C. marcó la primera aceptación oficial del trinitarismo por el cristianismo. El Concilio de Constantinopla en 381 reafirmó y aclaró aun más la doctrina. La declaración más completa del trinitarismo en la historia antigua de la iglesia es el Credo de Atanasio, el cual fue promulgado en el siglo quinto.

Triteísmo. La creencia que hay tres dioses. Como tal, es una forma del politeísmo. Los defensores del trinitarismo niegan que ellos son triteístas; sin embargo, el trinitarismo ciertamente tiene unas tendencias triteístas y algunas formas extremas del trinitarismo son triteístas. (Véase el Capítulo XI.) Por ejemplo, cualquier creencia en tres personalidades conscientes de sí mismos en la Deidad o tres cuerpos eternos en la Deidad puede adecuadamente ser identificada como el triteísmo.

Unicidad. En referencia a Dios, la Unicidad significa el estado de ser absoluta e indivisiblemente uno, o uno de valor numérico. También, puede haber una unicidad entre Dios y el hombre y entre el hombre y el hombre en el sentido de unicidad de mente y de propósito. Este libro usa el término Unicidad (con mayúscula) para significar la doctrina de que Dios es absolutamente uno en el valor numérico, que Jesús es el Dios único, y que Dios no es una pluralidad de personas. Así entonces la Unicidad es un término moderno básicamente equivalente al modalismo o al monarquianismo modalístico.

Unitarismo. En general, la creencia que hay una sola

persona en la Deidad. En particular, este término comúnmente describe a un movimiento que enfatiza la unidad de la Deidad pero lo hace por medio de negar la deidad de Jesucristo. Surgió como un movimiento antitrinitario en el protestantismo, y se organizó como una denominación ahora llamada la Asociación Unitaria-Universal. Además de negar la deidad de Jesucristo, el unitarismo niega un número de otras creencias evangélicas o fundamentales incluyendo el nacimiento virginal de Jesús y la expiación substitucionaria. Puede ser engañoso identificar al unitarismo con la Unicidad por dos razones. Primeramente, la Unicidad no dice que Dios es una "persona," sino dice que hay un solo Dios. Segundo, los creyentes de la Unicidad afirman la deidad plena de Jesús, Su nacimiento virginal, y la expiación substitucionaria, que difiere de la denominación moderna unitaria-universalista.

Indice De Escrituras

316

Eclesiastés
12:7   83

Isaías
1:4   24
1:18   36
4:2   157
5:19   24
5:24   24
6   40
6:3   159
6:8   150
7:14   60, 66, 68,
       106, 156
9:2   185
9:6   35, 59, 68,
       69, 106, 126,
       156, 236,
       290
11:1   60
11:2   218
11:10 60
12:2   75
12:6   75
33:22 75
35:4-6 57, 60
37:16 24
40:3   60, 72, 170
40:5   73, 112
40:10 73
40:10-11 75
40:13 130
40:25 214
41:4   76
42:1-7 157
42:8   24, 51, 73
43:7   116, 149
43:10-11 24
43:11 76
43:25 77, 83
44:3   76
44:6   35, 24, 76,
       233
44:8   24

44:24 24, 76, 117,
       147
45:6   24
45:8   76
45:21 37, 76
45:21-22 24
45:23 73
46:5   214
46:9   24, 214
48:11 24, 73
48:12 76
48:13 33, 76, 197
48:16 160
48:17 161
49:6   185
51:12 102, 162
52:6   54, 73, 136
53:1-2 73
53:5-6 109
54:5   76
55:1   76
55:8-9 38
55:11 157
59:16 73, 121, 199
59:21 160
60:16 76
60:19 75
61:1   171
62:8   197
63:7-11 161
63:14 161
66:1   31, 33

Jeremías
10:12 158
22:29 159
23:4-8 157
23:5-6 73
23:6   52, 68, 290
23:25-27 49
31:31-34 281
33:14-26 157
33:15-16 73
49:18 102

Ezequiel
1:26-28 40
2:1   103, 162
2:3   103
2:6   103
2:8   103
8:1-4 40
33:24 150
48:31-34 150
48:35 52

Daniel
2:18   50
2:36   148
3:24-25 43
3:25   44, 106, 157
3:28   44
7   162, 163
7:2   40
7:9-28 161
7:9   40
7:9-14 162
7:13   103, 162
7:16-28 162
7:21-22 161
8:17   103
9:17   159, 160
9:25   163
10:13 150

Oseas
1:7   159, 160
12:4   39

Joel
2:27-29 129

Amós
9:1   40

Jonás
3:10   36

Miqueas
5:1   75

323

INDICE TEMÁTICO

María, , 65-67, 93, 100, 104-05, 113-14, 120, 157, 270, 279, 290, 308

María (hermana de Moisés), 40

Mediador, 109

Melquisedec, 43, 108,

Mesías, 56, 60, 65, 68, 74, 88, 103, 126, 156-57, 163, 170, 172, 185-86, 189, 201

Mezuzzah, 23

Miller, Juan, 64, 116, 149, 237

Misterio, 67-69, 92, 98, 202-03, 210, 221, 223, 240, 249, 251, 277-78, 284-85

Modalismo, 21, 239-44, 260-66, 306-07, 309-11

Moisés, 30, 39-41, 74, 303-04

Monarquianismo, 21, 91, 232, 239-44, 306-07, 310-11, 313

Monofisitismo, 93, 307

Monoteísmo, 19-26, 142, 146, 164, 168, 193, 225, 251, 257, 276, 282, 286, 291, 307

Monotelitismo, 93, 307

Montano, 260

Nabucodonosor, 43, 148

Naturaleza moral de Dios, 37, 84

Naturaleza, 307; de Cristo, 45, 8-99, 303; de Dios, 29-45

Neoplatonismo, 256, 305

Nestorianismo, 92, 308

Nicea, Concilio de (325), 262-266, 272, 302-04, 308, 313

Nicea, Credo de, 265-267, 308, 311-12

Nínive, 36

Noé, 218

Noeto, 21, 233, 239-40, 242, 260

Nombre de Dios, 48-56, 87-88, 135-38, 143, 284, 292

Novaciano, 261

Omnipotencia, 29-30, 35, 50, 52, 78, 80-83, 92, 133, 173-74, 188, 198, 200, 209, 215, 219, 269, 289, 309

Omnipresencia, 31-35, 49, 82, 169, 172, 214-15, 220, 280, 309

Omnisciencia, 33, 82, 182, 207, 210, 219-220, 309, 321

Oraciones de Jesús, 173-76

Origen, 239, 252, 261, 312

Ortodoxia oriental, 268, 302